À plus!

Charnières

Audio-Datei

Video-Datei

Partneraufgabe

Gruppenaufgabe

kooperative Aufgabe

★ anspruchsvollere Aufgabe

☆ leichtere Aufgabe

Aufgaben und Hinweise zur Schulung der Medienkompetenz

Aufgaben, die sich für ein eTwinning-Projekt eignen

G Verweise auf die Grammatik für die Mittel- und Oberstufe (ISBN 978-3-464-22014-6)

Audios, Videos und die Lösungen der Bilan-Seiten finden Sie unter www.cornelsen.de/codes
Code: 9783061209766

Cornelsen

Table des matières

Die Dossiers, Aufgabenapparate und Aufgaben sind frei wählbar und richten sich nach den Schwerpunkten des schulinternen Curriculums.

Table des matières

Table des matières

Die Verbkonjugationen ► Verbes, p. 144–151
Die Bildung der einfachen Verbformen ► Pense-bête, p. 217

1 Être jeune : entre aujourd'hui et demain

Compétences communicatives

- décrire une personne
- parler de l'engagement
- parler d'évènements passés et de leurs conséquences
- comprendre le langage familier
- décrire des relations et des sentiments
- prendre position par rapport à des phénomènes de société

Méthodes et stratégies

- analyser un discours
- améliorer son style : les mots-charnières
- faire le portrait d'un personnage

« Le succès n'est pas la clé du bonheur. Le bonheur est la clé du succès. Si vous aimez ce que vous faites, vous réussirez. »
Albert Schweitzer

Tâche
À la fin de ce dossier, vous pourrez enregistrer un message-vidéo pour la personne que vous serez dans dix ans.

4

5

7

8

1 Examinez les documents sur cette double page, puis indiquez quels aspects du bonheur ils montrent.

2 a Écoutez les témoignages des jeunes et notez de quels aspects du bonheur ils parlent.

b Et pour vous, le bonheur, c'est quoi ? Discutez.

Décrire une personne

Son physique

Il/Elle **est plutôt** grand/e. / de taille moyenne. / petit/e.

Il/Elle **est plutôt** jeune / vieux/vieille et **a environ** 15 ans. / 50 ans.

Il/Elle **est plutôt** mince. / gros/grosse.

Il/Elle **a la peau** claire. / mate. / noire.

Il/Elle **a les cheveux** roux / blonds / châtains / bruns / noirs et courts. / mi-longs. / longs.

Il/Elle **a les yeux** marron. / bleus. / gris. / verts.

Il/Elle **a** une moustache. / une barbe.

Il/Elle **a un look** sportif. / cool. / chic. / branché. / alternatif.

Il/Elle **porte** le voile. / un tee-shirt. / des sneakers. / des lunettes. / un appareil dentaire.

L'impression qu'elle donne

Il/Elle **a un regard** doux. / vif. / dur. / triste.

Il/Elle **sourit**.

Il/Elle **a l'air** / Il/Elle **semble**
- heureux/-euse. ≠ malheureux/-euse.
- en forme. ≠ fatigué/e.
- méchant/e. ≠ gentil/le.
- timide.
- sérieux/-euse.

1 Lisez la liste des expressions pour décrire une personne, p. 10. Qu'est-ce qu'elles veulent dire ? Faites des hypothèses, puis vérifiez à l'aide de la *Liste des mots*, p. 175–176.

DELF

2 Faites un tableau, puis écoutez le flash d'infos et cochez le bon titre pour chacune des trois infos.

A Contre le harcèlement

B Une question de regard

C Une crème magique

D Changer son physique

E Attention au soleil !

F Les clichés sur les Allemands

DELF

3 a C'est qui ? Écoutez les quatre descriptions et retrouvez la bonne personne pour chaque description.

b Décrivez une personne de a qui n'avait pas de description. Votre partenaire retrouve de qui il s'agit.

4 a De quelles autres expressions peut-on avoir besoin pour décrire une personne ? Cherchez-les dans un dictionnaire et complétez la liste, p. 10. ► Méthodes, p. 171/37 Liste ► webcode, p. 1

IDEENKISTE:
- Kleidungsstücke,
- Körperschmuck und Accessoires,
- Körperteile,
- Haare und Frisuren,
- besondere Merkmale (z. B. Sommersprossen, Muttermal, Zahnlücke, Narbe, Prothese, …)

b Dans votre livre, choisissez la photo d'une personne. Décrivez-la à votre partenaire et « mentez » une fois dans votre description. Votre partenaire trouve sur quel détail vous avez « menti ».

5 Décrivez-vous « vos » personnes et trouvez les deux personnes que vous avez en commun. B ► p. 110

A

A Tous différents !

A.1 « Moi, toi, nous » – le questionnaire

1 Qui a pris un petit-déjeuner ce matin ?
2 Qui a des frères et sœurs ?
3 Qui a déjà perdu son portable ?
4 Qui aime le rouge ?
5 Qui mange de la viande ?
6 Qui s'est déjà senti/e seul/e ?
7 Qui croit en Dieu[1] ?
8 Qui a une allergie ?
9 Qui se souvient souvent de ses rêves ?
10 Qui chante sous la douche ?
11 Qui a déjà gagné quelque chose à un concours ?
12 Qui a un petit boulot en ce moment ?
13 Qui parle une autre langue avec ses parents qu'à l'école ?
14 Qui a déjà fait semblant[2] d'être malade ?
15 Qui a déjà passé des vacances avec des ami(e)s ?
16 Qui met plus de 15 minutes pour aller à l'école ?
17 Qui a déjà caché[3] une mauvaise note à ses parents ?
18 Qui se sent toujours normal/e ?
19 Qui a déjà été amoureux/-euse ?
20 Qui a menti à au moins une de ces questions ?

1 **le dieu** der Gott 2 **faire semblant de** + *inf.* so tun, als ob 3 **cacher qc à qn** etw. vor jdm verheimlichen

1 a Répondez au questionnaire en classe. Pour chaque question, les personnes qui répondent « moi » se mettent d'un côté de la classe, les autres (« pas moi ») de l'autre côté.

b Quel effet cela vous a fait de répondre ensemble à ce questionnaire ? Échangez vos impressions.

C'était une expérience __ parce que __.
Il y avait des questions où j'avais du mal à répondre.
J'ai bien aimé / Je n'ai pas aimé la question n° __ parce que __.
La question n° __ était __.
Il y a peu/beaucoup de personnes qui __. J'ai trouvé ça __.

bizarre • différent/e • drôle • ennuyeux/-euse • génial/e • horrible • intéressant/e • original/e • personnel/le • touchant/e • triste

A.2 Qui sommes-nous ?

Préparer la compréhension orale

1 a Lisez la présentation de l'émission de radio, puis expliquez en allemand l'expression « mettre quelqu'un dans une case ».

b Indiquez les côtés positifs et négatifs des cases qui sont décrits dans la présentation.

Compréhension orale et analyse

DELF

2 Des jeunes décrivent des situations où ils ont vécu ou observé l'effet des cases. Écoutez leurs témoignages et notez qui parle de quel thème principal / de quels thèmes principaux.

1. Nadia 2. Youssef 3. Éléonore 4. Gwen 5. Simon

A l'école
B le sport
C la langue
D la famille
E le look
F l'origine
G l'endroit où on vit

≡ Programme | Émissions et podcasts | Info | Culture | Humour | Musique | Contact

Liberté, fraternité, diversité

Ces cases qui nous définissent !?

« Il est fils unique alors forcément, on se dit que… », « Je suis musulmane donc les gens imaginent que… », « À cause de mes cheveux verts, tout le monde croit que… », « C'est la première de la classe, alors tous les profs pensent que… » … Tout le monde a déjà été mis[1] dans des cases, et tout le monde a déjà mis les autres dans des cases… parce que ça rend le monde plus simple ou parce que ça fait rire… Souvent ces cases correspondent[2] à des stéréotypes : Elle est bien habillée[3], donc c'est une bourge[4]. Il porte des lunettes, donc il est intello. Il est gros, donc il est nul en sport. Elle a la peau noire, donc elle n'est pas née ici… En France, il y a un collectif de jeunes qui s'appelle « Arrêtez de nous mettre dans vos cases ». Ses actions critiquent les gens qui jugent[5] trop vite les autres au lieu[6] d'apprendre à les connaître.

Alors, bien sûr, les cases enferment[7]. Pourtant[8], il y en a aussi qu'on choisit soi-même parce qu'elles nous servent[9] à nous définir et à affirmer notre identité.

Radio Ado a fait une enquête[10] sur l'effet des cases dans votre vie de tous les jours.

On écoute vos témoignages[11].

1 **… a été mis** *hier:* … ist gesteckt worden 2 **correspondre à qc** etw. entsprechen 3 **bien habillé/e** gut angezogen 4 **le/la bourge** *fam. Mitglied des Bürgertums, eher wohlhabend und konservativ* 5 **juger qn** über jdn urteilen 6 **au lieu de** + *inf.* anstatt etw. zu tun 7 **enfermer qn** jdn einengen 8 **pourtant** dennoch 9 **servir à** + *inf.* dazu dienen, etw. zu tun 10 **une enquête** eine Umfrage 11 **le témoignage** der Erfahrungsbericht, die Stellungnahme

DELF **3** a **Qui met qui dans les cases ? Écoutez les témoignages encore une fois et associez le bon schéma à chaque situation.**

1 

2 

3 

★ b **Écoutez les témoignages encore une fois et notez pour chaque situation :** ☆ ► p. 113

1. l'effet des cases sur les personnes qu'on a mises dans ces cases,
2. l'avis des jeunes interviewé(e)s sur la situation.

Objectif langage

4 VOCABULAIRE ET EXPRESSION **Dans les textes des témoignages, trouvez les expressions pour parler de l'identité et faites une carte mentale. Puis, complétez-la par d'autres expressions que vous connaissez.** ► webcode, p. 1

Production écrite : Commentaire personnel

5 **« Je ne veux pas être ‹ le bourge ›, je ne veux pas non plus être ‹ le footballeur ›, je veux juste être moi ! » Discutez cette affirmation de Simon en vous appuyant sur votre expérience personnelle et les témoignages des jeunes. Vous pouvez aussi vous inspirer de l'affiche.**

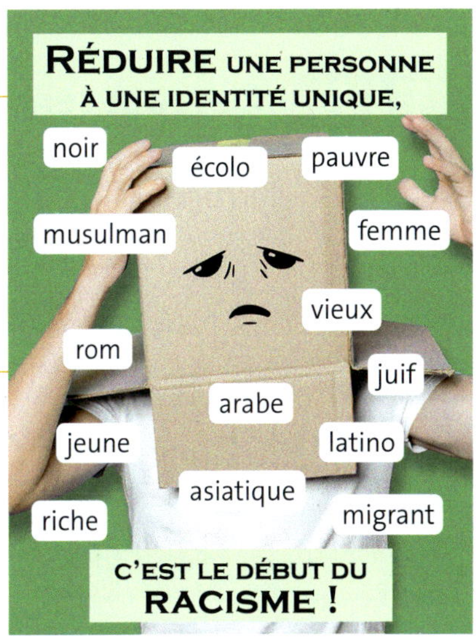

A.3 Le langage des jeunes

Accueil | Actu | Reportage | Le mag | Réussir au lycée | Contact

SÉRIE Le langage des jeunes Spécial Francophonie PARTIE 3 La France

En France, il y a les expressions familières[1] que tout le monde utilise (« ouais », « Laisse tomber ! », « Putain ! » etc.). Et il y a vos mots à vous : les expressions familières que votre génération invente pour affirmer son identité et parfois aussi pour exclure les adultes. À l'occasion de la journée internationale du français, on vous a demandé à vous, les jeunes francophones du monde entier, quelles sont les expressions qui rendent fous vos parents ou qu'ils ne comprennent pas. Voici votre best-of pour la France.

> D'un pays francophone à l'autre, les habitudes de communication peuvent être différentes. Alors quel REGISTRE utiliser quand vous parlez français en France ? Le tuyau de la rédac' : Pour ne pas créer de malentendus, utilisez le français standard. !

T'inquiète, je gère !

EXEMPLES : Il est 22 heures, tu n'as pas téléphoné à Mamie pour son anniversaire, tu n'as pas rangé ta chambre, tu n'as pas fait tes devoirs… et ta mère s'énerve.
TRADUCTION : « Ne t'en fais pas, je m'en occupe. » pour ne pas dire « Laisse-moi tranquille ! »
ORIGINE : « gérer » veut dire « organiser » ou « mener » (par exemple une entreprise)
LES PARENTS DIRAIENT PLUTÔT : « C'est bon, j'assure. » *familier* pour ne pas dire « Lâche-moi ! »

Arrête tes mythos !

EXEMPLES : À la pause, une copine veut te faire croire qu'on a tourné un épisode de la série « Lupin » dans l'appart de ses parents et que, donc, Omar Sy a déjà dormi dans son lit.
TRADUCTION : « N'importe quoi, tu racontes des histoires ! »
ORIGINE : la mythologie (d'ailleurs, dans l'Antiquité, ils étaient déjà très forts en mythos !)
LES PARENTS DIRAIENT PLUTÔT : « Arrête, tu me fais marcher[2] ! » *familier*

C'est abuser !

EXEMPLES : Il fait nuit. Tu rates le dernier bus. Tu veux appeler tes parents, mais tu remarques que tu as perdu ton portable, et ça ne te fait pas rire.
TRADUCTION : « Il ne manquait plus que ça ! »
ORIGINE : « abuser » veut dire « exagérer », « se moquer du monde »
LES PARENTS DIRAIENT PLUTÔT : « Y en a marre ! » *familier*

Pourquoi tu m'affiches ?

EXEMPLES : Ta grande sœur raconte un truc perso sur toi devant tes potes.
TRADUCTION : « Pourquoi tu me ridiculises devant tout le monde ? »
ORIGINE : l'affiche de publicité, que tout le monde regarde
LES PARENTS DIRAIENT PLUTÔT : « Pourquoi tu me fous la honte[3] ? » *familier*

EXEMPLES : Tu remarques quelqu'un et tu veux partager tes impressions avec un/e pote[4].
TRADUCTION : « Regarde cet homme ! »
ORIGINE : VERLAN des mots « mater » et « mec »
LES PARENTS DIRAIENT PLUTÔT : « Mate le mec ! » familier

info

Le VERLAN est un jeu de langue très utilisé en français familier et qui fonctionne un peu comme un code parce qu'on dit le mot « à l'envers[5] ». En général, on inverse l'ordre des syllabes.
Exemple : le mot « famille » (fa-mille) devient « mifa » (mille-fa).
Autre exemple : vous connaissez le chanteur Stromae ? Son nom, c'est le verlan de « maestro » !

- Mais pour les mots qui n'ont qu'une syllabe, c'est plus compliqué. On les inverse souvent son par son : chaud = ch-aud → aud-ch = auche
- Parfois, on prononce un « e » muet ou on ajoute[6] un « e » pour rendre l'inversion plus facile : frère = frè-re → re-frè = refrè | noir = noi-re → re-noi = renoi
- Parfois, en plus, on enlève[7] une voyelle : femme = fe-mme → mme-f(a) = meuf

Et, vous l'avez compris : le mot « verlan » est lui-même du verlan, celui du mot « l'envers » !

EXEMPLES : On peut kiffer beaucoup de choses : un sport, un jeu vidéo, un plat, une personne – tout ce qui fait plaisir[8] ou rend heureux.
TRADUCTION : « Je t'adore. », « Je t'aime. »
ORIGINE : « kif » est un mot arabe qui autrefois voulait dire « sieste », et qu'on a utilisé ensuite pour d'autres choses qui font plaisir.
LES PARENTS DIRAIENT PLUTÔT : « Je t'aime. » (classique, quoi)

EXEMPLES : Ton entraîneur te fait faire trois tours de terrain en plus, parce que tu es arrivé/e en retard. Tes parents ne te laissent pas sortir après minuit, si tu n'as pas au moins douze de moyenne. Ta copine te raconte qu'elle va avoir un nouveau smartphone et essaie de te rendre jaloux/jalouse[9].
TRADUCTION : « Ça m'est égal ! »
ORIGINE : « se balancer », c'est faire un mouvement de va-et-vient, par exemple quand on danse ou quand on veut garder l'équilibre – à ne pas confondre[10] avec « balancer qn », qui veut dire « dénoncer » ou « trahir[11] ».
LES PARENTS DIRAIENT PLUTÔT : « J'm'en fous ! » familier

Adowebzine, 05/10/2023

1 **familier/-ière** *adj.* umgangssprachlich 2 **faire marcher qn** jdn auf den Arm nehmen 3 **foutre la honte à qn** *fam.* jdn bloßstellen 4 **le/la pote** *fam.* l'ami/e 5 **à l'envers** umgekehrt 6 **ajouter qc** etw. hinzufügen 7 **enlever qc** etw. wegnehmen 8 **faire plaisir** Freude machen 9 **jaloux/jalouse** *adj.* neidisch 10 **confondre qc** etw. verwechseln 11 **trahir qn** jdn verraten

Compréhension écrite

1 **Lisez l'introduction de l'article en ligne. Puis, exposez brièvement à qui il s'adresse et de quoi il parle.**

2 a Lisez l'article en entier et faites un tableau avec les expressions françaises qui y sont mentionnées.

Registre familier (jeune)	Registre familier (général)	Registre standard
T'inquiète, je gère !		

b Pour chaque expression de a, trouvez une expression équivalente en allemand et notez-la.

c Écoutez les six mini-dialogues. Pour chaque situation, indiquez si le registre de la réponse finale va avec la situation. Si non, corrigez la réponse à l'aide de votre tableau de 2a.

1. deux amis | 2. mère et fils | 3. deux profs | 4. prof et élève | 5. frère et sœur | 6. parents et fille

3 a À partir des informations de la rubrique « Info », p. 15, expliquez le principe du verlan en allemand.

b Trouvez l'origine de ces expressions de verlan en français standard.

être ouf • être vénère • être zarbi • la teuf • être chanmé ! • la téci • Zyva ! • Laisse béton !

★ c Lisez les phrases et retrouvez l'équivalent des expressions familières en français standard. ☆ ▶ p. 113

1. Tu les achètes où, tes fringues ? J'adore ton look !
2. Encore des devoirs en allemand ? Ça me saoûle !
3. T'as observé le voleur et t'as pas appelé les flics ?
4. Je n'ai plus de fric. Tu peux me filer cinq euros ?
5. – C'était bien au ciné, hier ? – Non, c'était pas terrible.
6. J'ai révisé, mais j'ai quand même la trouille pour le contrôle !
7. Je dois garder les gosses des voisins, ce soir. Mais j'ai la flemme... !
8. Mes potes se sont ramenés, on a maté un film et après, ils se sont cassés.

Dans les films, dans les livres, dans les chansons, sur les réseaux... le français familier est partout ! Petit tuyau : apprenez ces expressions !

Objectif langage

4 a VOCABULAIRE ET EXPRESSION Traduisez les phrases en allemand et en anglais, puis expliquez la différence entre les expressions *laisser* + infinitif et *faire* + infinitif.

1. Une copine te fait croire qu'on a tourné un épisode de « Lupin » chez elle.
2. Ça ne te fait pas rire.
3. Ton entraîneur te fait faire trois tours de terrain en plus.
4. Tes parents ne te laissent pas sortir après minuit.

b Qu'est-ce que vos parents (ne) vous laissent (pas) faire ? Qu'est-ce qu'ils vous font faire ? Racontez.

dormir longtemps • sortir le soir • garder mes frères et sœurs • partir à l'étranger • réviser mes cours • choisir mes vêtements • ranger ma chambre • faire ce que je veux avec mon argent • faire le ménage • parler comme je veux • donner mon avis dans les discussions importantes • ___

Médiation au choix

5 Vous participez à un projet sur le langage des jeunes en Europe. Sur Internet, trouvez le « Jugendwort des Jahres », expliquez-le comme dans l'article, p. 14–15, et ajoutez ce que vous en pensez.

6 À l'occasion de la journée internationale de la jeunesse, choisissez des expressions du langage allemand des jeunes et expliquez-les à votre classe partenaire comme dans l'article, p. 14–15.

B S'engager pour un monde meilleur

B.1 Une génération engagée ?

Préparer la compréhension écrite

DELF

1 a Vous allez entendre un micro-trottoir dans lequel quatre jeunes donnent leur avis sur l'engagement. Écoutez et choisissez un titre pour chaque témoignage. Il y a deux titres en trop.

- A Pour s'engager, il faut avoir du temps.
- B S'engager, c'est aussi aider les gens autour de nous.
- C Quand on s'engage, on le fait aussi pour soi-même.
- D Quand on est jeune, il faut plutôt s'occuper de soi-même.
- E Pour s'engager, il faut être très courageux.
- F Quand on est pas d'accord avec quelque chose, il faut s'engager.
- G Faire un métier utile pour la société, c'est une manière de s'engager.

b Écoutez encore une fois. Puis, indiquez les affirmations dans lesquelles vous vous reconnaissez le plus et les affirmations dans lesquelles vous vous reconnaissez le moins, et expliquez pourquoi.

Ils se battent[1] pour leur cause[2]

Génération @do

Même si tous les jeunes ne s'engagent pas, on dit souvent que les 15–25 ans d'aujourd'hui sont plus engagés que la génération d'avant. Les causes qu'ils défendent sont nombreuses, leurs raisons et leurs manières de s'engager aussi : on peut décider de ne plus consommer de produits d'origine animale, réagir quand on entend un commentaire raciste, participer à des manifs[3] contre le réchauffement climatique, être bénévole[4] dans une association qui organise des actions contre le gaspillage alimentaire ou tout simplement faire les courses pour sa vieille voisine. Le point commun[5] de tous ces jeunes qui s'engagent : ils utilisent leur temps libre pour rendre le monde meilleur.

CLÉMENCE, 16 ANS

Depuis que j'ai 13 ans, je fais partie des pompiers[6] de mon village. Le rôle des pompiers est de lutter contre les incendies[7], mais aussi de protéger les gens contre toutes sortes de dangers. Au début, j'avoue[8] que j'y suis allée parce que j'adorais l'uniforme. Maintenant, ce que j'aime chez les pompiers, ce sont les valeurs[9], surtout l'esprit d'équipe. Car pour être efficace[10] sur le terrain, c'est très important de bien s'entendre. Notre formation de jeunes pompiers a lieu tous les samedis, avec une partie sportive (on fait de la course, de la natation, de l'escalade), une partie théorique (on a des cours sur le feu[11] et sur les techniques de lutte contre les incendies) et une partie pratique où on apprend à bien utiliser le matériel et où on s'entraîne à faire les gestes qui sauvent. Je suis fière d'avoir passé mon brevet de secourisme[12]. Je pense que je vais rester pompière volontaire[13] quand je serai adulte. Premièrement, parce que ça me fait du bien. Et deuxièmement, parce qu'avec le réchauffement climatique, les feux de forêts deviennent de plus en plus nombreux et dangereux. L'année dernière, par exemple, il y a eu des feus très violents dans la région de Marseille, où j'habite. Et si j'avais eu 18 ans, j'aurais pu participer aux opérations[14]. J'ai vraiment regretté de pas pouvoir agir[15]...

1 **se battre** lutter 2 **la cause** *hier:* die Sache 3 **la manif(estation)** die Demo(nstration) 4 **bénévole** *adj.* ehrenamtlich 5 **le point commun** die Gemeinsamkeit 6 **les pompiers** *m. pl.* die Feuerwehr 7 **un incendie** ein Brand 8 **avouer qc** etw. zugeben 9 **la valeur** der Wert 10 **efficace** *adj. hier:* erfolgreich 11 **le feu** das Feuer 12 **le brevet de secourisme** die Erste-Hilfe-Ausbildung 13 **volontaire** *adj.* freiwillig 14 **une opération** *hier:* ein Einsatz 15 **agir** handeln

SALIMATA, 17 ANS

Ce qui me fait réagir, ce sont les discriminations de sexe et de genre. Ça a commencé à m'intéresser l'année dernière, quand j'ai participé à une « bibliothèque vivante » organisée par la médiathèque de ma ville pour la journée internationale LGBTQ+. Ce jour-là, les livres vivants étaient tous des personnes transgenres. J'ai pu parler avec Luc, qui est né dans un corps[17] de fille mais qui s'est toujours senti garçon. À 18 ans, il a changé de nom et s'est battu pour que la société accepte son identité. Je dois dire qu'avant cette rencontre, j'avais du mal avec ce sujet. Mais Luc a répondu ouvertement à toutes mes questions. Ça a changé ma manière de voir le monde. Ce qui m'a particulièrement choquée est la violence des réactions de son entourage[18]. Au début, personne ne voulait l'écouter, tout le monde essayait de le faire rentrer dans la case « fille ». Ça l'a beaucoup fait souffrir[19]. Heureusement, dans une association, il a rencontré des gens extraordinaires qui l'ont soutenu. Grâce à Luc, j'ai compris que c'est la société qui construit les rôles masculins et féminins. Depuis, je me bats contre tous les clichés de genre et je réagis à chaque fois qu'on enferme quelqu'un dans un rôle qu'il ou elle n'a pas choisi. Ça vaut la peine[20] !

GABRIEL, 15 ANS

Mes parents s'engagent depuis longtemps dans l'association « Les Restos du cœur ». Je les aide souvent à organiser des collectes : d'abord, on fait de la publicité, ensuite les gens apportent de la nourriture[21], des vêtements et des produits d'hygiène qu'on trie et qu'on range dans des camions. Après, d'autres bénévoles vont les distribuer aux SDF[22]. C'est ce qu'on appelle une « maraude ».

Cet hiver, pour la première fois, mon père a accepté que je l'accompagne. C'est très dur de voir les gens souffrir. Il y avait un jeune qui dormait dans la rue depuis cinq semaines parce qu'il s'était gravement disputé avec sa famille. Il avait seulement un an de plus que moi.

Je me suis demandé ce que j'aurais fait à sa place. Mon père a parlé avec lui et ils ont pris rendez-vous pour le lendemain[23]. J'avais très peur qu'il change d'avis, mais il est venu. Mon père l'a accompagné chez une assistante sociale[24] qui l'a aidé à trouver une place dans un foyer[25]. Aujourd'hui, il a un logement[26] et il a même commencé une formation. Je ne sais pas ce qui serait arrivé si on n'avait pas fait cette maraude. Ça me motive pour continuer, même si ce qu'on fait est une toute petite chose par rapport[27] à tout ce qu'il faudrait faire.

Génération Ado, 04/12/2023

17 le corps der Körper **18 l'entourage** *m.* das Umfeld **19 souffrir** leiden **20 valoir la peine** sich lohnen **21 la nourriture** *hier:* die Lebensmittel **22 le/la SDF (sans domicile fixe)** der/die Obdachlose **23 le lendemain** le jour d'après **24 un/e assistant/e social/e** ein/e Sozialarbeiter/in **25 le foyer** das Wohnheim **26 le logement** *hier:* die Unterkunft **27 par rapport à qc** im Verhältnis zu etw.

Compréhension écrite et analyse

2 **Survolez l'article, p. 17–18, et indiquez pour quelles causes les jeunes se battent.**

DELF **3** **Lisez les témoignages des jeunes et notez les informations principales dans un tableau.**

nom	domaine	activité	début	but	autres infos
Clémence	protection civile				

★ **4** **Relisez les témoignages et étudiez de façon détaillée comment les jeunes décrivent l'effet de leur engagement.** ☆ ► p. 113

Recherche

nom :	but :
domaine :	actions :
fondée en/par :	autres infos :

5 a **Faites une mini-recherche sur ces associations et initiatives, puis présentez-les à votre partenaire.** B ▶ p. 110

Les Restos du cœur — *Osez le féminisme !* — *Alternatiba* — *Action contre la faim*

b **Laquelle de ces associations et initiatives vous intéresse le plus ? Expliquez votre choix.**

Compréhension audiovisuelle : La France en VO

TV5MONDE

6 **Découvrez des personnalités engagées avec TV5MONDE ! Regardez la vidéo et faites les exercices correspondants en ligne.**

Objectif langage

7 a GRAMMAIRE **Quelle bulle correspond à quel dessin ? Justifiez votre réponse.**

A

B

1 Si on **avait été** 10 000, on **aurait pu** sauver la forêt.

2 Si on **était** 10 000, on **pourrait** sauver la forêt.

b **Déterminez le temps et le mode des formes verbales de a, puis expliquez comment on forme le conditionnel passé.**

indicatif plus-que-parfait — indicatif imparfait — conditionnel présent — conditionnel passé

c RÉVISION **Faites l'exercice sur le plus-que-parfait.** ▶ Grammaire, p. 132 / ex. 14.2

8 GRAMMAIRE **Qu'est-ce qui serait arrivé si... ? Faites des phrases et utilisez la condition irréelle du passé.**
▶ Grammaire, p. 134/17

Exemple : Si j'étais allé/e à la fête de Paul, j'aurais rencontré Alice. /
Si je n'étais pas allé/e à la fête de Paul, je n'aurais pas rencontré Alice.

aller à la fête de __ / *rencontrer* __ • *partir* à l'étranger / *apprendre* __ • *parler* à __ / *comprendre* • *avoir* cent euros ce week-end / *acheter* __ • *sortir* avec __ / *être* malheureux/-euse • __

Production écrite : Commentaire personnel

DELF **9** **« On ne peut pas mener une bonne vie si on ne s'engage pas. » Prenez position par rapport à cette affirmation et justifiez votre point de vue.** ▶ Méthodes, p. 160/22

B.2 Ne transformez pas ma situation en handicap

Jean Jaurès (1859–1914) est un homme politique français, célèbre pour ses discours. En France, plus de 400 écoles, collèges et lycées portent son nom.

Jaurès accuse encore !

Le journal du lycée Jean Jaurès

« Ne transformez pas ma situation en handicap »

À l'occasion du Conseil pédagogique sur le thème du handicap qui a eu lieu le 10 novembre, Valentin M., élève de 2nde B, a fait un discours[1] qui a impressionné le public. Il nous a permis de le publier ici. Merci, Valentin !

« Madame la directrice, chers professeurs du lycée Jean Jaurès,

Notre lycée est beau, notre lycée est ancien[2], notre lycée est célèbre, à la fois pour son histoire et pour la qualité de ses enseignements… mais notre lycée n'est pas aux normes[3]. Il offre des cours de qualité… mais pas à tout le monde. On peut lire la devise de la France « Liberté, Égalité, Fraternité » au-dessus de sa porte comme sur toutes les écoles de la République… mais son architecture crée entre les élèves des inégalités qui ne devraient pas exister.

Permettez-moi de vous donner un exemple et de vous parler de moi. Souffrant d'une maladie auto-immune, je n'arrive pas bien à contrôler ma jambe[4] droite et je dois marcher avec des béquilles[5]. C'est une situation que je gère assez bien. Mais quand j'arrive au lycée le matin, je rencontre un obstacle[6] qui transforme ma situation en handicap. L'obstacle, ce sont les cinq petites marches[7] qui se trouvent devant le bâtiment. Vous allez me dire : « Quoi ? Ces cinq petites marches de rien du tout, où les élèves s'assoient[8] quand il fait beau, sont la cause de votre handicap ? » Eh bien oui. Le handicap ne vient pas seulement de ma jambe. En effet, d'après la définition de l'ONICEF, le handicap c'est « la rencontre d'une déficience[9] avec une situation de la vie quotidienne[10]. » Alors, bien sûr : si ma jambe n'avait pas cette déficience, les cinq marches ne seraient pas un problème. Mais sans les cinq marches, ma jambe ne serait pas un problème non plus.

Nous avons depuis trois ans un ascenseur qui permet d'aller à tous les étages du lycée et c'est très bien. Mais pour rendre notre lycée vraiment accessible[11], il faudrait aussi installer une rampe avec une main courante[12] à côté des cinq petites marches. Est-ce que notre lycée serait moins beau si on construisait une telle rampe devant son entrée ? Moi, je pense, au contraire, qu'il serait plus beau parce qu'il deviendrait accueillant pour tous.

Je vous ai parlé de moi parce que c'est l'exemple que je connais le mieux, mais il ne s'agit pas que de moi. Il s'agit aussi de jeunes qui ont une déficience plus grave que la mienne[13], une déficience rendant l'obstacle des cinq marches insurmontable[14], par exemple parce qu'ils sont en chaise roulante[15]. Même si leurs résultats scolaires[16] sont bons, ils ne peuvent pas aller dans ce lycée. Est-ce qu'ils vont devoir prendre tous les matins et tous les soirs un bus spécialisé pour aller à l'autre bout de la ville dans une école spécialisée ? Est-ce qu'ils vont devoir passer deux heures chaque jour dans les transports à cause de cinq marches ?

1 **le discours** die Rede 2 **ancien/ne** *adj. ici :* vieux/vieille 3 **être aux normes** den rechtlichen Vorgaben entsprechen
4 **la jambe** das Bein 5 **la béquille** die Krücke 6 **un obstacle** ein Hindernis 7 **la marche** die (Treppen-)Stufe
8 **s'asseoir** sich (hin-)setzen 9 **la déficience** die Schwäche 10 **la vie quotidienne** la vie de tous les jours
11 **accessible** *adj. m./f.* zugänglich 12 **la main courante** der Handlauf 13 **le mien / la mienne** meine/r
14 **insurmontable** *adj.* unüberwindbar 15 **la chaise roulante** der Rollstuhl 16 **les résultats scolaires** les notes

Je vous parle de moi et d'autres élèves handicapés, mais je vous parle aussi de vous. Car ce lycée, c'est le mien, et c'est le vôtre. Que se passera-t-il si un jour un élève du lycée a un accident grave et a besoin d'une chaise roulante ? Est-ce qu'il devra quitter le lycée, ses profs, ses amis, toutes ses habitudes à cause de ça ? Et si c'est une professeure ? Est-ce qu'elle devra, elle aussi, aller travailler ailleurs ? Est-ce qu'on va juste se dire « Tant pis pour eux » ?

Dans un lycée qui est aux normes, ces questions ne se posent pas. On peut se concentrer sur l'essentiel : apprendre, vivre ensemble, devenir des citoyens[17] responsables. Malheureusement, en France, il y a encore trop de collèges et de lycées sans ascenseurs ou sans rampe pour les handicapés. C'est un peu comme si ces bâtiments, au lieu de nous tendre la main[18], de nous ouvrir les bras, nous faisaient un croche-pied[19]. Pourtant la loi du 11 février 2005 pour l'égalité des droits et des chances dit qu'il faut garantir l'accès de tous les bâtiments accueillant du public à toutes les personnes. Je rappelle[20] aussi l'article L111-1 du code de l'éducation qui dit que c'est l'école qui doit s'adapter aux élèves et que chaque enfant doit pouvoir aller à l'école.

Madame la directrice, chers professeurs, laissez-vous convaincre[21] : engagez-vous, faites respecter la loi, adaptez ce lycée à ses élèves, faites construire cette rampe ! Il est temps que le lycée Jean Jaurès fasse des efforts, qu'il arrête d'être le mauvais élève qui se cache au fond de la classe pour devenir un modèle que tout le monde veut imiter.

Merci pour votre attention ! »

17 le/la citoyen/ne der/die Bürger/in **18 tendre la main à qn** jdm die Hand reichen **19 faire un croche-pied à qn** jdm ein Bein stellen **20 rappeler qc** *hier:* an etw. erinnern **21 convaincre qn** jdn überzeugen

Compréhension écrite et analyse

1 **Écoutez et lisez le discours de Valentin, puis indiquez dans quel but il fait ce discours.**

★ 2 **Trouvez, pour chaque paragraphe du discours, une phrase qui résume ce que dit Valentin.** ☆ ► p. 114

3 **« Je rencontre un obstacle qui transforme ma situation en handicap. », (l. 13–14). Expliquez cette phrase.**

4 **Quels passages du discours trouvez-vous particulièrement convaincants ? Justifiez votre opinion.**

Méthodes et stratégies : Analyser un discours

5 a **Dans un discours, on réussit plus facilement à convaincre son public si on utilise des stratégies rhétoriques. Dans le discours de Valentin, trouvez des exemples pour ces stratégies. Notez-les en indiquant les lignes.** Discours ► webcode, p. 1

- **A** On donne des exemples.
- **B** On cite[1] des experts et des lois.
- **C** On se met à la place du public.
- **D** On rappelle des valeurs de la société.
- **E** On montre que le problème concerne tout le monde.
- **F** On explique les conséquences que cela aura si rien ne change.

In einem PDF kannst du mit dem "Kommentieren"-Werkzeug Textstellen markieren und mit Kommentaren versehen.

1 citer qc/qn etw./jdn zitieren

★ b **Étudiez la liste des moyens stylistiques et retrouvez quels moyens stylistiques Valentin utilise dans son discours. Décrivez leur effet sur le public.** ► Méthodes, p. 165/28 ☆ ► p. 114

C Ce qui nous porte et ce qui nous complique la vie

C.1 Les ami(e)s – Petite typologie

Planète Ado, 15/01/2024

Compréhension écrite

1 **Lisez la planche de BD, p. 22. Est-ce qu'elle donne une image réussie de l'amitié ? Échangez vos impressions.**

Ce qui me plaît, c'est __. À mon avis, ce qui manque c'est __.
Moi aussi, j'ai un/e ami/e __. Je ne suis pas d'accord avec __.

Objectif langage

2 a VOCABULAIRE ET EXPRESSION **À partir de ces verbes, formulez des expressions utiles pour parler d'amitié et d'amour.**

Exemple : accepter → accepter quelqu'un comme il est

accepter • accompagner • admirer • adorer • comprendre • compter • confier • défendre • encourager • mentir • pardonner • partager • refuser • remarquer • s'amuser • soutenir • trahir • __

b **À l'aide des expressions de a, faites des phrases pour parler de vous et de vos ami(e)s.**

Exemples : – Mon meilleur ami m'accepte comme je suis.
– Je ne confie jamais mes secrets.

3 RÉVISION **« Parlez-nous de votre meilleur/e ami/e ! » Complétez les mini-témoignages des jeunes en utilisant les pronoms relatifs *qui* et *que*.** ▶ Grammaire, p. 139/29

1. **Héloïse :** J'ai une super amie ? – malheureusement – habite au Canada maintenant. Mais même si aujourd'hui, un océan nous sépare, il y a encore plein de choses ? on partage. Tant mieux !
2. **Clément :** Dans ma famille, c'est parfois un peu compliqué. Heureusement, j'ai mon meilleur ami ? m'écoute quand ça ne va pas et ? me donne des idées pour gérer mes problèmes.
3. **Koumba :** J'ai un très bon copain ? je connais depuis que j'ai six ans. Nous sommes très différents, mais ce ? nous rapproche, c'est tout ce ? nous avons vécu ensemble.
4. **Enzo :** Mon meilleur pote, c'est quelqu'un ? est prêt à toutes les aventures. Je me rappellerai toujours la première excursion en canoë ? nous avons faite ensemble !

★ **4** GRAMMAIRE **C'est quoi, un vrai ami / une vraie amie ? Racontez. Utilisez le pronom relatif *lequel* avec une préposition.** ▶ Grammaire, p. 140/31 ☆ ▶ p. 114

Exemple : Un vrai ami, c'est un ami avec lequel je peux parler de tout et de rien.

Un vrai ami, c'est un ami Une vraie amie, c'est une amie	à avec sans sur pour	lequel laquelle	__.
Les vrais amis, ce sont des amis Les vraies amies, ce sont des amies		lesquels lesquelles	

à + lequel	→ auquel
à + laquelle	= à laquelle
à + lesquels	→ auxquels
à + lesquelles	→ auxquelles

Production écrite au choix : Portrait

5 **Complétez la BD « Les ami(e)s – Petite typologie » par trois autres types d'amis.**

DELF **6** **Rédigez le portrait de votre meilleur(e) ami(e) ou de vos meilleur(e)s ami(e)s.**

C.2

« SKAM FRANCE » : UNE BOÎTE À OUTILS[1] POUR LES PROBLÈMES DE LA VIE

« SKAM France » met en scène la vie des élèves du lycée Dorian, lycée se trouvant dans un quartier branché du 11e arrondissement parisien. Dans chaque saison, la série se concentre sur un personnage et parle des thèmes qui touchent les jeunes au quotidien, comme la confiance en soi, la peur du regard des autres, la recherche de l'amour ou de l'identité de genre, la religion, le cyberharcèlement, la violence dans les familles ou le handicap. Pour le réalisateur David Hourrègue, il s'agit non seulement de montrer les jeunes Français dans toute leur diversité mais aussi de proposer « une sorte de boîte à outils » dans laquelle les jeunes peuvent chercher des solutions à leurs problèmes. Nos coups de cœur[2] :

SAISON 1

Emma, jouée par Philippine Stindel, est l'héroïne de la saison 1. Le problème d'Emma est qu'elle n'a pas du tout confiance en elle. D'abord, elle a perdu d'un coup[3] toute son ancienne bande de copines parce qu'elle est tombée amoureuse de Yann (le petit ami[4] de sa meilleure amie Ingrid) et a commencé à sortir avec lui en secret. Mais comme Yann préfère voir ses potes que passer du temps avec elle, Emma ne pense pas que son histoire avec lui puisse durer. En plus, ses mauvaises notes et les commentaires de Yann quand elle perd au Trivial Pursuit lui donnent l'impression qu'elle est bête[5]. Heureusement, elle va rencontrer une bande de filles qui sont, comme elle, peu populaires et ensemble, elles vont transformer la honte (« skam » signifie « honte[6] » en norvégien) en force.

SAISON 3

Lucas (Axel Auriant) et Eliott (Maxence Danet-Fauvel) sont les stars de la saison 3. Même s'il s'intéresse depuis longtemps aux garçons, Lucas drague[7] des filles pour prouver aux autres et à lui-même qu'il n'est pas homosexuel. Mais quand le bel Eliott arrive au lycée, Lucas ne peut plus se mentir. Il tombe amoureux et assez vite, une histoire d'amour commence entre les deux jeunes hommes. Mais Eliott a un secret : il est bipolaire et traverse des phases de dépression forte et des phases d'enthousiasme exagéré. Lucas va devoir apprendre à soutenir son petit ami et à accepter qu'on ne peut pas toujours aider les gens qu'on aime.

1 la boîte à outils der Werkzeugkasten **2 le coup de cœur** der Favorit **3 d'un coup** auf einmal **4 le petit ami / la petite amie** der/die (feste) Freund/in **5 bête** *adj.* dumm **6 la honte** die Scham **7 draguer qn** *fam.* jdn anmachen

Compréhension écrite et analyse

1 a Lisez l'introduction de l'article (l. 1–7) et indiquez ce qui rend la série « SKAM France » spéciale.

DELF **b Lisez l'article en entier et associez les informations aux personnages qui sont mentionnés dans le texte.**

1. Il/Elle souffre d'un handicap.
2. Il/Elle souffre d'une maladie psychique.
3. Il/Elle trouve de nouveaux amis.
4. Il/Elle tombe amoureux/-euse.
5. Il/Elle vit dans deux mondes différents.
6. Il/Elle est bon/ne en classe.
7. Il/Elle n'est pas bon/ne en classe.
8. Il/Elle soutient un membre de sa famille.

c Résumez le problème du personnage principal de chaque saison de la série et présentez son conflit.

La célèbre série norvégienne « SKAM » a servi de modèle à plusieurs remakes à travers l'Europe. Mais alors que l'original norvégien s'est arrêté après cinq saisons, certains remakes ont rencontré un succès encore plus grand, comme « Druck » en Allemagne avec ses huit saisons et surtout le remake franco-belge « SKAM France », qui est devenu un vrai phénomène de société en France avec déjà douze saisons et plus de 400 millions de vues.

Mei-Lin Cheng

SAISON 4

Imane (Assa Sylla) est la star de la saison 4. Excellente élève dans un lycée de banlieue où le niveau est mauvais, on lui propose de continuer sa scolarité au lycée Dorian, à Paris. Là, elle rencontre des jeunes qui viennent d'un milieu très différent du sien. Elle va devoir se débrouiller et trouver son chemin : entre le mode de vie de sa famille, les fêtes branchées de ses nouveaux amis, les moqueries de ses anciennes copines (qui l'appellent « Bounty » parce qu'elles la trouvent « noire à l'extérieur[8] et blanche à l'intérieur »), sa foi[9] musulmane et son amour pour Idriss qui, lui, est athée[10]. Heureusement, elle peut compter sur son grand frère qui lui rappelle qu'il ne faut pas qu'elle oublie de vivre : « pas pour Allah ou pour Maman, juste pour toi. »

SAISON 5

L'histoire d'Arthur (Robin Migné) est au centre de la saison 5. Son monde change brutalement après une attaque violente qui le rend sourd[11]. Il a honte de son handicap et n'ose[12] en parler à personne, même pas à Alexia (Coline Preher), sa petite amie, parce qu'il pense qu'elle ne peut pas comprendre. Dans une association de sourds où il va pour chercher de l'aide et apprendre la langue des signes, il rencontre Noée (Winona Guyon) qui est sourde depuis toujours. Alors, Arthur se rend compte qu'[13]il ne fait plus partie du monde des entendants, mais pas vraiment du monde des sourds non plus. Il va devoir choisir, entre deux univers… et aussi entre Alexia et Noée, qui l'aiment toutes les deux et ne veulent pas le perdre.

Planète Ado, 01/06/2023

8 **l'extérieur** *m.* ≠ **l'intérieur** *m.* das Äußere ≠ das Innere 9 **la foi** der Glaube 10 **athée** *adj.* qui ne croit pas en Dieu
11 **sourd/e** *adj.* qui n'entend pas 12 **oser** + *inf.* sich trauen etw. zu tun 13 **se rendre compte que…** sich darüber klar werden, dass …

2 Les anciennes copines d'Imane l'appellent « Bounty » parce qu'elles la trouvent « noire à l'extérieur et blanche à l'intérieur » (l. 43). Expliquez cette phrase.

3 Mettez le titre de la série « SKAM » (= honte) en relation avec ce que vivent les personnages.

Production orale : Conversation

4 Quelle saison de « SKAM France » aimeriez-vous regarder ? Échangez vos avis en justifiant votre choix.

Objectif langage

5 a RÉVISION **Ordnen Sie jeden dieser Sätze mit *subjonctif* einer Kategorie zu.** ▶ Grammaire, p. 129/13.1

1. Emma **est triste que** ses anciennes copines ne lui fassent plus confiance.
2. Emma **veut que** Yann l'accepte comme elle est.
3. Au début, Lucas **trouve bizarre qu'**Eliott ait parfois un comportement différent d'un jour à l'autre.
4. **Il faut que** Lucas apprenne à soutenir son petit ami.
5. Les professeurs d'Imane **voudraient qu'**elle aille dans un meilleur lycée.
6. Imane **regrette que** le garçon qu'elle aime soit athée.
7. **Il est normal qu'**Arthur se sente perdu.
8. Arthur **a peur que** sa petite amie Alexia réagisse mal.

Notwendigkeit | Wunsch/Wille | Gefühl | Bewertung

b **Pour chaque verbe au subjonctif de a, notez l'indicatif présent correspondant.** ▶ Pense-bête, p. 217

6 GRAMMAIRE **Subjonctif ou indicatif ? Racontez des choses sur vous à votre partenaire et « mentez » parfois. Votre partenaire réagit et dit ce qu'il/elle ne croit pas.** ▶ Grammaire, p. 131/13.3

Exemple : – J'écris 200 messages par jour. Je lis six livres par semaine. Et j'adore dormir longtemps.
– Je ne crois pas que tu lises six livres par semaine.
– Tu as raison, je lis plutôt un livre par semaine. / Mais si, c'est vrai !

adorer • lire • écrire • regarder • boire • manger • dormir • se lever • réviser • avoir peur de • __

Améliorer son style : les mots-charnières ▶ Méthodes, p. 157/16

7 a Damit ein Text gut lesbar und verständlich wird, muss er nicht nur gedanklich gut gegliedert sein, sondern auch sprachlich. Dies gelingt Ihnen mithilfe von Konnektoren (= *mots-charnières*), z. B. Zeitangaben und logischen Bindewörtern.

b **Dans le texte, p. 24–25, trouvez tous les mots-charnières et rangez-les dans les catégories suivantes : temps, énumeration (= *Aufzählung*), but, opposition (= *Gegensatz*), cause et conséquence, condition, moyen (= *Mittel*). Puis, reformulez ces phrases à l'aide de mots-charnières (les couleurs vous indiquent la bonne catégorie). Il y a plusieurs réponses possibles.** ▶ Méthodes, p. 157/16.2

1. Nous voulons faire changer la société : Il faut lutter pour le respect des autres et contre les préjugés.
2. Il faut lutter contre les préjugés. Les préjugés empêchent les gens de voir le monde dans sa diversité.
3. Les gens comprennent que les préjugés font du mal et sont mauvais pour la société. Les gens seront peut-être prêt à voir les choses de manière différente.
4. Cette lutte est difficile. Cette lutte vaut la peine.
5. Il existe des séries comme « SKAM France ». On peut toucher les gens et défendre des valeurs.

c **Entraînez-vous à améliorer le style d'un texte entier.** ▶ Carnet d'activités

Production écrite : Commentaire personnel

8 a VOCABULAIRE ET EXPRESSION **Dans le texte, p. 24–25, trouvez des expressions pour parler des relations et faites une carte mentale « S.O.S. cœur ». Utilisez aussi votre liste de l'exercice, p. 23/2.**

b **Une série peut-elle être une « boîte à outils » ? Commentez l'affirmation du réalisateur David Hourrègue.** ▶ Méthodes, p. 160/22

C.3 Suzane : « La flemme[1] »

Je te présente ma copine la flemme
Je la connais depuis le lycée
On dit que c'est une fille à problèmes
Qu'elle ne fout[2] rien de ses journées
Quand je me traîne[3] c'est parce qu'elle m'entraîne[4]
À ne faire que procrastiner[5]
Demain j'aurai plein de trucs à faire
Les trucs d'hier, que j'ai pas faits

Refrain
La flemme
Je traîne avec la flemme
Aaah, la flemme
Je traîne avec la flemme

Elle prévient[6] pas quand elle se ramène[7]
Dans son survêt'[8], toute débraillée[9]
Son poil[10] dans la main la gène[11]
Il n'arrête jamais de pousser[12]
C'est à cause d'elle si je me mate
Des séries toute la journée
Demain j'promets[13] que j'irai faire
Les trucs que j'ai toujours pas faits

Refrain

Plus populaire que la reine des Anglais
Elle dit que tout le monde la connaît
Et ceux[14] qui disent le contraire
Sont les premiers à l'adorer
J'comptais[15] finir ce dernier couplet[16]
Mais la flemme m'a dit « Laisse tomber
C'est fatigant de ne rien faire
Si on allait se recoucher ? »

Refrain

1 **la flemme** *fam.* die Faulheit
2 **elle ne fout rien** *fam.* elle ne fait rien
3 **(se) traîner** *fam. hier:* rumhängen
4 **entraîner qn à** + *inf. hier:* jdn dazu verleiten etw. zu tun
5 **procrastiner** alles aufschieben
6 **prévenir qn** jdm Bescheid sagen
7 **se ramener** *fam.* venir, arriver
8 **le survêt(ement)** der Trainingsanzug
9 **débraillé/e** *adj.* ungepflegt
10 **le poil dans la main** *fam.* die Faulheit

11 **gêner qn** déranger qn
12 **pousser** wachsen
13 **promettre** versprechen
14 **ceux qui...** diejenigen, die ...
15 **compter** + *inf. ici :* vouloir + *inf.*
16 **le couplet** die Strophe

Compréhension orale et analyse

1 a **Vous allez écouter la chanson « La flemme ». Imaginez la musique qui pourrait aller avec ce titre.**

b **Écoutez la chanson, puis indiquez si la manière de chanter de Suzane correspond au titre de la chanson. Justifiez votre opinion.**

c **Écoutez la chanson encore une fois et indiquez les effets de la flemme sur le « je » lyrique. Puis, vérifiez et complétez vos réponses à l'aide des paroles de la chanson.**

★ **2** **En donnant des exemples, dégagez le moyen stylistique principal que Suzane utilise pour décrire la flemme. Puis, analysez son effet sur la question de la responsabilité.** ▶ Méthodes, p. 165/28

C.4

Titre : « BELLE GUEULE[1] »
Format : court métrage[2]
Réalisateur/-trice : Emma Benestan

Synopsis :
Dans le sud de la France, Sarah, 16 ans, passe son été à vendre des beignets[3] à la plage avec son père. Un soir, pendant une fête foraine[4], elle rencontre Baptiste, un jeune Parisien.

1 **la gueule** *fam. ici :* le visage
2 **le court métrage** der Kurzfilm
3 **le beignet** *süßes frittiertes Gebäck*
4 **la fête foraine** der Jahrmarkt

Compréhension audiovisuelle

1 a **Lisez la présentation du film « Belle gueule ». Puis, regardez-en la première partie (00:00–06:43) et exposez brièvement ce que vous apprenez sur les personnages.**

b **Regardez le film jusqu'à la fin et retrouvez sur le schéma le chemin que prend l'histoire.**
Schéma ▶ webcode, p. 1

c **Sarah dit à Baptiste : « On est différents. ». À partir de cette phrase, expliquez le problème de Sarah.**

Production orale : Discussion

2 **Regardez le film encore une fois. À votre avis, à quels moments Sarah aurait-elle dû choisir un autre « chemin » ? Discutez.** ▶ Méthodes, p. 154/9

> N'oubliez pas d'utiliser le conditionnel passé pour parler des « chemins » alternatifs. ▶ Grammaire, p. 133/16

3 **Échangez vos impressions sur le film. Puis, lisez les commentaires et discutez-les.** ▶ Méthodes, p. 154/9

DELF

ADOCINÉ | Longs métrages | Courts métrages | Documentaires | Policiers | Dessins animés

BELLE GUEULE
Vos avis

Paul Un joli court métrage sur un amour d'été qui n'a pas d'avenir. Mon coup de cœur pour tous ceux qui savent qu'il n'est pas toujours facile d'avoir 16 ans. Moi, je ne sais pas ce que j'aurais fait à la place de Baptiste.

Solène « Belle Gueule » est un film sympa, mais il reprend un thème vu et revu dans les films et les séries : une fille pauvre qui va être sauvée par un prince charmant riche et blanc. Ça m'énerve !

Mounir Pour moi, le sujet principal du film, c'est la relation fille-père. Elle est difficile, mais je trouve que Sarah a vraiment de la chance d'avoir un père aussi gentil. C'est parce qu'elle ment qu'il perd son travail. Il aurait pu réagir différemment...

Macha Les acteurs sont géniaux. Mais quelle est la morale de l'histoire ? Tu peux mentir à tout le monde, et à la fin tu as ce que tu veux ? ... Je ne suis pas convaincue.

Méthodes et stratégies : Faire le portrait d'un personnage ▶ Méthodes, p. 160/23

4 **Faites le portrait de Sarah.**

a Die Charakterisierung einer Figur ist eine Aufgabenstellung, die oft zur Erarbeitung eines literarischen Textes oder eines Films gehört. Sie hilft Ihnen, die Entwicklung der Figuren und der Handlung besser zu verstehen. So gehen Sie vor:

> Im Methodenteil auf S. 161 finden Sie eine Beispiel-Charakterisierung.

b **Regardez le film encore une fois et ne faites attention qu'à Sarah. Notez toutes les informations que le film vous donne sur elle (sur son physique, sa famille, ses amis, son comportement, ses souhaits etc.).**

c **Examinez vos informations en détail. Comment peut-on les interpréter ? Qu'est-ce qu'elles « disent » sur le personnage ? Notez vos conclusions.**

d **Structurez vos notes de b et de c à l'aide de la fiche. Puis, rédigez votre texte. Pour le formuler, vous pouvez utiliser les expressions de la fiche, le texte-modèle (p. 161) et le vocabulaire thématique.**
▶ webcode, p. 1

Introduction	
Informations générales et résumé de l'histoire	Le court métrage « __ » de __ raconte l'histoire de __ : __.
Description	
Informations générales	Elle s'appelle __ et a __ ans. Elle vit à/en/chez __. Elle a un frère / __. On ne sait pas où / si __.
Portrait physique	Elle a __. / est __. / porte __. On n'apprend rien sur __.
Portrait moral / Caractère / Comportement	Elle aime/ s'intéresse à __. / refuse de / choisit de __. / dit/pense __. / __. Pour elle, __. On apprend que __.
Analyse	Cela veut dire / montre que __. C'est pourquoi on peut dire que __. On se rend compte que __. On peut supposer que __. Peut-être que __.
Conclusion	En conclusion, __.

Production écrite : Journal intime

5 Après la dispute avec Baptiste, Sarah écrit dans son journal intime[1]. Elle réfléchit à ce qui s'est passé et à ce qu'il faudrait qu'elle fasse. Mettez-vous à sa place et rédigez le texte. ▶ Méthodes, p. 156–157/15–17

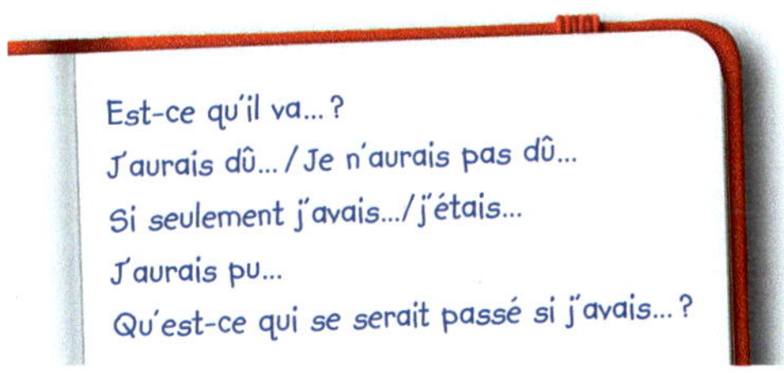

1 **le journal intime** das Tagebuch

Exprimer ce qu'on espère pour l'avenir

Dans la Tâche, vous allez enregistrer un message-vidéo pour votre « futur moi », c'est-à dire pour la personne que vous serez dans dix ans. Entraînez-vous ici à formuler ce que vous espérez pour l'avenir. ▶ Tâche, p. 31

1 **Voici un exemple de message à un « futur moi ». Lisez-le, trouvez les expressions qui correspondent à ces catégories et notez-les.** Message ▶ webcode, p. 1

questions | souhaits | conseils

Cher futur moi,

c'est un peu bizarre de te parler et de te dire « tu » puisque tu es moi et que je suis toi. Mais d'un autre côté, c'est juste de dire « tu » parce que je ne suis pas encore toi et tu n'es plus moi. En tout cas, j'espère que tu ne vas pas avoir honte de moi quand tu vas lire cette lettre ! Je voudrais plutôt qu'elle te touche ou qu'elle te fasse rire.

J'espère que tu as réalisé tes rêves. Est-ce que ce sont encore les mêmes rêves que les miens aujourd'hui ? Est-ce que tu es devenu avocat comme tu le voulais ? Ou est-ce que tu t'es rendu compte que ce n'est pas le bon métier pour toi et tu as changé d'avis ? Qu'est-ce que tu fais dans la vie ? Est-ce que tu as trouvé un travail qui te plaît ? Et où ça ? À Paris ?
En tout cas, je te préviens, honte à toi si tu es devenu un Parisien arrogant qui juge les autres et ne sait plus ce que c'est, les vrais amis !
D'ailleurs, est-ce que Kofi est toujours ton meilleur ami, la personne avec laquelle tu peux parler de tout et qui ne te juge pas ? Souviens-toi que tu as promis de ne jamais trahir votre amitié !
Et j'avoue que je n'arrive pas à m'imaginer une vie sans lui.
Et comment tu t'es débrouillé côté amour ? Est-ce que tu es toujours aussi timide que moi ou est-ce que tu as enfin osé draguer Malika ? Est-ce que tu as enfin compris que ça vaut la peine d'essayer ? Est-ce que tu as rencontré l'amour de ta vie ? Et est-ce que par hasard tu as déjà des enfants ? Je serais vraiment curieux de savoir...
Bref, j'espère vraiment que tu es heureux, que tu as trouvé ton bonheur. Et si non, appelle Mamie – si elle vit encore, je l'espère pour toi ! – et raconte-lui tes problèmes. Tu sais qu'elle sait très bien écouter et qu'elle a toujours de bons conseils.
Et si tu as des problèmes qui te semblent insurmontables, dis-toi que ça ne sert à rien d'être malheureux, que la vie est trop courte pour baisser les bras. L'essentiel, c'est que tu ne te trahisses pas. J'espère de tout cœur que tu t'aimes bien, en tout cas plus que moi maintenant. Je ne sais pas si tu te souviens. Si non, tant mieux !
Et au fait, est-ce que tu as encore un peu grandi, je veux dire : physiquement ? Parce que là, je ne me plaindrais pas de faire quelques centimètres de plus...

Bon... je crois que c'est tout ce que je voulais te dire. C'est la fin de mon message. Alors qu'est-ce qu'on dit dans ces cas-là ?

Au revoir, mon vieux ! À dans dix ans !

2 **Imaginez que vous parlez à votre « futur moi ». Pour chacun de ces thèmes et à l'aide de vos notes de 1, formulez deux phrases que vous pourriez dire.**

famille | amitié/amour | études/métier | buts/rêves | activités/engagement

Enregistrer un message-vidéo pour son « futur moi »

Créez une sorte de capsule temporelle[1] ! Enregistrez un message-vidéo de 3 à 5 minutes pour votre « futur moi » (la personne que vous serez dans dix ans) dans lequel vous lui parlez de ce que vous espérez, vous lui posez des questions sur sa vie et vous lui donnez des conseils. Si vous ne voulez pas faire de vidéo, vous pouvez aussi faire un enregistrement audio ou rédiger une lettre.

1 **la capsule temporelle** die Zeitkapsel

1 **Lisez et analysez les étapes de la tâche. Puis, avec la classe, élaborez les modalités et les critères d'évaluation pour votre message.**

2 **Sur Internet, regardez la présentation du projet « Cher futur moi » pour vous laisser inspirer. Puis, réfléchissez aux points suivants :**

– Décidez quel genre de message vous voulez créer : vidéo, audio, lettre...
– Décidez si vous voulez montrer votre message à quelqu'un ou pas. N'oubliez pas : ce message est pour vous et il vous appartient. Vous n'êtes pas obligé/e de le montrer si vous ne le voulez pas !

3 **Préparez et rédigez le texte de votre message à votre « futur moi ».** ▶ Tremplin, p. 30

– Choisissez les thèmes dont vous voulez parler et notez vos questions, vos souhaits, vos conseils. Utilisez vos cartes mentales. ▶ p. 13/4 + p. 26/8a
– Trouvez un bon ordre pour vos thèmes.
– Rédigez votre texte, puis retravaillez et corrigez-le. ▶ Méthodes, p. 157/17

Des questions pour vous donner des idées :
– Qu'est ce qui a (peut-être) changé après dix ans ?
– Qu'est-ce qui n'a (peut-être) pas changé ?
– Quels sont vos plus grands souhaits pour l'avenir ?
– Quelles sont vos plus grandes peurs ?

4 **Créez votre message.**

format vidéo / format audio	format lettre
Avant l'enregistrement : ● Préparez une fiche avec des mots-clés et placez-la à côté de la caméra / de votre smartphone. ● Mieux vous connaissez votre texte, moins vous devrez couper au montage. Apprenez-le par cœur pour parler librement à partir de vos mots-clés. ● Choisissez un endroit calme et que vous aimez pour faire votre enregistrement.	**Avant l'écriture :** ● Réfléchissez à comment vous voulez rédiger votre lettre : à la main sur papier, à l'ordinateur, sous forme de collage... ? ● Voulez-vous ajouter une photo de vous ?
Pendant l'enregistrement : ● Pour « oublier » l'enregistrement et bien vous concentrer sur ce que vous dites, laissez tourner l'enregistrement. S'il y a un problème, faites une petite pause et recommencez au début de votre phrase. De cette manière, vous pourrez beaucoup plus facilement couper votre vidéo ou votre audio. ● Si ça vous aide, placez une photo de vous près de la caméra / de votre smartphone et parlez à la photo.	**Après l'écriture :** ● Prenez votre lettre en photo (au cas où vous perdriez l'original).

5 **D'après ce que vous avez décidé en 1, présentez vos messages et évaluez-les à l'aide de vos critères.**

2 Vous avez dit « Europe » ?

1 plus de 20 000 jumelages entre villes européennes

2 partir à l'étranger avec un programme d'échanges

3 voyager avec InterRail

4 l'euro

5 le passeport européen

6 le roaming gratuit dans les pays de l'UE

Compétences communicatives

- parler de l'Europe géographique, culturelle, historique et politique
- parler de la coopération franco-allemande
- présenter un projet (idée, conditions de travail, expériences)
- présenter un évènement culturel ou sportif
- présenter un lieu historique
- parler de la migration vers l'Europe
- justifier son opinion

Méthodes et stratégies

- améliorer son style : le gérondif
- rédiger un commentaire personnel

Tâche
À la fin de ce dossier, vous pourrez présenter un lieu qui symbolise l'Europe pour vous.

7 la tolérance, une valeur commune

8 le Parthénon à Athènes, un symbole de la démocratie

9 la protection de l'environnement

10 les frontières continentales

11 les championnats sportifs européens

12 le concours de l'Eurovision

13 les capitales européennes de la culture

1 L'Europe, qu'est-ce que c'est ? Étudiez et comparez les documents, puis donnez plusieurs définitions possibles de l'Europe.

2 À l'aide de la carte d'Europe au début du livre, révisez les noms des pays européens et de leurs capitales.

3 Testez vos connaissances sur l'Europe. Faites le quiz ! ► Carnet d'activités

L'Union européenne et ses citoyens

L'Union européenne, grâce à ses lois, influence directement le quotidien de tous les Européens.

Elle s'engage pour la protection du consommateur :
Vous ouvrez le robinet pour boire de l'eau ? C'est une loi européenne qui garantit sa qualité dans tous les pays de l'UE. Vous achetez des fraises ? Il y a une loi qui limite la quantité de pesticides dans les fruits et les légumes qu'on produit et qu'on vend dans l'UE. Vous voulez jouer à un jeu vidéo ? Il existe une loi de l'UE qui vous dit à partir de quel âge vous avez le droit d'y jouer. Les lois de l'UE pour protéger les consommateurs sont très nombreuses... Certaines personnes les trouvent très utiles, d'autres trouvent qu'il y en a trop et qu'on décide trop de choses à leur place.

Elle fait des lois pour protéger la planète :
Par exemple, depuis 2021, pour éviter de produire trop de déchets, on n'a plus le droit de vendre certains objets en plastique. Avec le Pacte Vert pour l'Europe, l'UE s'engage aussi à produire moins de CO_2 et à devenir climatiquement neutre jusqu'en 2050.

Elle facilite l'accès à Internet et protège les données personnelles :
Avec un forfait de l'UE, on peut téléphoner et surfer pour le même prix dans tous les États membres. En plus, l'Union européenne subventionne l'accès gratuit à Internet dans quelques lieux publics comme les parcs ou les bibliothèques. Elle protège aussi les plus jeunes : par exemple, si les moins de 15 ans veulent créer un compte sur des réseaux sociaux, une loi oblige ces réseaux à demander l'autorisation des parents. Enfin, si une personne privée ne veut pas qu'on puisse trouver des informations sur elle sur Internet, les moteurs de recherche et les applis doivent les effacer. C'est la loi en Europe !

Elle s'engage pour l'éducation :
Avec le programme Erasmus+, l'UE soutient les rencontres entre les écoles des differents États membres et les échanges en ligne (eTwinning).

Elle subventionne le sport et la culture :
Quand il y a de grands évènements sportifs ou culturels, l'UE met la pression pour empêcher les chaînes privées d'acheter tous les droits de diffusion. C'est donc grâce à l'UE qu'on peut regarder la coupe d'Europe de foot ou le concours de l'Eurovision sur les chaînes publiques !

Qu'est-ce que les jeunes Européens attendent de l'Union européenne ?
Le Parlement européen a réalisé une enquête auprès de jeunes Européens et leur a demandé quelles sont pour eux les trois valeurs les plus importantes de l'UE. Les réponses qui reviennent le plus souvent sont le respect des droits de l'Homme (56 %), la liberté d'expression (48 %), et l'égalité des genres (38 %). Le thème de la solidarité (dans la société, entre les pays membres de l'UE, dans le monde) compte également beaucoup pour les jeunes Européens. Par conséquent, quand on leur demande dans quels domaines ils voudraient que l'UE s'engage plus, ils répondent : la lutte contre la pauvreté et les inégalités (43 %), la lutte contre le réchauffement climatique et pour la protection de l'environnement (39 %) et la lutte contre le chômage (37 %).

1 **Lisez le texte sur l'Union européenne et ses citoyens. Puis, nommez les aspects que vous trouvez les plus importants.**

2 **Pour chacun de ces mots du texte, p. 34, trouvez un mot de la même famille que vous connaissez déjà. Puis, vérifiez vos réponses à l'aide d'un dictionnaire unilingue.** ▶ Méthodes, p. 172/37.3

la protection • les données • personnel • nombreux • le programme • la lutte • la pauvreté

3 **Dans le texte, p. 34, trouvez les mots et expressions françaises qui ressemblent à des mots d'autres langues que vous connaissez. Notez-les avec leurs différences (orthographe, prononciation, sens). Vous pouvez utiliser des dictionnaires bilingues.** ▶ Méthodes, p. 171/37

français	allemand	anglais	...
culturel/le	kulturell	cultural	
le thème	das Thema	the theme (only for music!) → the subject	

4 a **Lisez les expressions et trouvez l'intrus.**

Exemple : 1. créer une application • une loi • ~~la protection des animaux~~

1. créer une application • une loi • la protection des animaux
2. garantir l'enquête • la qualité d'un produit • la paix
3. subventionner un évènement • une ONG • une autorisation
4. effacer une réponse • une information • un concours
5. produire du CO_2 • de la lutte • des fruits et des légumes
6. protéger le chômage • les données personnelles • les citoyens

b **Dans les expressions surlignées du texte, p. 34, trouvez l'expression qui correspond à chaque définition.**

1. C'est ce qu'on met à la poubelle.
2. Ce sont par exemple l'égalité ou la liberté.
3. C'est par exemple un match ou un concert.
4. Ce sont par exemple le nom, l'âge et l'adresse.
5. On n'a pas besoin de payer les choses qui le sont.
6. C'est un autre mot pour « la vie de tous les jours ».

DELF

c **Faites un tableau, puis écoutez le flash d'infos et cochez le bon thème pour chacune des trois infos.**

A l'environnement
B le travail
C le sport
D les jeunes
E les valeurs
F la loi

5 **À l'aide des expressions, reformulez les résultats de l'enquête du Parlement européen (l. 34–41).**

Exemple :
Environ la moitié des jeunes pensent que la liberté d'expression est une valeur importante.

(Environ) (Plus de) (Moins de) (Presque)	un tiers / un quart deux jeunes sur cinq la moitié deux tiers / trois quarts	des jeunes
	—	
La majorité		

6 **À vous ! Quelles sont les trois valeurs les plus importantes pour vous ? Et quels sont les trois domaines où l'UE devrait s'engager plus ? À l'aide des questions de l'enquête du Parlement européen, faites un sondage en classe.** Questions de l'enquête ▶ webcode, p. 1

A Voyager, s'engager et travailler en Europe

NOS HÉROS

A.1 12 000 KILOMÈTRES À VÉLO SUR LES ROUTES D'EUROPE

Justin et Elio sont deux jeunes Français qui habitent à Najac, dans le sud de la France. Ils ont 17 et 18 ans et viennent de réussir leur bac quand, malgré[1] tous les obstacles, ils décident de partir à vélo pour un tour d'Europe qui va durer un an. Petit résumé de la grande aventure, en quelques chiffres :

12 000 kilomètres à vélo,
25 pays visités,
30 frontières traversées,
12 pannes de vélo réparées,
4 passages[2] à l'hôpital,
2-3 disputes,
5 visio-conférences avec des classes en France,
182 nuits sous la tente[3] ou à la belle étoile[4]
beaucoup de belles rencontres !

1 **malgré** trotz 2 **le passage** *hier:* der Aufenthalt 3 **la tente** das Zelt 4 **à la belle étoile** unter freiem Himmel

Préparer la compréhension audiovisuelle

1 a Lisez l'introduction du diaporama, puis présentez brièvement le voyage de Justin et d'Elio.

b Dans la liste des aventures de Justin et d'Elio, quelles seraient pour vous les expériences plutôt positives et les expériences plutôt négatives ? Discutez avec votre partenaire.

2 À partir de ces premières informations, notez cinq questions que vous aimeriez poser à Justin et Elio.

Compréhension audiovisuelle et analyse

3 a Regardez le diaporama du voyage des deux jeunes et notez les thèmes principaux. ☆ ▶ p. 115

★ b Regardez le diaporama encore une fois et notez les réponses qu'il donne à vos questions de 2.

★ **4** D'après vous, quelle est la plus grande qualité de Justin et d'Elio ? Justifiez. ☆ ▶ p. 115

Production orale : Discussion

5 a VOCABULAIRE ET EXPRESSION Imaginez : vous voyagez ensemble et vous avez une liste de choses à faire. Posez-vous des questions et répondez. Utilisez *être en train de* / *venir de* + infinitif. B ▶ p. 110

Exemple : – Tu as posté notre vidéo ?
– Je suis en train de / Je viens de le faire.
– Ah, génial ! / Alors dépêche-toi !

A

Vos questions pour B :	Vos infos pour B :
– *acheter* nos billets ?	– sac ☑
– *faire* les courses ?	– route ◌
– *réparer* ton vélo ?	– chaussures ☑
– *appeler* tes parents ?	– tente ◌

b Si vous faisiez un tour d'Europe ensemble, que feriez-vous comme Justin et Elio ? Que feriez-vous différemment ? Échangez vos idées, discutez et mettez-vous d'accord. ▶ Méthodes, p. 154/9

Production écrite : Prise de position

6 a VOCABULAIRE ET EXPRESSION **Dans le texte du diaporama, trouvez des expressions pour parler de la diversité en Europe et faites une carte mentale. Puis, complétez-la avec d'autres expressions que vous connaissez déjà.** Texte ► webcode, p. 1

la religion	la nourriture	le paysage	les animaux	le temps qu'il fait

b **D'après votre correspondant québécois, tous les pays d'Europe se ressemblent. Vous n'êtes pas d'accord. Écrivez-lui un mail où vous défendez votre point de vue.**

Pour plus d'inspiration, allez voir la carte « Unie dans la diversité » sur le site de l'UE !

A.2 Les chantiers internationaux de jeunes

Génération @DO

MAIN DANS LA MAIN

Pour les jeunes qui veulent découvrir l'Europe en s'engageant, les chantiers[1] internationaux offrent de nombreuses possibilités intéressantes. Petit zoom sur cette autre manière de voyager en Europe.

COMMENT ÇA FONCTIONNE ?

Les chantiers internationaux permettent à des jeunes bénévoles[2] de différents pays de s'engager en participant à un projet utile pour la société, comme par exemple de transformer un vieux château en musée ou de créer un chemin de découverte de la nature. Non seulement les participants apprennent à faire des choses eux-mêmes, mais ils découvrent aussi la région, participent à des sorties[3] culturelles ou sportives, et surtout rencontrent des jeunes de différentes nationalités.

Le Fort Dugommier

L'organisation et le rythme de travail ainsi que[4] le nombre de bénévoles dépendent du chantier qu'on choisit. Au Fort Dugommier de Collioure, vingt jeunes restaurent le vieux bâtiment militaire qui se trouve au-dessus de la ville et à partir de midi, il y fait trop chaud pour travailler. Par conséquent, les jeunes doivent se lever très tôt. Élise, 17 ans, raconte : « Les premiers jours, c'était dur. À six heures du matin, en montant au Fort, certains avaient encore l'air de dormir. Mais la lumière du matin sur Collioure et la Méditerranée est vraiment magnifique, et on est fiers de travailler ici. »

À l'arrivée, les jeunes et leurs animateurs se partagent les tâches. Aujourd'hui, Élise et quelques autres vont faire du ciment[5]. Marc, un des responsables[6], leur explique comment faire : « On n'a pas besoin de savoir déjà construire un mur avant de venir, on apprend les choses sur place, en les faisant… et d'ailleurs pas seulement dans le domaine de la construction ! ». En effet, dans un chantier, les jeunes doivent aussi, à tour de rôle[7], faire les courses, la cuisine et le ménage… ce qui est aussi une bonne manière de découvrir la culture des uns et des autres…

»

1 **le chantier** *hier:* das Workcamp 2 **le/la bénévole** der/die Freiwillige 3 **la sortie** l'excursion 4 **ainsi que** et
5 **le ciment** der Zement 6 **le/la responsable** der/die Verantwortliche 7 **à tour de rôle** abwechselnd

Comme nous l'explique Jan, qui vient d'Allemagne : « C'est super de faire la cuisine ensemble. Il y a eu de grandes discussions parce que les Bretons veulent mettre du beurre salé partout alors que les Italiens et les Espagnols sont pour l'huile d'olive... J'étais mort de rire[8]. » L'après-midi, Jan, Élise et leurs amis se reposent en jouant aux cartes et en allant à la plage... Pétanque[9], canoë, shopping, ce ne sont pas les activités qui manquent... Par contre, tout le monde va se coucher tôt, car[10] demain, il faudra de nouveau se lever avec le soleil !

Une expérience internationale enrichissante[11]

Vue sur Collioure

En participant à un chantier international de bénévoles, on vit des moments très forts. Dario (Espagne) raconte : « En arrivant à Collioure, je ne savais pas trop ce qui m'attendait, je voulais essayer d'améliorer mon français sans dépenser[12] trop d'argent, et le chantier m'a semblé[13] être une bonne idée et aussi un truc qu'on peut mettre plus tard sur son CV[14]... Mais je ne pensais pas rencontrer des gens aussi cool, l'ambiance est vraiment super. Il y a beaucoup de solidarité, quand quelqu'un ne comprend pas quelque chose, les autres lui expliquent ou lui traduisent, ça marche très bien. »

Élise conclut[15] : « En deux semaines, ma playlist a changé. Maintenant, j'écoute du rap allemand et de la pop espagnole ! D'ailleurs, je crois que le chantier change les gens. En tout cas, moi, il m'a changée. »

Ce qu'il faut encore savoir

Les jeunes bénévoles ne gagnent pas d'argent (sinon ils ne seraient plus des bénévoles !). Par contre, ils doivent même payer eux-mêmes le voyage et environ 300 € pour deux semaines – hébergement[16], assurance[17], activités et repas compris. La plupart de ces chantiers ont lieu en juillet ou en août et il faut avoir au moins 14 ans pour y participer, et parfois plus.
Envie d'un été d'échanges et de rencontres ? Vous trouverez plus d'infos en allant sur le site de l'OFAJ.

Génération Ado, 03/05/2022

8 être mort/e de rire sich totlachen **9 la pétanque** das Boulespiel **10 car** parce que **11 enrichissant/e** *adj.* bereichernd **12 dépenser qc** etw. ausgeben **13 sembler** (er-)scheinen **14 le CV (curriculum vitae)** der Lebenslauf **15 conclure** *hier:* abschließend sagen **16 un hébergement** eine Unterkunft **17 une assurance** eine Versicherung

Compréhension écrite, analyse et commentaire

1 a **Lisez l'article « Main dans la main », p. 37–38, puis expliquez ce qu'est un chantier international.**

★ DELF b **Notez tout ce qu'il est utile de savoir avant de participer à un chantier international.** ☆ ► p. 115

c **Faites une liste des avantages et des inconvénients d'un chantier de jeunes bénévoles.**

2 **« Le chantier change les gens. », (l. 50). Expliquez cette phrase d'Élise en vous appuyant sur les exemples de l'article.**

3 **Sur le site de l'OFAJ, trouvez un chantier international qui vous intéresse, faites une recherche sur « votre » chantier, puis présentez-le.**

4 a VOCABULAIRE ET EXPRESSION **Les connecteurs logiques permettent d'exprimer une relation entre deux idées (la cause, la conséquence etc.). Complétez les phrases par le bon connecteur logique.**

1. Je ne parle pas espagnol avec Lola ? elle ne pourra pas améliorer son anglais.
2. ? le parcours était difficile, j'ai adoré cette excursion !
3. J'ai trouvé l'expérience enrichissante ? j'ai rencontré des personnes intéressantes.
4. Les bénévoles peuvent participer à différentes activités. ? il faut dépenser un peu plus d'argent.
5. Les participants doivent faire les courses, la cuisine ? le ménage.

par contre
ainsi que
sinon
même si
car

b **« Aimeriez-vous participer à un chantier international de jeunes bénévoles ? » Rédigez un commentaire personnel. Utilisez des connecteurs logiques.** ► Méthodes, p. 157/16 + p. 160/22

Objectif langage

5 a GRAMMAIRE **Mit dem *gérondif* kann man eine Gleichzeitigkeit, ein Mittel oder eine Bedingung ausdrücken. Übersetzen Sie die Sätze und bestimmen Sie, was jeweils ausgedrückt wird.**

1

Jan range ses affaires **en mettant** tout sous le lit.

2

Jan range ses affaires **en écoutant** de la musique.

3

En rangeant ses affaires, Jan retrouverait son passeport.

b **Trouvez d'autres phrases avec le gérondif dans l'article, p. 37–38. Puis, expliquez comment on le forme.**

6 a GRAMMAIRE **Décrivez ce que font les jeunes bénévoles. Utilisez le gérondif.** ► Grammaire, p. 126/10

Exemple : Elle travaille en écoutant de la musique.

1

travailler • *écouter* de la musique

2

faire le ménage • *danser*

3

apprendre une langue • *discuter*

4

prendre sa douche • *chanter*

5

monter au Fort • *se dépêcher*

6

boire de l'eau • *courir*

b **La plupart des gens font plusieurs choses en même temps. Donnez au moins cinq exemples en utilisant le gérondif.**

Moi, je __. • Mes parents __. • Mes copains et moi, nous __. • Ma sœur / Mon frère __. • __

Améliorer son style : le gérondif

7 a Mit dem *gérondif* kann man Nebensätze vermeiden. Das hat viele Vorteile: Sätze werden kürzer, weniger fehleranfällig (weil man sich keine Gedanken über Tempus und Modus machen muss) und stilistisch besser (weil weniger kompliziert). Das *gérondif* wird daher im geschriebenen und gesprochenen Französisch sehr häufig verwendet. Aber das geht nur, wenn Haupt- und Nebensatz dasselbe Subjekt haben.

★ b **En utilisant le gérondif là où c'est possible, reformulez le mail que Max a envoyé à Génération Ado.**
► Grammaire, p. 126/10 ☆ ► p. 115

Bonjour,
Je m'appelle Max, j'ai 17 ans et je vais au lycée Martin-Luther de Marburg, en Allemagne. Quand j'ai lu votre article « Main dans la main », j'ai tout de suite eu envie de vous écrire pour vous dire « merci ».
À vrai dire, je ne connaissais pas du tout les chantiers de jeunes bénévoles, mais maintenant, je sais qu'on peut passer de super vacances même quand on travaille. D'habitude, en été, je joue à des jeux vidéo ou je regarde des séries pour me reposer. Le problème : ça énerve mes parents et quand ils sont énervés, je ne suis jamais tranquille… Mais si j'étais actif, ils seraient contents. Et moi, si je participais à un chantier, je pourrais rencontrer des gens du monde entier. Je pourrais m'amuser et en même temps faire quelque chose d'utile. Génial !
J'ai hâte de lire le prochain numéro de Génération Ado !
Max Schönthal, qui fait clairement partie de l'équipe « beurre » 🙂

c **Entraînez-vous à améliorer votre style à l'aide du gérondif.** ► Carnet d'activités

d **Relisez votre commentaire personnel, p. 39/4b, et récrivez-le en suivant les conseils de a.**

A.3 Un an à l'étranger

☰ Programme | Émissions et podcasts | Info | Culture | Humour | Musique | Contact

Regards croisés

Un an à l'étranger

Camille, une Française de 22 ans, a fait un volontariat écologique franco-allemand. Elle s'est engagée pendant un an dans une communauté[1] à Pfarrkeßlar, en Thuringe.

Elle nous raconte son expérience. ▶

1 **la communauté** die Gemeinschaft

Compréhension orale

1 **Écoutez l'interview de Camille et indiquez si l'expérience du volontariat lui a plu en général.**

Pas de stress ! Votre but n'est pas de tout comprendre, mais de comprendre les choses les plus importantes !

2 **Écoutez l'interview encore une fois et relevez les quatre thèmes dont parle Camille.**

A sa famille et ses amis
B ses études
C son niveau d'allemand
D les différences culturelles
E ses activités quotidiennes
F les conseils qu'elle donne

Micro-écoute

3 a **Im gesprochenen Französisch ist es oft schwierig, Wortgrenzen zu hören. Gerade die *liaison* (unter anderem nach *n*, *s* oder *r*) und die Artikel machen das Erkennen von Wörtern schwer – übrigens auch für kleine Muttersprachler/innen! Hier einige Beispiele:**

on était = [ɔ̃netɛ] • en apprenant = [ɑ̃napʀənɑ̃]
des informations = [dezɛ̃fɔʀmasjɔ̃] • je suis allée = [ʒəsɥizale]
derrière une table = [dɛʀjɛʀyntabl] • vivre à Paris = [vivʀapaʀi]

b **Hören Sie sich die Ausdrücke an und nennen Sie die zwei Wörter, aus denen die Lautketten jeweils bestehen. Die richtige Rechtschreibung ist dabei Nebensache, denn es geht ums Verstehen.**

1. dans [mezetyd]
2. [dezaktivite] différentes
3. [kɔ̃stʀɥiʀyn] cabane
4. se [sɑ̃tiʀɛ̃] peu triste
5. [ɑ̃nekutɑ̃] de la musique
6. [ynane] extraordinaire

4 a **C'est parti ! Lisez les questions, puis écoutez l'interview encore une fois et trouvez les bonnes réponses.**

1. En faisant un volontariat écologique, Camille voulait…
   A découvrir l'Allemagne. B s'engager pour la planète. C faire quelque chose d'utile.
2. Tous les jeudis, elle a…
   A fait du pain et des pizzas. B donné des cours de français. C proposé des visites aux touristes.
3. Qu'a-t-elle fait d'autre pendant son volontariat ?
   A Elle a fait les courses. B Elle a fait des constructions. C Elle a donné des cours de français.
4. Camille a fait des progrès en allemand en parlant. Qu'a-t-elle fait en plus pour s'améliorer ?
   A Elle a pris des cours avant de partir.
   B Elle s'est entraînée tous les jours avec une appli.
   C Elle a lu en allemand et elle a écouté de la musique allemande.
5. Quel conseil donne-t-elle aux jeunes qui s'intéressent au VEFA ? À son avis, il faut…
   A parler anglais au début.
   B rester ouvert/e et savoir s'adapter.
   C visiter la région avant le début du volontariat.

Haben Ihnen die Hinweise zur *micro-écoute* beim Verstehen geholfen? Tauschen Sie sich untereinander aus.

★ b **Camille utilise aussi des mots que vous ne connaissez pas. Écoutez les deux passages encore une fois et répondez aux questions. Pour cela, identifiez les mots et trouvez-les dans un dictionnaire.**

1. De quels animaux s'est-elle occupée ?
2. Qu'est-ce qu'elle a construit ?

Compréhension audiovisuelle : La France en VO

TV5 MONDE

5 **Découvrez des personnes qui vivent l'Europe avec TV5MONDE ! Regardez la vidéo et faites les exercices correspondants en ligne.**

A.4 Ensemble, on va plus loin

LA COOPÉRATION FRANCO-ALLEMANDE

Depuis le Traité de l'Élysée de 1963, la France et l'Allemagne coopèrent dans de nombreux domaines : économique, politique, éducatif, scientifique ou culturel.

VIE QUOTIDIENNE
- > 2200 villes et régions jumelées[1]
- > 12 millions de touristes allemands par an en France
- le VEFA/VCFA : ≈ 110 jeunes (Allemands et Francais) par an
- le réseau TGV-ICE :
  - 24 trains par jour ; personnel bilingue sur toute la ligne
  - > 25 millions de passagers depuis 2007 (début de la coopération)
  - création d'une ligne directe Paris-Berlin

ÉCONOMIE
- l'UE = 2^{e} puissance économique mondiale (après les États-Unis et devant la Chine)
- la France et l'Allemagne = les 2 pays les plus riches de l'UE
- l'Allemagne :
  - 1er partenaire économique de la France
  - ≈ 2700 entreprises françaises en Allemagne
- la France :
  - 4e partenaire économique de l'Allemagne
  - ≈ 3200 entreprises allemandes en France
- exemple de coopération : Airbus

POLITIQUE
- 1 à 2 Conseils des ministres franco-allemands ont lieu par an
- Sur les 705 sièges du Parlement européen, l'Allemagne en a 96 et la France 79.
- En 2019, le Traité d'Aix-la-Chapelle complète le Traité de l'Élysée.

ÉDUCATION
- > 180 écoles en France et en Allemagne proposent l'Abibac
- l'OFAJ : > 9,5 millions de jeunes ont participé à des échanges (depuis 1963)
- Erasmus + : ≈ 5000 étudiants français par an choisissent l'Allemagne et vice versa[2]

CULTURE
- centres culturels :
  - 24 centres français en Allemagne
  - 20 centres allemands en France
- la chaîne de télévision franco-allemande Arte (depuis 1992)
- création de > 10 films franco-allemands par an
- le prix franco-allemand pour la littérature jeunesse (depuis 2013)

SÉCURITÉ
- la Brigade franco-allemande (depuis 1990)
- l'UOFA : la police allemande et la police française coopèrent (depuis 2019)

Entre-temps, d'autres pays européens les ont rejoints[3] (par exemple dans le Triangle de Weimar) et de nombreux projets internationaux se sont développés en Europe.

Jeune Europe, 13/07/2023

1 **la ville jumelée** die Partnerstadt 2 **vice versa** umgekehrt 3 **rejoindre qn** sich jdm anschließen

Compréhension écrite et analyse

1 a **Lisez l'infographie. Puis, indiquez les exemples de coopération franco-allemande qui vous surprennent et justifiez votre réponse.**

b **En vous appuyant sur les informations de l'infographie, expliquez pourquoi on dit souvent de la relation franco-allemande qu'elle est « le moteur de l'Europe ».**

Recherche

2 **Dans un mini-exposé, présentez un exemple de coopération franco-allemande.**

B Unis par le sport et la culture

B.1 Les grands rendez-vous européens

Compréhension écrite

DELF **1** **Regardez le nuage de mots et discutez : Quels évènements suivez-vous[1] en vrai, à la télé ou pas du tout – et pourquoi ?**

[1] **suivre qc** *hier:* etw. verfolgen

2 a **À partir de vos connaissances, indiquez à quel domaine correspondent les évènements. Complétez vos résultats par une mini-recherche.**

Exemple : Le Festival de Salzbourg est un festival de musique classique et de théâtre.

b **Lisez la légende, puis examinez les couleurs des évènements et commentez.**

Exemple : Ce qui me surprend, c'est que le Festival d'Angoulême a beaucoup moins de visiteurs que la Fashion week de Paris.

Recherche

3 **À partir des questions-clés, faites une recherche sur un des évènements, puis présentez-le.** Questions-clés pour tous les évènements ▶ webcode, p. 1

L'Eurovision

EXEMPLE DE FICHE

1. Depuis quand le concours de l'Eurovision existe-t-il ?
2. Comment le concours s'appelait-il au début ?
3. En quelle(s) année(s) les participants devaient-ils chanter dans une des langues officielles de leur pays ?
4. Combien de pays participent chaque année ?
5. Quel pays a gagné le plus souvent ?
6. Pourquoi certains pays qui ne se trouvent pas en Europe peuvent-ils participer ?
7. Quel pays a gagné en 2022 ? À votre avis, pourquoi s'agit-il d'un moment européen spécial ?
8. Pourquoi, la France, l'Allemagne, l'Espagne, l'Italie et le Royaume-Uni sont-ils toujours en finale ?

4 **À quel(s) évènement(s) est-ce que vous voudriez assister[1] en vrai ? Faites un sondage.**

[1] **assister à qc** bei etw. dabei sein

MK De nombreuses applis de sondage ont une fonction « nuage de mots ».

B.2 Le TOUR DE FRANCE, un évènement français qui *passionne* l'Europe

Comme chaque année, pendant trois semaines au mois de juillet, le Tour de France va parcourir les routes de France, traverser une ou deux fois les frontières de l'Hexagone pour une étape chez les voisins européens, avant de finir par un sprint sur les Champs-Élysées. On vous dit tout sur la plus grande course cycliste du monde qui passionne les fans de sport depuis sa création en 1903 !

Les étapes

La course compte 21 étapes en tout. Parmi ces étapes, il y a des étapes spéciales, qu'on appelle des « contre la montre », où les coureurs ne partent pas tous ensemble, mais les uns après les autres. Du coup, ils ne peuvent pas se comparer, tous doivent aller le plus vite possible, et donc le suspense est encore plus grand. L'étape de montagne la plus célèbre est l'Alpe d'Huez avec ses 21 virages[1] très raides[2] et son arrivée au sommet[3].

Les coureurs de légende

Quatre coureurs ont gagné cinq fois le Tour de France : le Français Jacques Anquetil, le Belge Eddy Merckx, le Français Bernard Hinault et l'Espagnol Miguel Indurain. Un seul coureur a réussi à gagner tous les maillots la même année. C'était Eddy Merckx, en 1969.

Les maillots

LE MAILLOT JAUNE

C'est le maillot le plus important, car c'est le maillot du gagnant du Tour de France. Après chaque étape, on le donne au coureur qui se trouve en tête du classement[4].

LE MAILLOT À POIS ROUGES

C'est le maillot du meilleur grimpeur, c'est-à-dire du meilleur coureur dans les étapes de montagne.

1 **le virage** die Kurve 2 **raide** *m./f. adj.* steil 3 **le sommet** der Gipfel 4 **le classement** *hier:* die Gesamtwertung

Compréhension écrite, analyse et commentaire

1 **Lisez l'article de magazine et retrouvez quelles informations correspondent à ces chiffres. Puis, présentez-les à votre partenaire.** B ▶ p. 110

A 21 • 7 • 1969 • 200 • 5 • 2

2 **Relisez la rubrique « Quand le Tour flirte avec l'Histoire européenne… » et expliquez pourquoi le Tour de France est aussi un évènement européen.**

3 a VOCABULAIRE ET EXPRESSION **Pour chacun de ces mots du texte, retrouvez les mots de la même famille que vous connaissez déjà. Puis, formez des expressions utiles pour parler du Tour de France.**

parcourir • passionner qn • le/la coureur/-euse • l'arrivée *f.* • publicitaire • le/la gagnant/e • se doper • l'ouverture *f.* • le rapprochement • la traversée • le passage • l'attente *f.* • défiler

Pour encourager leurs stars, les fans écrivent des messages sur la route.

Les spectateurs

De très nombreux fans regardent le Tour à la télévision. Mais beaucoup le regardent aussi sur place pour applaudir les coureurs. Certains font même du camping pendant trois jours au bord de la route pour être sûrs d'avoir la meilleure place ! Au bord de la route, l'attente des coureurs peut être très longue, mais les fans s'occupent en regardant défiler la caravane publicitaire gigantesque (200 voitures, 10 kilomètres de long) qui passe sur le parcours et leur offre des cadeaux.

Les problèmes de dopage

Entre 2012 et 2016, plusieurs grands scandales ont donné une très mauvaise réputation au Tour de France. Par exemple, une enquête antidopage a montré que l'Américain Lance Armstrong, qui avait gagné la course sept fois de suite[5] entre 1999 et 2005, s'était dopé ; il a donc perdu ses sept titres. Cela a mis les spectateurs en colère et les chaînes de télévision ont même pensé à arrêter la diffusion du Tour. Aujourd'hui, la politique antidopage est beaucoup plus sévère et le Tour est de nouveau un évènement sportif qui fait rêver. Affaire à suivre...

Quand le Tour flirte avec l'Histoire européenne...

Depuis 1963, la politique européenne a souvent influencé le parcours du Tour de France. Quelques exemples :

1963 signature du Traité de l'Élysée sur la coopération franco-allemande
1964 🚴 passage par Fribourg (Allemagne)
1965 🚴 départ à Cologne
1986 après 40 ans de guerre froide, rapprochement entre l'Europe de l'Ouest et l'Europe de l'Est
1987 🚴 départ à Berlin-Ouest
1992 signature du Traité de Maastricht et création de l'Union européenne
1992 🚴 départ en Espagne et traversée de six pays européens
1994 ouverture du Tunnel sous la Manche et 50e anniversaire du débarquement des Alliés en Normandie
1994 🚴 passage par le tunnel, puis par la Normandie

Caroline Conti

LE MAILLOT VERT
C'est le maillot du meilleur sprinteur.

LE MAILLOT BLANC
Depuis 1975, c'est le maillot du meilleur coureur du classement des moins de 25 ans.

Génération Ado, 22/11/2023

5 **de suite** hintereinander

★ DELF

b **Mettez « les lunettes de l'enthousiaste » et formulez deux commentaires sur cet article. Puis, mettez « les lunettes du critique » et formulez deux autres commentaires.** ☆ ▶ p. 115

Production orale : Mener un débat

4 **« Le Tour de France dans mon village – pour ou contre ? » Organisez un débat : répartissez-vous les rôles et préparez vos arguments. Puis, menez le débat.** ▶ Méthodes, p. 154/9

le/la modérateur/-trice | un/e fan | un/e organisateur/-trice | un/e habitant/e du village | un médecin | le/la maire[1] du village | un/e écologiste

1 **le/la maire** der/die Bürgermeister/in

B.3 Ces lieux qui symbolisent l'Europe

JEUNE EUROPE

Actu | Tourisme | Podcasts | Rendez-vous citoyens | Citation du mois

Enquête

QUEL EST LE LIEU QUI SYMBOLISE L'EUROPE POUR VOUS ?

Asma la Galerie des Glaces

Solal la Gare centrale de Vienne

Emma le Parthénon à Athènes

Nino la maison de ma grand-mère en Italie

Asma : la Galerie des Glaces[1] du Château de Versailles

Pour moi, un des lieux qui symbolisent l'Europe est la Galerie des Glaces du Château de Versailles. C'est un lieu célèbre (la Galerie des Glaces est visitée par 30 000 personnes chaque jour !) qui a joué un rôle très spécial, à la fois dans l'Histoire française et dans l'Histoire européenne. J'ai découvert la Galerie des Glaces quand j'ai visité Versailles avec ma classe en quatrième. Personnellement, je n'aime pas trop son style, mais je la trouve quand même impressionnante – ce qui n'est pas un hasard, car elle a été faite pour impressionner !

Elle a été imaginée par l'architecte Mansart et construite entre 1678 et 1684, à l'époque de Louis XIV (qu'on appelle aussi le Roi Soleil). Le nom « Galerie des Glaces » vient des 357 grands miroirs qui la décorent. Avec ses 73 mètres de long et ses 13 mètres de large[2], elle est déjà très grande, mais les miroirs donnent l'impression qu'elle l'est encore plus. Et, comme il y a de l'or partout, les visiteurs que le roi de France y recevait[3] repartaient avec l'idée qu'il était très puissant.

Mais quel est le rapport[4] avec l'Europe ? Eh bien voilà : depuis sa création, la Galerie des Glaces a accompagné les moments-clés de l'Histoire franco-allemande. Louis XIV avait déjà fait décorer les murs avec des scènes peintes qui racontent ses victoires[5] contre les États allemands (il leur avait pris par exemple l'Alsace et la Lorraine). En 1871, quand les États allemands ont gagné la guerre (et repris l'Alsace et la Lorraine), ils ont choisi cet endroit symbolique pour fêter leur victoire. C'est à Versailles, dans la Galerie des Glaces, que le nouvel Empire allemand a été fondé et que Guillaume 1er est devenu empereur. Mais cette revanche n'était pas encore la dernière. En 1918, après la Première Guerre mondiale, les Français (qui avaient repris l'Alsace et la Lorraine aux Allemands) ont fait signer à l'Allemagne, dans la même Galerie des Glaces, le Traité de Versailles qui déclarait que l'Allemagne avait perdu la guerre et devait payer des réparations[6] à la France.

Aujourd'hui, la Galerie des Glaces ne sert plus à humilier[7] ses ennemis et à prendre sa revanche mais, au contraire, à travailler pour la paix. Par exemple, en 2022, le Président français Emmanuel Macron y a reçu les 27 chefs d'État de l'Union européenne pour chercher ensemble des solutions à la guerre en Ukraine.

C'est pourquoi, pour moi, cet endroit symbolise vraiment l'Europe. Il a été autrefois un lieu de guerre et maintenant, il est devenu un lieu de paix.

1 **la Galerie des Glaces** der Spiegelsaal 2 **large** *adj.* breit 3 **recevoir qn** *ici :* accueillir qn 4 **le rapport** der Zusammenhang 5 **la victoire** der Sieg 6 **la réparation** *hier:* die Reparationszahlung 7 **humilier qn** jdn erniedrigen

Compréhension écrite et analyse

1 **Lisez l'article en ligne, p. 46, et nommez les raisons pour lesquelles Asma a choisi la Galerie des Glaces comme lieu qui symbolise l'Europe. Justifiez votre réponse.**

historiques ? | géographiques ? | politiques ? | personnelles ? | artistiques ?

DELF **2** **Vrai ou faux ? Relisez l'article en détail et justifiez votre réponse à l'aide du texte. Puis, corrigez les phrases fausses.**

1. La Galerie des Glaces compte 357 miroirs.
2. La Galerie des Glaces fait 13 mètres de long.
3. Les invités de Louis XIV pensaient qu'il avait beaucoup de pouvoir.
4. Dans la Galerie des Glaces, Louis XIV a écrit un livre sur ses victoires.
5. En 1871, les États allemands ont perdu l'Alsace et la Lorraine.
6. En 1918, les Français et les Allemands ont signé le Traité de l'amitié franco-allemande.
7. En 2022, les hommes et femmes politiques de l'UE se sont retrouvés à Versailles.

★ **3** **Relevez deux phrases-clés du texte d'Asma et justifiez votre choix.** ☆ ▶ p. 116

Objectif langage

4 VOCABULAIRE ET EXPRESSION **Complétez le flyer par les expressions françaises correspondantes.**

La porte de Brandebourg

Elle est un ? (*Ort, Stätte*) symbolique pour l'Allemagne. En 1789, le ? (*König*) de Prusse la fait ? (*bauen*) par l'? (*Architekt*) Carl Gotthard Langhans, dans un ? (*Stil*) typique de l'? (*Epoche*) classique. Avec ses 62,5 mètres de ? (*breit*) et ses 20,3 mètres de ? (*hoch*), elle ? (*beeindrucken*). En 1793, l'artiste Johann Gottfried Schadow la décore d'une sculpture de la déesse de la ? (*Sieg*) sur un char tiré par quatre chevaux (qu'on appelle quadrige). Le roi et les Berlinois en sont très ? (*stolz*). Mais son histoire aura des hauts et des bas !

En 1806, l'empereur Napoléon ? (*angreifen*) la Prusse, ? (*besetzen*) Berlin et fait transporter le quadrige à Paris pour humilier les Berlinois. Mais en 1812, la ? (Krieg) tourne mal pour Napoléon et les ? (*Staaten*) allemands prennent leur revanche sur l' ? (*Feind*) français. En 1814, Napoléon ? (*verlieren*) la guerre à Waterloo et le général allemand Blücher et ses soldats entrent dans Paris. Par hasard, ils y retrouvent le quadrige et le rapportent à Berlin. Et c'est d'ailleurs de cet ? (*historisches Ereignis*) que vient le mot allemand « Retourkutsche » !
Un ? (*Jahrhundert*) et demi plus tard, et pendant les 45 ans que va ? (*dauern*) la Guerre froide, la porte de Brandebourg se retrouve à la ? (*Grenze*) entre les deux Allemagnes. Mais depuis la Chute du Mur en 1989 – un ? (*Schlüsselmoment*) de l'Histoire allemande et européenne – les Berlinois et les ? (*Besucher*) peuvent à nouveau la traverser et elle est devenue un ? (*Symbol*) de ? (*Frieden*).

5 a GRAMMAIRE **Dans l'article, p. 46, retrouvez comment on dit cela en français, puis expliquez comment on forme le passif.**

Der Spiegelsaal <u>wird</u> täglich von 30 000 Menschen <u>besucht</u>.
Im Spiegelsaal <u>wurde</u> das neue Deutsche Reich <u>gegründet</u>.

b **Révisez le participe passé.** ▶ Grammaire p. 131/14

6 GRAMMAIRE **Formulez ces informations sur le parc d'attraction « Europa-Park » en utilisant le passif.** ► Grammaire, p. 135/18

Exemple : 1. Le projet « Europa-Park » a été imaginé par la famille Mack.

1. la famille Mack • *imaginer* • le projet « Europa-Park »
2. *associer* à un pays européen • chaque quartier
3. *construire* • les premières montagnes russes du parc • en 1984
4. en général • *impressionner* • les visiteurs
5. chaque année • plus de 5 millions de personnes • *visiter* • le parc
6. de 2014 à 2022 • il • *choisir* meilleur parc d'attraction du monde !

B.4 Destination Prague !

SOPHIA REIST UM DIE WELT

Über mich | Europa | Amerika | Afrika | Asien | Ozeanien

PRAG: EIN EUROPÄISCHES REISEZIEL

Hallo Freunde! Nach meinem letzten Post über meine Interrail-Reise habt ihr mich mit Fragen nach meinem Lieblingsort überhäuft ... Was soll ich sagen? Die Entscheidung ist mir nicht leicht gefallen! Aber ich glaube, mein Lieblingsort in Europa ist tatsächlich Prag, die Hauptstadt Tschechiens.

Warum? Prag ist wunderschön und voller Geschichte. Kein Wunder, dass es so viele Touristen anlockt! Ich habe Jugendliche aus ganz Europa und sogar dem Rest der Welt getroffen. Das war sehr bereichernd. Ein Deutscher, mit dem ich mich dort unterhalten habe, hat mir zum Beispiel erzählt, dass seine Oma 1989 als DDR-Flüchtling Zuflucht in der westdeutschen Botschaft von Prag gesucht hatte und dann kurz vor dem Mauerfall die Ausreisegenehmigung bekam. Da ist mir erst so richtig klar geworden, wie wichtig der Mauerfall für Europa war, weil er das Ende des Kalten Kriegs bedeutete.
Überall in der Stadt habe ich den europäischen Geist gespürt, denn Prag hat noch sehr alte Gebäude, die die Geschichte der Stadt und der europäischen Architektur erzählen: Gotik, Renaissance, Barock – man findet dort einfach alles. Gut gefallen haben mir außerdem der Petřín-Aussichtsturm, der 1891 nach dem Vorbild des Pariser Eiffelturms gebaut wurde (auch ein Zeichen von europäischer Verbundenheit!) und natürlich der Wenzelsplatz im Zentrum der Stadt, der eine starke europäische Bedeutung hat: Hier haben vor dem Fall des Eisernen Vorhangs etliche Demonstrationen für mehr Demokratie stattgefunden. Und Demokratie ist nun einmal das Fundament Europas!
Abends war ich viel unterwegs, unter anderem im Karlovy Lázně, einem Club, der über fünf Etagen geht und von sich behauptet, der größte Club Mitteleuropas zu sein. Auf jeden Fall fand ich ihn total beeindruckend und sehr international. Nach den vielfältigen geschichtlichen Eindrücken des Tages und den vielen Gesprächen, hatte ich dort beim gemeinsamen Feiern einen echten Europamoment!

Médiation

1 **Votre classe eTwinning et vous voulez partir en voyage de classe ensemble, à un endroit qui symbolise l'Europe d'une manière ou d'une autre. Vous cherchez des idées. Lisez le blog de Sophia, puis rédigez un mail à votre classe eTwinning pour la convaincre que Prague est l'endroit idéal.** ► Méthodes, p. 162/24

C L'Europe et ses frontières

C.1 L'Union européenne : les dates-clés

Compréhension audiovisuelle et analyse

DELF **1** **Regardez le film et retrouvez à quelles dates correspondent les évènements suivants.**

1. Le Royaume-Uni quitte l'UE.
2. Le « Rideau de Fer » entre la RFA et la RDA tombe.
3. L'euro devient la monnaie commune de douze pays.
4. Dix pays dont[1] la Pologne et la Hongrie entrent dans l'UE.
5. Huit pays dont l'Ukraine ont posé leur candidature pour devenir membres de l'UE.
6. Avec Frontex, l'UE défend de plus en plus ses frontières extérieures.
7. La Communauté économique européenne (CEE) devient l'UE.
8. Les citoyens peuvent traverser les frontières entre les États-membres de l'UE sans être contrôlés.
9. Les marchandises peuvent librement traverser les frontières intérieures de la CEE.

1 **dont** *hier:* darunter

2 **Faites une frise chronologique avec les évènements de a. Vous pouvez ajouter d'autres évènements que vous trouvez importants.**

3 **En une phrase, résumez l'évolution des frontières intérieures et extérieures en Europe.**

C.2 Une photo qui a fait le tour du monde

FICHE INFO

- photo prise par José Palazón le 22 octobre 2014, sur un terrain de golf de Melilla (ville qui se trouve dans le nord du Maroc, mais qui fait partie du territoire espagnol, et donc de l'UE)
- environ 300 migrants d'origine africaine ont essayé de traverser la frontière pour rejoindre l'Europe

Compréhension écrite et analyse

1 a **Regardez la photo, puis décrivez-la à l'aide de la fiche info et du vocabulaire.** ▶ Méthodes, p. 166/29

b **D'après vous, pourquoi la photo a-t-elle fait le tour du monde ? Discutez.**

le gazon (*der Rasen*)	jouer au golf
le palmier	escalader qc
la clôture (*der Zaun*)	porter du blanc/noir

C.3 « Yasmina », un court métrage de Claire Cahen et d'Ali Esmili

Préparer la compréhension audiovisuelle

1 VOCABULAIRE ET EXPRESSION **Quel sentiment correspond à quelle situation ? Faites des phrases.**

1. *être* très content/e	a. mon meilleur ami m'a menti.
2. *être* en colère	b. on a gagné un match important.
3. *se sentir* seul/e	c. quelqu'un m'a envoyé des messages bizarres.
4. *être* désespéré/e[1]	d. je ne verrai plus jamais ma famille.
5. *être* stressé/e	e. j'ai un examen demain.
6. *avoir* peur	f. je ne connais personne dans mon nouveau lycée.

1 **désespéré/e** *adj.* verzweifelt

2 **À partir de ces images du film « Yasmina », faites des hypothèses sur l'histoire et les personnages.**

Compréhension audiovisuelle et analyse

3 a **Regardez le début du film (00:00–03:07) et résumez-le à l'aide de ces expressions.**

se cacher[1] • *être* concentré/e • *fêter* sa victoire • *sortir* • *rentrer* à la maison • *se faire* arrêter[2] par la police • *partir* • *être* sous le choc • *être* ami(e)s

1 **se cacher** sich verstecken 2 **se faire arrêter** festgenommen werden

b **Notez les questions que vous vous posez sur les personnages et leur situation.**

Yasmina

Océane

4 a **Regardez la suite du film (03:07–15:02) et notez les réponses qu'elle donne à vos questions de 3b. Puis, exposez le problème de Yasmina.**

DELF b **Vrai ou faux ? Corrigez les phrases fausses.**

1. Yasmina continue à aller au lycée.
2. Le père de Yasmina se trouve dans un centre près de l'aéroport.
3. Pour ne pas être vue, Yasmina s'entraîne la nuit.
4. Yasmina écoute les conseils d'Isabelle.
5. Le père de Yasmina pense que le match de samedi est une chance pour elle.

Isabelle

Karim

l'entraîneur

c **Qui veut quoi ? Regardez les photos et notez au moins deux phrases pour chaque personnage.**

la scène chez Océane

la scène de la décision

la scène de la dispute

5 **Regardez la fin du film, puis décrivez la dernière scène et analysez le comportement de Yasmina.** ☆ ▶ p. 116

Production orale : Discussion

6 **Comment avez-vous trouvé le film ? Discutez.** ▶ Méthodes, p. 154/9

Objectif langage

7 a RÉVISION **Complétez ces messages de jeunes engagés. Utilisez le subjonctif.** ▶ Grammaire, p. 129/13.1

1. Je voudrais que nous ? (*être*) tous plus engagés.
2. Il faut que nous ? (*faire*) quelque chose pour protéger la démocratie dans notre pays.
3. Il faut qu'on ? (*aider*) les plus pauvres.
4. Je veux que tout le monde ? (*avoir*) les mêmes droits.
5. Je ne veux pas qu'on ? (*renvoyer*) des gens dans leur pays d'origine.
6. Il faudrait que tous les États ? (*devenir*) climatiquement neutres.

b **Formulez des messages comme en a. Utilisez les expressions et le subjonctif là où c'est possible.**

Exemple : Je voudrais que notre société soit moins raciste.

plus que	= mehr als
moins que	= weniger als
autant que	= so viel wie

je (ne) veux (pas) que	tout le monde / personne ne	*être*	plus de • plus (que)
je voudrais que	la société / les gens	*avoir*	moins de • moins (que)
il (ne) faut (pas) que	les femmes/hommes politiques	*faire*	autant de • autant (que)
il faudrait que	—	—	—

Méthodes et stratégies : Rédiger un commentaire personnel ▶Méthodes, p. 160/22

8 a Beim Schreiben eines persönlichen Kommentars müssen Sie einige wesentliche Punkte beachten. Lesen Sie die Hinweise im Methodenteil, S. 160/22, und wenden Sie sie in b und c an.

b **Lisez la consigne et analysez-la. Pour vous inspirer dans la recherche de vos arguments, consultez le dialogue entre l'entraîneur et le directeur du club. Puis, rédigez votre commentaire personnel.**
Dialogue ▶ webcode, p. 1

CONSIGNE En décidant de ne pas coopérer avec la police et de cacher Yasmina, le directeur du club et l'entraîneur montrent du courage : ils savent qu'ils agissent contre la loi et que cela peut avoir des conséquences, mais ils le font malgré tout, parce que leur conscience leur dit que c'est juste d'aider les personnes en danger. Y a-t-il des situations où il faut agir contre la loi pour rendre le monde meilleur ? Rédigez un commentaire personnel.

Présenter un lieu qui symbolise l'Europe

Faites le portrait d'un lieu qui symbolise l'Europe d'une manière ou d'une autre. Puis, créez une carte d'Europe numérique commune avec tous les portraits de votre classe.

1 **Lisez et analysez les étapes de la tâche. Puis, avec toute la classe, élaborez les critères d'évaluation pour votre portrait.**

2 **Trouvez des lieux qui symbolisent l'Europe pour vous et que vous pourriez présenter. Laissez-vous inspirer par les catégories suivantes. Puis, parcourez le dossier et la boîte à idées.** ▶ webcode, p. 1

- un lieu-clé de l'Histoire européenne
- un lieu-clé de l'UE ou de son Histoire
- un lieu qui relie l'Europe
- un lieu qui pose des questions sur l'Europe
- un lieu qui représente des valeurs européennes
- un lieu qui présente l'Europe
- un lieu culte de la culture européenne
- un lieu de votre expérience personnelle

Schengen, au Luxembourg

Hedeby, ville-clé du commerce des Vikings

le chemin de Saint-Jacques

l'île de Lampedusa, en Italie

3 **Faites une mini-recherche sur des lieux qui vous intéressent, puis choisissez le lieu que présenterez.**

4 **Faites des recherches.**

- Faites une recherche plus détaillée sur le lieu que vous avez choisi et notez les informations que vous voulez donner. Précisez en quoi il symbolise l'Europe pour vous. ▶ Méthodes, p. 173/39
- Faites le plan de votre texte. ▶ Méthodes, p. 156/15
- Formulez votre texte. Puis, corrigez-le. ▶ Méthodes, p. 157/16 + 17
- Ajoutez une ou plusieurs photos qui montrent « votre » lieu. ▶ Méthodes, p. 173/40
- Vérifiez où se trouve « votre » lieu pour pouvoir le placer correctement sur la carte d'Europe commune.

5 **Partagez « votre » lieu avec la classe et créez une carte d'Europe commune. Puis, évaluez vos portraits à l'aide de vos critères d'évaluation de 1.**

MK: Mit Navigations-Apps kann man Karten erstellen und individuell gestalten.

Gdansk, en Pologne

la Place de l'Indépendance à Kyiv, en Ukraine

le Mont-Blanc, en France (ou en Italie ?)

le parlement géorgien et ses drapeaux, à Tbilissi

3 Dans la jungle des médias

1 se divertir et se détendre

LE QUOTIDIEN

L'ACTUALITÉ FRANÇAISE ET INTERNATIONALE

La situation économique

PAGE 7

« INTERVIEW AVEC LE MINISTRE DE L'ÉCONOMIE BRUNO LE MAIRE »

VOITURE ÉLECTRIQUE MADE IN FRANCE

Le ministre de l'économie demande que les petites voitures électriques soient produites en France. Carlos Tavares, le directeur général de Stellantis, répond que ce n'est pas possible sans augmenter le prix des voitures à cause des coûts de production élevés.

NON À UNE NOUVELLE HAUSSE SUR L'ÉLECTRICITÉ

Selon Bruno Le Maire, l'État interviendra pour empêcher une nouvelle hausse pour les particuliers. Le tarif de base de l'EDF a déjà augmenté deux fois cette année : + 15 % et + 10 %.

2 s'informer sur l'actualité

3 se renseigner sur un sujet

Compétences communicatives

- parler de différents médias
- parler des réseaux sociaux et de leurs effets
- présenter un sondage
- décrire comment on s'informe
- analyser l'image de Paris dans les films et les séries

Méthodes et stratégies

- améliorer son style : les propositions relatives
- analyser une séquence de film
- reconnaître une intox

Tâche
À la fin de ce dossier, vous allez créer une intox satirique pour sensibiliser les élèves de votre lycée.

4 s'engager

5 communiquer et rester en contact

6 s'amuser

1 Regardez les photos et donnez des exemples pour chaque utilisation des médias.

Exemple : Pour se divertir, on peut jouer à des jeux sur son portable, par exemple à Clash Royale.

DELF **2** Combien de temps passez-vous sur vos applis ? Notez vos hypothèses. Puis, vérifiez votre temps d'écran de la semaine dernière sur votre portable, comparez et commentez.

Vous passez trop de temps sur votre portable ? Faites une détox digitale : désactivez toutes les notifications et créez des moments sans portable.

Parler des médias

++ INFOLETTRE ++

Chères lectrices, Chers lecteurs,

vous vous intéressez à l'actualité ? Vous vous intéressez au monde des médias ? Voici le nouveau dossier de notre magazine hebdomadaire gratuit, qui paraît tous les vendredis :

(qui donne envie de supprimer tous ses comptes ?)

PARTIE A (p. 58–64), autour des réseaux sociaux et de leurs effets

- Le chanteur Soprano nous donne son point de vue sur la vie en ligne. écouter la chanson
- Nous expliquons comment les réseaux sociaux nous rendent accros à nos smartphones. lire l'article
- Nous vous avons demandé de nous raconter comment les réseaux sociaux influencent votre quotidien. écouter l'émission
- Dans le film « Haut les cœurs », nous découvrons comment les réseaux sociaux influencent nos histoires de cœur. regarder le film

(qui donne envie de bien choisir ses sources ?)

PARTIE B (p. 65–68), autour de l'information et de l'intox

- Nous avons demandé aux jeunes Français quelles sont leurs sources d'information : s'ils s'informent de manière quotidienne, s'ils lisent le journal, s'ils regardent le journal télévisé ou les chaînes d'info, s'ils écoutent la radio, s'ils font confiance aux journalistes et aux médias. écouter le podcast
- Nous vous informons sur les stratégies que les créateurs d'intox et les journaux satiriques utilisent pour manipuler des images et influencer l'opinion du public. Nous donnons aussi des conseils aux internautes pour vérifier les sources que les articles citent. lire l'article

(qui donne envie de se désabonner de Netflix ?)

PARTIE C (p. 69–73) autour de l'image de Paris dans les médias

- Vous voulez tourner une série ou un film qui se passe à Paris ? Découvrez la recette pour une bande-annonce qui attire un maximum de spectateurs. regarder les bandes-annonces
- Nous commentons l'image de Paris que donne « Emily in Paris », la série à succès qui passe sur Netflix. lire l'article
- Le best-of des légendes sur la Tour Eiffel – vrai ou faux ? faire le quiz

Suivez-nous sur vos plateformes préférées, abonnez-vous à notre fil d'actualité et recevez nos notifications.

Et pour en savoir encore plus sur le monde des médias, choisissez notre abonnement mensuel payant.

Votre équipe *À plus !*

1 **Lisez l'infolettre qui présente ce dossier. Puis, indiquez quels sujets vous intéressent le plus et justifiez.**

2 **Faites un tableau, puis écoutez le flash d'infos et cochez le bon titre pour chacune des trois infos.**

A Jamais trop tôt pour être accro
B La recette pour une série à succès
C Un nouveau format pour le JT
D Une formation pour apprendre à reconnaître l'intox
E Comment intéresser les jeunes à l'actualité
F La Génération Z et ses activités sur les réseaux

3 **Choisissez trois à cinq verbes. Cherchez-les dans un dictionnaire et notez-les avec un maximum de compléments. Puis mettez vos résultats en commun.** ▶ Méthodes, p. 171–172/37

Vérifiez à chaque fois s'il faut une préposition.

Exemple : s'abonner à un journal / à un magazine / à un podcast / à une chaîne Youtube…

s'abonner	commenter	influencer	lire	passer	suivre
attirer	se désabonner	informer	manipuler	recevoir	supprimer
citer	écouter	s'intéresser	paraître	regarder	vérifier

4 a **Dans l'infolettre, p. 56, retrouvez les mots qui correspondent à ces définitions.**

1. C'est un texte qu'on peut trouver dans un journal.
2. C'est quelqu'un qui regarde un film, une vidéo ou la télé.
3. C'est quelque chose qu'il faut vérifier avant de partager des infos.
4. C'est quelqu'un qui surfe sur Internet.
5. C'est un journal qui paraît toutes les semaines.

b **À vous ! Expliquez ces mots à votre partenaire sans les nommer. Il/Elle les retrouve.** B ▶ p. 111

A

- un/e lecteur/-trice
- un podcast
- le journal télévisé
- un smartphone
- vérifier qc
- une notification
- la bande-annonce
- un magazine mensuel
- l'actualité

5 **Choisissez un média que vous regardez, lisez ou écoutez souvent et présentez-le sans donner son nom. Les autres devinent de quel média vous parlez.**

6 a DELF **Écoutez les mini-portraits de ces trois médias français et faites une fiche pour chaque média.**

nom :	Le Monde
catégorie :	
depuis :	
prix :	
site web :	
autres infos :	

En France, les journaux satiriques comme « Charlie Hebdo » et « Le Canard enchaîné » ont beaucoup de lecteurs et les réactions qu'ils provoquent sont parfois très violentes.

b **Choisissez un de ces médias français, faites une recherche, puis présentez-le. Utilisez votre fiche de a pour structurer votre recherche et votre présentation.**

A Connectés H24

A.1 Soprano « Mon précieux[1] »

Ta douce[2] mélodie me réveille[3] chaque matin
Avant même d'embrasser[4] ma femme, je te prends par la main
Puis, je te caresse[5] le visage pour voir si tout va bien
Tellement[6] inséparables qu'on part ensemble au petit coin[7]
Mon café, mon jus d'orange, on le partage aux amis
En voiture, mes yeux sont dans les tiens[8], donc quelques[9] feux je grille[10]
Au boulot, on parle tellement ensemble que des dossiers j'oublie
Au dîner, vu[11] le silence, tout le monde t'aime dans ma famille, baby

Refrain
Je te partage[12] ma vie, au lieu de[13] la vivre
Tu me partages la vie des autres pour me divertir
Je ne regarde plus le ciel depuis que tu m'as pris
Mes yeux dans tes applis, baby
Je ne sais plus vivre sans toi à mes côtés
Ton regard pixelisé m'a envoûté[14]
Toi, mon précieux, mon précieux, mon précieux
Mon précieux, mon précieux, mon précieux
Quand tu sonnes ou quand tu commences à vibrer
Je perds la tête, comment pourrais-je te quitter?
Toi, mon précieux, mon précieux, mon précieux
Mon précieux, mon précieux, mon précieux

Vous avez un nouveau message

Tu es ma secrétaire, tu gères[15] mon organisation
Tu allèges[16] mes neurones grâce à tes notifications
Plus besoin d'aller voir la famille, vu que tu me les follow
Pour leur prouver que j'les aime, je n'ai qu'à liker leurs photos
Pourquoi aller en concert ? Tu m'as tout mis sur YouTube
Tu m'aides à consommer, car[17] tu ne me parles qu'avec des pubs
J'fais plus gaffe[18] à l'orthographe depuis que j'te parle avec mes doigts[19]
Mes gosses[20] font plus de toboggan[21], ils préfèrent jouer avec toi, baby

Refrain

Mais, là, je deviens fou (j'deviens fou, j'deviens fou)
L'impression que mon pouls ralentit[22] (ralentit, ralentit)
J'ai plus de repères[23], je suis perdu (perdu, j'suis perdu)
Depuis que tu n'as plus de batterie (de batterie, de batterie)
Mon précieux, mon précieux, mon précieux (x4)

Vous avez 39 nouvelles demandes d'amis
Vous avez 120 nouveaux likes
Vous n'avez pas vu vos amis depuis deux mois
Votre vie est digitale
LOL

1 **précieux/-euse** *adj. ici :* qui est important pour qn
2 **doux/douce** *adj.* sanft
3 **réveiller qn** jdn wecken
4 **embrasser qn** jdn küssen
5 **caresser qc** etw. streicheln
6 **tellement… que** so …, dass
7 **le petit coin** *fam.* les toilettes
8 **les tiens** *ici :* tes yeux
9 **quelques** einige
10 **griller un feu** *fam.* über eine rote Ampel fahren

11 **vu** *hier:* angesichts
12 **partager qc à qn** etw. mit jdm teilen
13 **au lieu de** + *inf.* statt etw. zu tun
14 **envoûter qn** jdn verhexen
15 **gérer qc** s'occuper de qc
16 **alléger qc** rendre qc plus facile
17 **car** parce que
18 **faire gaffe à qc** *fam.* faire attention à qc
19 **le doigt** der Finger
20 **les gosses** *fam.* les enfants
21 **le toboggan** die Rutsche
22 **ralentir** devenir moins rapide
23 **le repère** die Orientierung

Compréhension orale

1 Qu'est-ce que vous associez au mot « précieux » ? Échangez vos idées.

2 a Écoutez la chanson « Mon précieux » de Soprano et exposez à qui s'adresse le « je » lyrique.

b Sur Internet, regardez le clip de la chanson et vérifiez votre réponse de a.

En France, 40 % des chansons qui passent à la radio doivent être en langue française. Est-ce qu'il existe une loi équivalente en Allemagne ?

Compréhension écrite, analyse et discussion

3 a Lisez la première strophe de la chanson et faites la liste des moments de la journée où le « je » lyrique utilise son smartphone.

★ b Lisez les paroles en entier et indiquez les fonctions du smartphone qui y sont mentionnées. ☆ ▶ p. 116

4 VOCABULAIRE ET EXPRESSION Trouvez dans le texte, p. 58, les expressions pour parler de l'amour et notez-les dans une carte mentale. Puis, complétez-la par des expressions que vous connaissez déjà.

★ 5 Indiquez le moyen stylistique principal que Soprano utilise dans sa chanson. Puis, étudiez son effet en donnant des exemples. ▶ Méthodes, p. 165/28 ☆ ▶ p. 116

6 Que pensez-vous de la chanson ? Est-ce que la description de la relation avec le smartphone est exagérée ? Discutez. ▶ Méthodes, p. 154/9

Objectif langage

7 a RÉVISION Dans le texte, p. 58, trouvez les pronoms objets et indiquez pour chaque pronom s'il s'agit d'un pronom objet direct ou indirect et ce qu'il remplace. ▶ Grammaire, p. 121/2

ligne	pronom objet	remplace
2	me = direct (réveiller qn)	le « je » lyrique

★ b Faites une liste de bonnes résolutions[1] pour mieux communiquer avec les personnes autour de vous. Utilisez des pronoms objets directs et indirects. ☆ ▶ p. 116

Qui ?	mes parents	ma grand-mère	mon meilleur ami	...
Quoi ?	– les appeler quand je rentre tard	– lui montrer comment s'abonner à un podcast	– lui envoyer les devoirs	

1 la bonne résolution der gute Vorsatz

Production écrite : Lettre personnelle

8 Écrivez une lettre d'amour ou une lettre de haine[1] à votre portable.

1 la haine der Hass

A.2 Comment les réseaux nous rendent-ils accros ?

Les ados français passent en moyenne trois heures par jour devant un écran[1] et plus de 70 % des 15–16 ans ont un compte sur chacune des plateformes les plus célèbres du moment : Youtube, TikTok, Instagram et Snapchat. Une chance pour ces plateformes, qui en profitent parce qu'elles gagnent de l'argent à chacun de nos clics. Mais comment les réseaux sociaux font-ils pour nous garder le plus longtemps possible en ligne ? Génération Ado a fait son enquête[2] et a découvert qu'ils utilisent des stratégies et des algorithmes qui répondent à des réflexes et modes de comportement humains parfois très anciens[3].

Alerte[4] !

Le réflexe de réagir à des bruits ou à des mouvements est dans nos gènes. Pourquoi ? Parce que nous les interprétons comme des dangers potentiels[5]. Pour l'Homme de la préhistoire[6], ça pouvait être l'arrivée d'un animal. Pour nous, ça peut être une ombre[7] bizarre sur le parking du gymnase quand on sort de l'entraînement à 20 heures... Ce réflexe qui nous protège et qui nous sauve parfois la vie est le même que celui qui nous pousse aussi à tout laisser tomber quand on entend notre téléphone vibrer ou quand on voit apparaître[8] une notification. Ça nous fait réagir et reprendre notre téléphone... pour ne plus le lâcher[9].

Ensemble, on est plus forts !

Le besoin de communiquer existe depuis la préhistoire. Oui, parce qu'à cette époque, pour survivre, il fallait chasser le mammouth et pour réussir, il fallait le chasser en groupe. Aujourd'hui, nous ne chassons plus le mammouth, bien sûr. Mais nous continuons à nous organiser en groupe : pour faire les devoirs, la liste des courses... ou la révolution ! Et quand nous n'avons pas de projet concret, notre ancien réflexe de communiquer est toujours là et nous pousse à chatter toute la journée... et parfois même la nuit. Eh oui, l'Homme est un animal social !

1 **un écran** ein Bildschirm 2 **faire son enquête** Nachforschungen anstellen 3 **ancien/ne** *adj. ici :* vieux/vieille 4 **une alerte** ein Alarm 5 **potentiel/le** *adj.* possible 6 **la préhistoire** die Vorgeschichte 7 **une ombre** ein Schatten 8 **apparaître** erscheinen 9 **lâcher qc** etw. loslassen

Préparer la compréhension écrite

1 **Que se passerait-il si vous passiez une semaine sans réseaux sociaux ? Imaginez.**

Exemple : Ce serait horrible ! Je ne recevrais plus de messages de mes amis, je...

Compréhension écrite, analyse et commentaire

2 **Lisez le début de l'article (l. 1–13) et exposez brièvement de quoi il parle.**

« In » ou « out » ?

Quand nous faisons partie d'un groupe et que le groupe nous accepte, cela nous rassure[10] et nous nous sentons bien. C'est pourquoi notre plus grande peur est d'être exclus et de nous retrouver seuls. Faire partie d'un groupe, ça veut dire faire des choses ensemble, bien sûr, mais ça veut dire aussi être au courant[11] des dernières nouvelles. Du coup, nous craignons[12] de rater quelque chose et cette peur (qu'en anglais on appelle FOMO, « fear of missing out ») nous pousse à regarder tout le temps notre smartphone, à lire tous les messages tout de suite, et à y répondre bien sûr. Et les réseaux sociaux en profitent !

Accros aux likes

Ce n'est pas un hasard si nous adorons recevoir des likes ou des cœurs pour ce que nous postons. Des études ont même montré que quand nous recevons des likes ou des cœurs, notre cerveau[13] produit de la dopamine. Attendez, de la dopamine ? L'hormone du plaisir[14] que le cerveau produit, par exemple quand on mange du chocolat, qu'on a des relations sexuelles ou qu'on consomme des drogues ? Oui, c'est bien celle-là. Ce qui explique aussi l'effet que les likes et les cœurs ont sur nous : ils nous rendent accros. Du coup, pour plaire, nous postons des choses, encore et encore.

Un spectacle sans fin

Des expériences scientifiques ont montré que les humains ont tendance à choisir l'action la plus facile, celle qui demande le moins d'énergie. Quand nous faisons quelque chose qui nous plaît, qui n'est pas fatigant et qui n'a pas de fin, il faut plus d'énergie pour arrêter que pour continuer.

Du coup, les réseaux qui nous proposent automatiquement de nouveaux contenus sont ceux qui risquent de nous rendre le plus accro. Quand on scrolle une page ou quand on regarde une vidéo et qu'on arrive à la fin, l'internaute peut choisir de faire une autre recherche ou de fermer l'application. La réponse des réseaux sociaux : ils suppriment les fins grâce au scroll infini et à la fonction « autoplay », qui nous passe une vidéo après l'autre, selon[15] nos préférences et nos intérêts. Résultat : au lieu de fermer l'appli, nous restons en ligne.

Si d'un côté, on peut dire que ces inventions sont géniales (parce qu'elles marchent très, très bien), de l'autre côté, on observe que les conséquences sont dramatiques. Par exemple, l'inventeur du scroll infini, Aza Raskin a calculé que son invention faisait perdre un temps fou à l'humanité : l'équivalent[16] de 200 000 vies par jour. Comme lui, bien des[17] inventeurs, autrefois très fiers de ce qu'ils avaient découvert, s'engagent aujourd'hui pour limiter les conséquences de leurs inventions… et envoient leurs enfants dans des écoles où les smartphones sont interdits. À méditer[18] !

Génération Ado, 15/09/2023

10 **rassurer qn** jdn beruhigen 11 **être au courant de qc** über etw. auf dem Laufenden sein 12 **craindre qc** avoir peur de qc 13 **le cerveau** das Gehirn 14 **l'hormone** *f.* **du plaisir** das Glückshormon 15 **selon** gemäß 16 **l'équivalent** *m.* die Entsprechung 17 **bien des** beaucoup de 18 **méditer** *hier:* nachdenken

3 **Lisez la partie principale de l'article (l. 14–52) et dégagez quelles stratégies des réseaux sociaux répondent à quels réflexes biologiques humains.**

nos réflexes biologiques	les stratégies des réseaux

4 **Lisez l'article en entier et dégagez son message. Puis, prenez position et justifiez votre point de vue.**
► Méthodes, p. 160/22

A.3 Les réseaux sociaux nous isolent-ils ?

Programme | Émissions et podcasts | Info | Culture | Humour | Musique | Contact

La vie des réseaux

Les réseaux sociaux nous isolent-ils ?

Une nouvelle enquête montre que les personnes qui passent plus de deux heures par jour sur les réseaux ont deux fois plus de chances[1] de se sentir seules dans la vie que les personnes qui y passent moins d'une demi-heure. C'est un paradoxe parce que normalement les réseaux sont là pour permettre aux gens de communiquer et de rester en contact.
Du coup, Radio Ado pose la question : « Les réseaux sociaux nous isolent-ils ? »

1 **les chances** *f. pl.* *hier:* die Wahrscheinlichkeit

Compréhension orale

1 **Lisez la présentation de l'émission de radio et retrouvez le schéma qui résume l'information principale.**

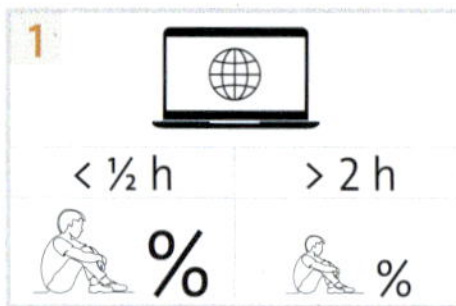

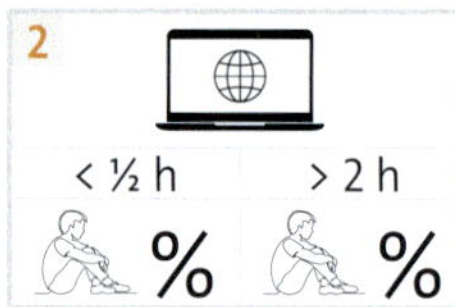

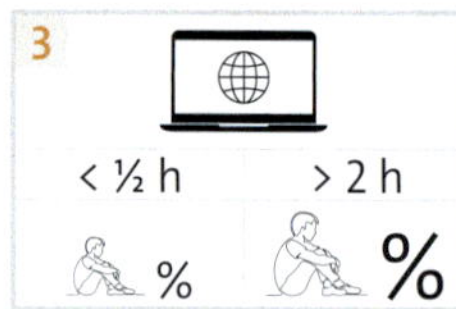

2 a **Faites un tableau, écoutez les témoignages de Fatoumata, Nolan, Sophie et Thomas et indiquez à chaque fois s'ils donnent une image plutôt positive ou plutôt négative des réseaux sociaux.**

DELF b **L'émission décrit plusieurs effets des réseaux sociaux. Écoutez-la encore une fois et retrouvez pour chaque témoignage le ou les effet(s) correspondant(s). Il y a trois effets en trop.**

1. Les réseaux sociaux peuvent nous aider à trouver des gens qui nous ressemblent et donc à nous sentir moins seuls.
2. Grâce aux réseaux sociaux, il est devenu plus facile de s'organiser pour faire changer les choses dans le monde réel.
3. À cause des messages que nous recevons tout le temps sur les réseaux sociaux, nous avons du mal à nous concentrer sur autre chose.
4. Quand nous n'avons pas de likes, ou peu, ou moins que d'habitude, cela nous rend tristes.
5. Les réseaux sociaux nous permettent de garder le contact avec les personnes que nous aimons, mais qui habitent loin de nous.
6. Sur les réseaux sociaux, on peut plus facilement devenir victime de harcèlement.
7. Avec les réseaux, on a du mal à faire la différence entre la vie privée et la vie professionnelle.
8. Au lieu de vivre un moment, nous nous mettons en scène et nous posons pour des photos.

Production orale : Témoignage

3 a **Choisissez au moins deux effets de 2b et commentez-les en vous basant sur des exemples de votre vie quotidienne.**

b **« Les réseaux sociaux nous isolent-ils ? » Préparez, puis enregistrez votre témoignage pour Radio Ado.**

A.4

« HAUT LES CŒURS[1] »,
un court métrage d'Adrian Moyse Dullin

Jada Jada
Jada

Je suis fou de tes yeux
Et le mieux c'est que t'en as deux

Jada, JADA
JADA

Sans mentir t'as
tout d'une icône,
rien à voir[2] avec
toutes ces bouffonnes[3].

1 **Haut les cœurs !** Courage ! 2 **rien à voir** *hier:* kein Vergleich 3 **le/la bouffon/ne** *fam.* le/la clown

Préparer la compréhension audiovisuelle

1 **Lisez le poème. De quel genre de poème s'agit-il ? Imaginez une histoire possible autour de ce poème.**

Compréhension audiovisuelle

2 a **Regardez la première partie du film « Haut les cœurs » (00:00–07:50) et résumez-la en répondant aux questions.** ☆ ▶ p. 117

1. Qui a écrit le poème ?
2. Qu'est-ce qui se passe avec le poème ?
3. Kenza et Aïssa se disputent parce que __.
4. Pour pousser Mahdi à agir, Kenza lui dit que __.

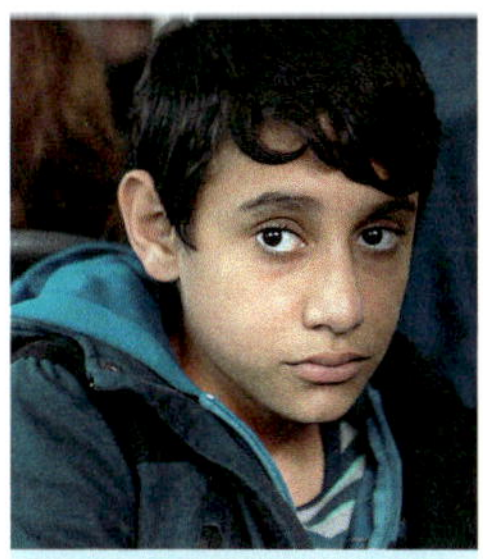
Mahdi

Kenza, la sœur de Mahdi

DELF

b **Regardez la deuxième partie du film (07:50–10:02), puis associez à Kenza ou à Aïssa les conseils qu'elles donnent à Mahdi.**

1. « Il ne faut surtout pas dire que tu l'aimes ! »
2. « Sois toi-même ! »
3. « Montre-lui que tu es un romantique ! »
4. « Il faut que tu fasses le bonhomme[1]. »
5. « Fais les mêmes gestes qu'elle. »
6. « Les femmes aiment bien les intellos. »

1 **le bonhomme** *fam.* *ici* : l'homme

Aïssa, l'amie de Kenza

Jada

c **Regardez la fin du film, puis décrivez ce qui se passe. Tenez compte du rôle des réseaux sociaux.**

Méthodes et stratégies : Analyser une séquence de film ▶ Méthodes, p. 167–168/31

3 **Regardez encore une fois la séquence 02:30–03:22 et analysez-en les moyens filmiques.**

a Bei der Analyse von Filmszenen beschäftigen Sie sich nicht nur mit der Handlung, die in dieser Sequenz gezeigt wird, sondern auch damit, wie sie dargestellt wird. Sie untersuchen, wie filmische Mittel (z. B. Kameraeinstellungen, Kameraführung, Nebengeräusche und Musik) eingesetzt werden und finden heraus, welche Wirkung auf den Zuschauer / die Zuschauerin erzielt wird.
So gehen Sie vor:

Servez-vous d'un tableau pour observer les moyens filmiques de la séquence et pour noter vos résultats sous forme de mots-clés. Tableau d'analyse ▶ webcode, p. 1

minutage	action	caméra plans • mouvements	son texte • musique • bruitages	effet produit
00:00–00:17				

1. LES IMAGES **Décrivez et analysez les images (cadrage/plans[1], mouvements de la caméra[2]) et notez vos résultats dans le tableau.** ▶ Méthodes, p. 168/31.2

2. LE SON **Décrivez et analysez le son (dialogues, voix off[3], musique, bruitages[4] et notez vos résultats dans le tableau.** ▶ Méthodes, p. 168/31.3

   – Y a-t-il un dialogue (et si oui, quel genre de dialogue ? entre qui et qui ? à quel sujet ? avec quelle ambiance) ? Y a-t-il une voix off ?
   – Y a-t-il de la musique (et si oui, à quel moment ? quel genre de musique : style ? paroles ? ambiance ?) ?
   – Y a-t-il des bruitages (et si oui, lesquels ?)

   1 **le cadrage / les plans** *m. pl.* **de la caméra** die Kameraeinstellungen 2 **les mouvements** *m. pl.* **de la caméra** die Kameraführung 3 **la voix off** die Off-Stimme 4 **le bruitage** das (Neben-)Geräusch

3. L'ANALYSE **Pour chaque moyen filmique, étudiez l'effet produit et notez-le dans le tableau. Puis, à partir de vos notes, rédigez votre analyse.** ▶ Méthodes, p. 168/31.4

Le gros plan	*montrer* les sentiments de __.
Le plan large	*créer* une atmosphère __.
Les images	*donner* l'impression que __.
La musique	*souligner* le contraste entre __ et __.
Les bruitages	*renforcer* l'effet (de) __.

b **Pour vous entraîner, situez ce moment dans la séquence, décrivez-en les images et le son, puis expliquez comment il illustre les pensées de Mahdi.**

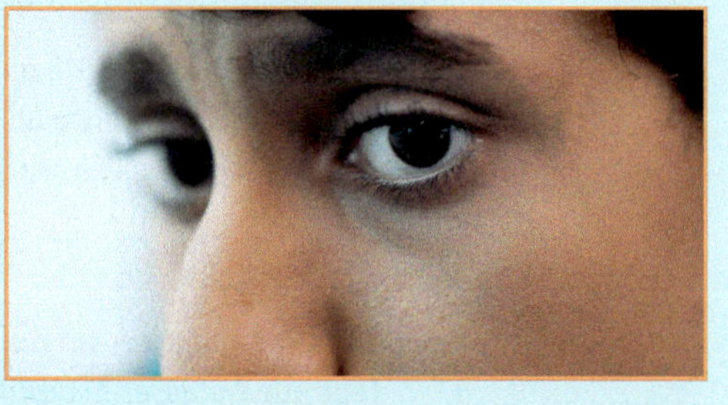

c **Analysez la séquence en entier.**

Si à certains moments, vous avez des doutes sur ce que disent les personnages et que cela vous paraît important pour votre analyse, vous pouvez consulter le scénario. ▶ webcode, p. 1

Production écrite : Monologue intérieur

4 **Choisissez un des personnages du film et imaginez ce qu'il/elle sent et pense après la dernière scène. Rédigez son monologue intérieur.** ▶ Méthodes, p. 156–157/15–17

B Entre info et intox

B.1 Comment vous informez-vous ?

Préparer la compréhension orale

> Faites votre sondage à l'aide d'une appli en ligne.

1 **« Comment vous informez-vous sur l'actualité ? » Répondez en classe au sondage de l'Observatoire Normandie. Puis, comparez vos chiffres aux résultats français et réagissez.** ▶ Méthodes, p. 169/32

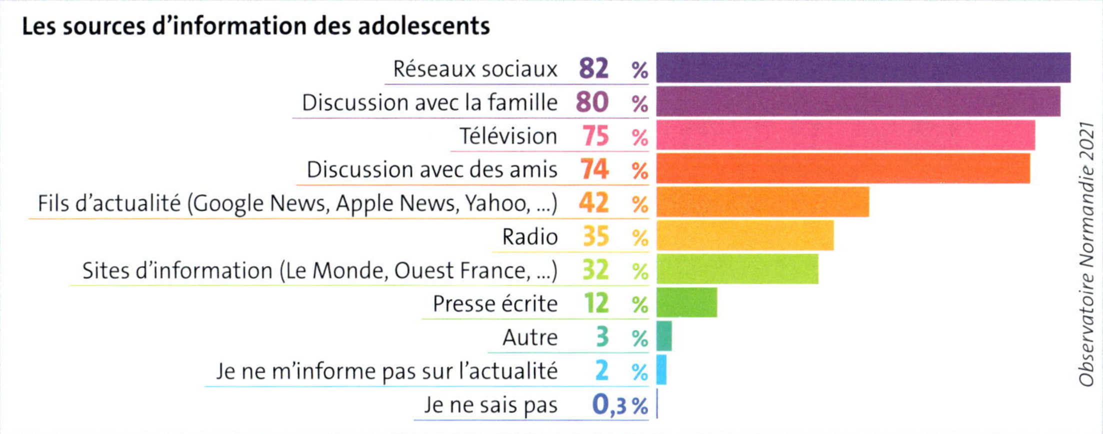

Compréhension orale

DELF

2 a **Internet, radio, télévision ou journaux : avec quels genres de médias est-ce que les jeunes aiment s'informer (☑) ? Quels sont les médias qu'ils n'aiment pas (☒) ? À l'occasion de la semaine de la presse, des élèves ont fait un reportage dans la cour de leur lycée. Faites un tableau, puis écoutez le reportage et cochez les bonnes cases.**

> Pendant la semaine de la presse et des médias, beaucoup d'écoles françaises organisent des projets autour de l'info.

b **Écoutez le reportage encore une fois et, si possible, complétez le tableau par des informations plus précises (les noms des médias, à quel rythme les jeunes s'y informent).**

★ c **Écoutez encore une fois et indiquez comment les jeunes justifient leur manière de s'informer.** ☆ ▶ p. 117

Production orale : Prise de position

DELF

3 **Commentez ces citations du reportage.**

1. « Tous les matins, j'écoute la radio [...], c'est intéressant. »
2. « Je m'informe quand j'ai le temps, ou quand il se passe un truc important. »
3. « Je n'ai pas confiance... Les journaux, c'est souvent de l'intox ! »
4. « Dans ses vidéos [...], il met des liens où on peut vérifier ce qu'il dit. C'est important. »
5. « Le JT [...], ça me déprime. [...] En plus, je trouve qu'on y montre trop d'images qui choquent. »

Compréhension audiovisuelle : La France en VO

TV5 MONDE

4 **Découvrez le monde des médias francophones avec TV5MONDE ! Regardez la vidéo et faites les exercices correspondants en ligne.**

B.2

QUAND « INFO » DEVIENT « INTOX »

Photos manipulées

Sur cette photo, on voit la plage de Cannes avec une mosquée gonflable[1]. Étonnant ? Peut-être. Mais regardez bien la personne qui est assise près du mur. Son ombre se trouve derrière elle. Normalement, la mosquée devrait donc avoir une ombre du même côté. Mais elle n'en a pas. Pourquoi ? Parce que la photo a été manipulée : une photo de mosquée gonflable a été découpée et collée[2] sur une photo de la plage de Cannes.

Qui a fait circuler[3] cette fausse information et dans quel but ?

Au départ, c'est un article de Secret News, un journal satirique en ligne qui écrit clairement sur son site : « Toutes les informations publiées ici sont fausses. » Le but de l'article était de faire rire, en inventant une histoire qui répond aux préjugés racistes et antimusulmans diffusés[4] par l'extrême-droite. Malheureusement, plus de 6 000 personnes ont fait suivre la photo manipulée et y ont – justement ! – ajouté[5] des commentaires racistes. Pourquoi ? Les racistes sont convaincus[6] que l'influence de l'Islam en France grandit toujours plus, et qu'il faut empêcher que cela arrive. L'image confirme ce qu'ils pensent. Du coup, les uns l'ont fait suivre sans vérifier les faits[7] (c'est forcément vrai), les autres ont consciemment[8] diffusé ce photo-montage pour manipuler l'opinion et diffuser leur message de haine[9].

Les bons réflexes

- bien regarder les photos : est-ce que l'ombre (comme dans notre exemple) et les proportions y sont normales ? Est-ce qu'il y a des endroits flous[10] qui montrent que la photo a été manipulée ? Est-ce qu'il y a des indices qui permettent de dire où et quand cette photo a été prise ?
- faire une recherche inversée[11] pour savoir à quel moment et dans quel contexte les photos ont été publiées pour la première fois
- « Pas de partage sans avoir vérifié l'image ! » : suivre ce conseil que donne l'émission « Info ou Intox » (elle est produite et diffusée par France 24)
- signaler[12] une photo manipulée si on voit que quelqu'un s'en sert[13] pour faire de l'intox

> MK: Vous pouvez faire une recherche inversée à l'aide d'un moteur de recherche et l'URL de l'image ou d'une appli.

1 gonflable *adj.* aufblasbar **2 coller qc** etw. kleben, etw. einfügen **3 faire circuler qc** etw. verbreiten **4 diffuser qc** etw. senden, etw. verbreiten **5 ajouter qc** etw. hinzufügen **6 être convaincu/e (de qc)** (von etw.) überzeugt sein **7 le fait** die Tatsache, der Fakt **8 consciemment** bewusst **9 la haine** der Hass **10 flou/e** *adj.* unscharf **11 la recherche inversée** die Rückwärtssuche **12 signaler qc** etw. melden **13 se servir de qc** etw. benutzen, etw. verwenden

Préparer la compréhension écrite

1 **Quand croyez-vous que quelque chose est vrai ? Discutez en vous servant de vos boîtes à idées.** B ► p. 111

VRAI ou FAUX ?

A
- **quand tu le vois ?** autour de toi ? en vidéo ? en photo ? dans un film ? …
- **quand tu le sens ?** physiquement ? dans une simulation ? …
- **quand l'information vient d'où ou de qui ?** d'une personne que tu connais ? de la presse ? …
- **dans quelle situation ?** quand tu vas bien ? quand tu as peur ? …

Les fausses informations ont toujours existé. Mais aujourd'hui, avec Internet, il suffit d'un clic pour les partager. Génération Ado vous montre deux exemples d'intox et vous donne des conseils pour lutter contre.

Deepfakes

En 2021, des écologistes qui trouvent que le gouvernement français ne s'engage pas assez pour la planète créent une vidéo. On y voit le Président Emmanuel Macron qui dit que le succès économique des grandes entreprises est beaucoup plus important que la lutte contre le réchauffement climatique. Mais en fait, Emmanuel Macron n'a jamais dit cela. Il s'agit d'un deepfake, c'est-à-dire[14] d'une vidéo manipulée.

Qui a fait circuler cette fausse information et dans quel but ?

En fait, cette vidéo a été faite par des militants[15] écologistes pour motiver les gens à participer à une manifestation[16] pour le climat. Les auteurs de la vidéo espéraient qu'elle ferait réagir les Français et que, du coup, ceux-ci mettraient la pression au gouvernement.
Dans notre exemple, les auteurs de la vidéo ont clairement indiqué[17] qu'il s'agissait d'une vidéo manipulée. Mais attention : en général, quand quelqu'un produit un deepfake pour servir ses intérêts[18], il fait croire qu'il s'agit d'une vidéo authentique. Avec les progrès de la technologie, les deepfakes sont de plus en plus faciles à faire et difficiles à reconnaître. Ce que vous pouvez faire :

Les bons réflexes

- utiliser une appli qui permet de vérifier si une vidéo a été manipulée ou pas
- protéger les vidéos que vous mettez en ligne grâce à un filtre qui empêche qu'on les manipule

Planète Ado, 15/10/2023

14 c'est-à-dire das heißt **15 le/la militant/e** der/die Aktivist/in **16 la manifestation** die Demonstration
17 indiquer qc etw. angeben **18 servir ses intérêts** den eigenen Interessen dienen

Compréhension écrite, analyse et commentaire

2 Lisez l'article de magazine, puis exposez brièvement ce qu'est une « intox ».

3 a Complétez la fiche, là où c'est possible, pour chacun des deux exemples de manipulation que donne l'article. Puis, présentez-les.

▶ Quoi ? ▶ Comment ? ▶ Conséquences ?
▶ Qui ? ▶ Dans quel but ?

b À l'aide des informations de l'article, expliquez en allemand à votre petit frère / votre petite sœur comment reconnaître une intox.

Production orale : Discussion

4 **En tenant compte des exemples de l'article, p. 66–67, réfléchissez aux effets que les deepfakes ou d'autres manipulations (sérieuses ou pas) peuvent avoir. Puis, discutez s'il faut les interdire, en pesant le pour et le contre.** ► Méthodes, p. 154/9

buts :	stratégies / effets :
faire rire/réfléchir les gens	*faire* circuler de fausses informations
pousser les gens à s'engager	*renforcer* des stéréotypes
influencer/manipuler l'opinion du public	*créér* une fausse image de qn/qc
servir des intérêts économiques / __	*donner* mauvaise réputation à qn / *humilier* qn
gagner du pouvoir	*faire* du cyberharcèlement
—	—

Objectif langage

À quels indices reconnaissez-vous qu'il s'agit d'un mail de phishing ?

5 VOCABULAIRE ET EXPRESSION **Vous recevez un mail qui vous annonce que vous avez gagné à un concours. Complétez-le avec les verbes qui conviennent.**

ajouter • confirmer • circuler • indiquer • reconnaître • se servir • suffire • recevoir

Bravo ! Vous avez gagné un voyage extraordinaire de deux semaines en Tunisie ! Pour [1] votre prix, il [2] de nous [3] votre nom, votre adresse, votre numéro de téléphone et les réseaux sociaux où vous avez un compte. Enfin, vous devez [4] une photo de vous, pour permettre aux animateurs du voyage de vous [5] à l'aéroport. Bien sûr, nous ne [6] de ces informations que pour [7] votre identité et nous ne les faisons pas [8]. N'attendez plus, cliquez ici pour répondre !

6 **a** GRAMMAIRE **Retrouvez dans le texte, p. 66–67, comment on dit cela en français, puis expliquez comment on forme le passif.**

1. Sie wird produziert und ausgestrahlt.
2. Die Fotos wurden veröffentlicht.

Révisez les participes passés. ► Grammaire, p. 131/14

★ **b** **Complétez le texte par les bonnes formes des verbes au passif.** ► Grammaire, p. 135/18 ☆ ► p. 117

L'émission « Info ou Intox », qui (*diffuser*) par France 24, fait la chasse aux fausses informations. Le succès qu'elle rencontre montre que le public (très *intéresser*) par ce sujet. Son principe ? D'un côté, l'équipe de journalistes de l'émission vérifie si des vidéos ou des photos qui circulent sur Internet (*manipuler*) et explique quels moyens (*utiliser*) pour le faire. De l'autre côté, toutes les sources d'infos (*vérifier*) par les journalistes. Les vidéos de l'émission « Info ou Intox » (*publier* et *partager*) en ligne.

Médiation

7 **Sur le site du journal satirique en ligne « Der Postillon », choisissez un article qui vous plaît ou qui vous dérange. Puis, parlez-en à votre correspondant/e français/e : expliquez l'humour de l'article et pourquoi il vous plaît ou vous dérange.** ► Méthodes, p. 154/9

L'équivalent français du « Postillon » est « Le Gorafi ».

Der Postillon
Ehrliche Nachrichten - unabhängig, schnell, seit 1845

C Paris mythique, Paris médiatique

C.1 Cinéma et séries

Préparer la lecture

1 a **Faites un tableau avec ces endroits parisiens. Puis, sur Internet, regardez les bandes-annonces des séries et films suivants et comptez combien de fois chaque endroit apparaît.**

1

la Tour Eiffel

La Tour Eiffel est le monument le plus photographié au monde.

2

l'Arc de Triomphe

3

Notre-Dame de Paris

4

la Seine

5

un café-restaurant parisien

6

le Louvre

7

les toits

★ b **Décrivez l'image que ces bandes-annonces donnent de Paris.** ☆ ► p. 118

DELF 2 **Informez-vous sur un de ces sujets en rapport avec Paris et donnez-en une définition. Puis, mettez vos informations en commun.**

LA HAUTE COUTURE | LE GUIDE MICHELIN | LE VÉLIB' | L'ÎLE-DE-FRANCE | LE PÉRIPHÉRIQUE

Compréhension écrite et analyse

★ DELF 3 a **Vrai ou faux ? Lisez l'article et justifiez votre réponse à l'aide du texte. Puis, corrigez les phrases fausses.**

1. L'image de Paris dans la série « Emily in Paris » fait rêver les fans et les Parisiens.
2. Dans la réalité, on n'est jamais seul dans les rues de Paris.
3. Dans la série, la population parisienne est plus blanche qu'en réalité.
4. Dans la réalité comme dans la série, la mode joue un très grand rôle à Paris.
5. Dans la série, Emily prend souvent les transports en commun.
6. Dans la série, Emily habite dans une vraie chambre de bonne.

b **Résumez ce qui n'est pas réaliste dans l'image de Paris que donne la série « Emily in Paris ».**

c **Décrivez les deux images qui illustrent l'article et mettez-les en rapport avec les informations du texte.**

Tous fous de PARIS

Le magazine en ligne pour les Parisiens et ceux qui veulent le devenir

Actualité | Paris société | Paris médias | Paris découverte | Paris écologie | Podcasts | Contact

La série « Emily in Paris » : entre mythe et réalité

La série américaine « Emily in Paris », diffusée sur Netflix, a connu un succès gigantesque et a été regardée partout dans le monde. L'image romantique de Paris qu'elle propose se vend très bien. Pourtant ce qui fait rêver les fans fait souvent rigoler les Parisiens. On décode pour vous ce qui est réaliste et ce qui ne l'est pas.

LES RUES Emily se promène dans les plus belles rues de la capitale. Non seulement les rues sont hyper-propres, mais on a aussi l'impression qu'elle est la seule dans ce décor de carte postale.

À moitié réaliste ! Ces belles rues existent, bien sûr, mais elles ne sont ni[1] aussi propres ni aussi vides[2] que dans la série. Avec 20 000 habitants par kilomètre carré, Paris est la métropole la plus dense[3] d'Europe. Impossible donc d'y marcher seul !

Emily et Mindy au Café de la Nouvelle Mairie (saison 3, épisode 1)

LES PARISIENS Le Paris d'Emily n'est pas très multiculturel. Les personnages principaux sont tous blancs, sauf son collègue Julien et sa copine Mindy (qui d'ailleurs vient d'arriver à Paris comme elle).

Pas du tout réaliste ! À Paris, il y a plus de 100 nationalités différentes et on y croise[4] toutes les couleurs de peau.

LA MODE ET LE LUXE Le Paris d'Emily est le Paris du luxe. Elle travaille dans une agence de marketing, elle participe à une séance de photos de mode, à un défilé de Haute Couture, à une soirée où on présente un nouveau parfum, à une rencontre d'influenceuses.

Réaliste ! Même si tout le monde n'a pas les moyens[5] d'en profiter, Paris est la capitale de la mode et du luxe. D'ailleurs, la Haute Couture est un label qui n'existe qu'à Paris et seules 16 marques ont le droit de l'utiliser.

LA GASTRONOMIE La gastronomie est très présente dans la série. Camille, l'amie d'Emily, vient d'une famille qui produit du champagne, Gabriel, le voisin dont elle tombe amoureuse, veut devenir chef gastronomique... Et quand Emily essaie de réserver une table dans un restaurant célèbre, elle apprend que les réservations se font six mois à l'avance.

Réaliste ! Il y a beaucoup de restaurants célèbres à Paris et c'est vrai qu'il faut réserver longtemps à l'avance (et faire des économies[6], car c'est très cher !).

LA CHAMBRE DE BONNE[7] Emily habite dans une chambre de bonne au cinquième étage sans ascenseur avec une très belle vue sur la Tour Eiffel.

À moitié réaliste ! Il y a beaucoup de chambres de bonne à Paris. Autrefois, les bonnes étaient des jeunes filles qui travaillaient pour des familles riches et qui habitaient dans le même immeuble sous les toits. Aujourd'hui, ce sont plutôt les étudiants ou les jeunes gens au pair qui utilisent ces chambres. Elles sont très petites, et n'ont en général ni cuisine ni toilettes (il y a des toilettes sur le palier[8] qu'on partage avec les voisins). La chambre d'Emily dans la série est trop grande pour une chambre de bonne et on se demande où elle rangerait ses vêtements Haute Couture dans 9 mètres carré !

1 **ne... ni... ni...** weder ... noch 2 **vide** *adj.* leer 3 **dense** *adj.* dichtbesiedelt 4 **croiser qn** jdm begegnen 5 **les moyens** *m. pl. hier:* l'argent 6 **faire des économies** sparen 7 **la bonne** das Dienstmädchen 8 **le palier** l'étage

LES TRANSPORTS On ne voit jamais Emily ni debout[9] dans un métro trop plein[10] ni courir après un bus, ni en voiture dans un bouchon[11], ni même à Vélib' ! Dans le Paris d'Emily les distances ne jouent aucun rôle. C'est magique ! Elle peut acheter un pain au chocolat à la Boulangerie Moderne rue des Fossés Saint-Jacques et se retrouver en moins d'une seconde à 2,5 kilomètres de là, Place de Valois, devant le bureau de son agence.

Pas réaliste ! En moyenne, les Parisiens passent 1 heure 34 par jour dans les transports (et les Franciliens[12] deux heures). Non seulement les métros sont souvent très pleins, mais en plus, il y a entre 80 et 400 kilomètres de bouchons chaque jour.

le quai de la station de métro Gare de l'Est, à l'heure de pointe

LA CIGARETTE Dans la série, les Français et les Françaises fument[13] tout le temps, même au travail.

Pas réaliste ! En France, depuis 1991, une loi interdit de fumer au bureau et, depuis 2010, au café ou au restaurant (comme partout ailleurs dans l'Union européenne).

L'AMOUR Célibataires[14] ou pas, les personnages français de la série aiment séduire… et être séduits.

Réaliste ? Et typiquement parisien ? Chez Adowebzine on n'aime pas généraliser… Mais vous ? Qu'en pensez-vous ?

Émilie_mais_pas_la_même : J'aimerais trop que ma vie ressemble à la vie d'Emily à Paris ! Malheureusement, moi, c'est plutôt métro-boulot-dodo[15] ! Pas de chance ! En plus, le Paris d'Emily s'arrête au périphérique. On ne voit jamais la banlieue.

Cinéphile75 : À propos 9 m^2, il paraît que[16] Netflix a demandé à la réalisatrice de la série française « Plan cœur », Noémie Saglio, de filmer dans des appartements grands et chers et pas dans les appartements petits et normaux… Pourquoi est-ce qu'on veut toujours montrer un Paris de rêve et pas la vraie vie des Parisiens ?

9 debout stehend **10 plein/e** *adj.* ≠ vide **11 le bouchon** der Stau **12 le/la Francilien/ne** l'habitant/e d'Île-de-France **13 fumer** rauchen **14 célibataire** *adj.* nicht verheiratet **15 (faire) dodo** *fam.* dormir **16 il paraît que** angeblich

Production orale : Discussion

4 **Discutez de la question que pose Cinéphile75 dans son commentaire (l. 76–79).** ► Méthodes, p. 154/9

Chaque département français porte un numéro. Celui de Paris est le 75.

Objectif langage

5 VOCABULAIRE ET EXPRESSION **Complétez ces « Conseils pour faire croire que vous êtes Parisien/ne » par les bons verbes pronominaux.**

1. Rangez le béret (ça ? tout de suite que vous êtes touriste…).
2. Râlez ! Ça ? vite, surtout dans le métro.
3. Le premier café de la journée ? debout au bar.
4. Ça ne ? pas de monter sur la Tour Eiffel. Aimez-la de loin.
5. Aller au cinéma, ça ne ? pas à la dernière minute…
6. Au restaurant, l'addition[1] ne ? pas.
7. N'attendez pas le Noctambus en journée. Ça ? la nuit.
8. Bref, Paris, ça ne ? pas, ça ? !

1 l'addition *f.* die Rechnung

se *partager* • se *décider* • se *voir* • s'*apprendre* • se *faire* • se *vivre* • s'*expliquer* • se *boire* • se *prendre*

6 GRAMMAIRE **Qui suis-je ? À partir de ces informations, rédigez l'autoportrait de cette star parisienne. Utilisez la négation avec *ne… ni… ni…*** ▶ Grammaire, p. 137/24

Exemple : Je ne suis ni moderne ni préhistorique. Je date du Moyen Âge.

1. ☒ *être* moderne • ☒ *être* préhistorique • ☑ *dater* du Moyen Âge.
2. ☒ *être* petite • ☒ *être* grande
3. ☒ *être* un animal • ☒ *être* une personne
4. ☑ *vivre* sur le toit de la cathédrale de Notre-Dame de Paris
5. ☑ *être* un objet pratique • ☑ *protéger* de la pluie les murs de la cathédrale
6. ☒ *être* jolie • ☒ *être* moche (en tout cas, c'est mon avis !)
7. ☑ *avoir* beaucoup de chance • ☑ *voir* Paris de haut depuis presque mille ans
8. ☑ *être* devenue une star grâce au roman « Notre-Dame de Paris », écrit par Victor Hugo en 1832

7 GRAMMAIRE **Imaginez que vous parlez des personnages d'une série. Décrivez-les de manière courte et précise à l'aide du pronom relatif *dont*.** ▶ Grammaire, p. 140/30

Exemples : – La fille dont il tombe amoureux ne s'intéresse qu'aux livres.
– La vie dont elle rêve, c'est de quitter sa banlieue et de réussir à Paris.

la fille	*être* amoureux/-euse de qn	*se souvenir* de qc
le garçon	*avoir* envie de qc	*faire* partie de qc
la (seule) chose	*rêver* de qn/qc	*être* fier/fière de qc
la vie	*avoir* besoin de qc	*se moquer* de qn
—	*avoir* peur de qc	—
	s'occuper de qn/qc	

Améliorer son style : les propositions relatives

8 a Mithilfe von Relativsätzen können Sie Personen oder Dinge näher bestimmen und erläutern, ohne für jede Information einen eigenen Satz zu formulieren, und somit Ihre Äußerungen gleichzeitig informativer und klarer machen.

b RÉVISION **Faites l'exercice sur les propositions relatives avec *qui*, *que* et *où*.** ▶ Grammaire, p. 139/29

c **Reformulez ces affirmations à l'aide de propositions relatives.**

1. Emily arrive à Paris pour travailler dans une entreprise de marketing. Elle va découvrir la vie parisienne.
2. Lupin réussit à voler la Joconde. Personne ne connaît l'identité de Lupin.
3. L'hôtel de Gil se trouve dans un quartier chic de Paris. Dans ce quartier, il ne se passe jamais rien.
4. Au début, Coline ne veut pas de contact avec son fils. Elle n'a pas vu son fils depuis qu'il a été adopté.

d **Entraînez-vous à améliorer le style d'un texte entier.** ▶ Carnet d'activités

Production écrite : Critique de série

e **9** **Présentez une série de votre choix : indiquez de quel genre de série il s'agit, résumez-la brièvement (lieu et époque, personnages, histoire), puis expliquez ce qui vous plaît / ne vous plaît pas dans la série.**

C.2 La Tour Eiffel et ses légendes

Tous fous de PARIS

Le magazine en ligne pour les Parisiens et ceux qui veulent le devenir

Actualité | Paris société | Paris médias | Paris découverte | Paris écologie | Podcasts | Contact

La Tour Eiffel et ses légendes

L'histoire de la Tour Eiffel, comme celle de toutes les célébrités, est pleine de légendes. Voici un petit best-of. Saurez-vous trier ce qui est vrai et ce qui est faux ?

1 Record du monde !
Un champion de roller réussit à sauter[1] du premier étage de la Tour Eiffel !

2 Nom d'une tour !
La Tour Eiffel devrait s'appeler Tour Bonickhausen parce que c'était le vrai nom de l'architecte qui était, en fait, un Allemand !

3 Pas très écolo !
La Tour Eiffel consomme autant d'électricité par an que la ville de Versailles.

4 Attention !
Faire une photo de la Tour Eiffel de nuit et la partager sur les réseaux sociaux peut vous coûter très cher !

5 Le saviez-vous ?
La Tour Eiffel et la Statue de la liberté de New York sont sœurs car elles sont sorties des mêmes ateliers… Les ateliers Gustave Eiffel à Levallois près de Paris !

6 Pas faite pour durer :
Au départ, on voulait démonter[2] la Tour Eiffel après vingt ans !

7 Il est drôle, ce Lustig !
Victor Lustig, un escroc[3], a réussi à vendre la Tour Eiffel à un marchand de fer !

8 Elle grandit en été.
Les températures influencent la hauteur de la Tour Eiffel !

9 Haute en couleur !
Pour peindre la Tour Eiffel, on utilise trois nuances de couleur différentes !

10 La Dame de fer devient verte !
Pour lutter contre le réchauffement climatique, la Ville de Paris va faire pousser[4] 600 000 plantes sur le plus célèbre des monuments parisiens !

Compréhension écrite

1 Lisez le best-of des légendes sur la Tour Eiffel. Puis, indiquez celles qui, à votre avis, ne sont pas vraies.

Recherche

2 a Faites une recherche sur Internet pour vérifier vos hypothèses de 1.
► Méthodes, p. 173/39

b Indiquez quel résultat de votre recherche de a vous surprend le plus et expliquez pourquoi.

> Pensez à tout ce que vous avez appris dans ce dossier pour vérifier les informations.

Décoder les stratégies de l'intox

Dans la Tâche, vous allez créer une intox satirique pour sensibiliser des jeunes sur ce sujet. Pour cela, il faut comprendre comment l'intox fonctionne : quels genres d'informations les créateurs d'intox choisissent, comment ils les présentent et quel langage ils utilisent. Entraînez-vous ici ! ▶ Tâche, p. 75

1 **Nous croyons plus facilement une information quand elle provoque des émotions fortes. C'est pourquoi les intox créent des émotions fortes : pour attirer notre attention, pour faire croire l'information et la faire partager. Lisez les huit intox et retrouvez à chaque fois la bonne catégorie.**

- A Info choc : Un enfant sur deux a perdu un membre de sa famille à cause de la pandémie.
- B De la viande de tortue dans 97 % des hamburgers français !
- C Des spécialistes militaires confirment anonymement : « La guerre en Ukraine n'est que du théâtre. »
- D Comment perdre dix kilos en une semaine sans faire aucun sport.
- E À Paris, une horde de migrants a bloqué la Gare Saint-Lazare.
- F Séparé de sa sœur, un chat fait le tour du monde pour la retrouver.
- G Elle a posté des critiques sur le gouvernement. Depuis, elle ne reçoit plus d'aide financière.
- H Pour avoir plus de spectateurs, le prochain Tour de France aura lieu en Chine.

- 1 une info qui fait peur
- 2 une info touchante
- 3 une info qui met en colère
- 4 une info qui répond à un complexe
- 5 une info privée
- 6 une info drôle
- 7 une info étonnante
- 8 une info qui rend triste
- 9 une info dégoûtante[1]
- 10 une info secrète

1 **dégoûtant/e** *adj.* ekelerregend

2 **Parce que le monde est complexe, nous avons tendance à préférer les généralisations et les explications simples. Et l'intox s'en sert pour réussir. Examinez les intox de 1 et retrouvez-y les éléments de simplification et de généralisation utilisées.**

1. parler de groupes (les Allemands, les migrants, les jeunes) et se servir des clichés sur ces groupes
2. utiliser des expressions négatives (par exemple « un motard » au lieu de « un homme à moto »)
3. exagérer : toujours, tout, tous, jamais, rien, personne, ne... aucun/e, ...
4. suggérer des relations de cause et d'effet : à cause de, après, depuis, pour + *inf.*, ne... que, en fait, ...
5. utiliser des chiffres précis et le vocabulaire de la science : prouver, montrer, confirmer, découvrir, ...

3 a **Comment vérifier une info ? Pour chaque stratégie de l'intox, retrouvez le bon réflexe pour se défendre.**

utiliser une photo ou une vidéo (qui vient d'un autre contexte) 1	A faire une recherche pour savoir si le site qui a publié l'article est sérieux
citer des sources scientifiques (études, experts etc.) 2	B retrouver la photo originale, puis vérifier si elle a été manipulée et dans quel contexte elle a été publiée
publier l'info sur des pseudo sites d'info ou des réseaux sociaux 3	C si l'article fait peur ou met en colère, avoir des doutes et vérifier si on retrouve l'info ailleurs
créer des émotions fortes 4	D trouver des informations sur les sources scientifiques pour vérifier si elles existent et si elles sont sérieuses

b **Lisez cette intox, retrouvez de quels mécanismes de a elle se sert et indiquez ce que vous pouvez faire pour vérifier l'info.**

Agence Franc Parler : Des chercheurs ont découvert que 45 % des collégiens en banlieue parisienne refusent de parler français en cours.

Créer une intox satirique

Pour le journal en ligne de votre lycée, créez une intox satirique qui a pour but de sensibiliser les élèves sur ce sujet. Vous pouvez aussi créer un « blog satirique » de classe.

1 **Lisez et analysez les étapes de la tâche. Puis, avec la classe, élaborez les critères d'évaluation pour vos intox.**

2 **Réfléchissez à un sujet pour votre intox, aux stratégies que vous voulez utiliser et aux documents qu'il vous faut. Puis, formulez votre texte.** ▶ Tremplin p. 74

– Répondez aux questions pour trouver des idées. Mais n'inventez pas des choses qui pourraient faire du mal à quelqu'un.

L'info
- Qui ? Où ? Quoi ? Avec qui ? D'autres infos ?
- Quel est votre but ?
- Quelles sont vos stratégies ?

Les documents
- Est-ce qu'il vous faut des photos, des vidéos, des audios ?
- Est-ce que vous allez les faire vous-mêmes ? Ou est-ce que vous allez prendre des documents qui existent déjà ?
- Est-ce que vous allez les manipuler et si oui, comment ?

– Pour mieux sensibiliser vos lecteurs, demandez-leur dans votre intox de partager l'info par un lien ou par un code QR que vous ajoutez dans votre intox. S'ils cliquent sur le lien ou s'ils scannent le code QR, ils arrivent sur une page qui explique que c'était de l'intox et comment ils auraient pu le reconnaître.
– Formulez le texte de votre intox.
– Formulez le texte de votre page d'explication.

3 **Créez votre intox.**

– Créez votre page d'intox.
– Créez un label qui indique clairement que votre article est satirique.
– Créez la page d'explication qui s'ouvre quand on clique sur le lien ou qu'on scanne le code QR. Vous pouvez aussi donner à vos lecteurs la possibilité de laisser des commentaires.
– Créez le lien ou le code QR et ajoutez-les dans votre intox.

En ligne, il existe un grand nombre d'applis qui permettent :
– d'imiter la mise en page d'un journal (papier ou en ligne),
– de créer des codes QR,
– de créer un logo ou un label.

Vivre en hauteur fait monter le QI !

Aucune de ces informations ne correspond à la réalité.

Des études ont montré une relation entre l'altitude et l'intelligence : il paraîtrait que plus on vit en hauteur, plus on est intelligent.
La question qui se pose tout de suite : est-ce qu'il suffit de déménager à un endroit se trouvant à plus de 2000 mètres d'altitude pour profiter d'une grosse montée de QI ? La réponse est oui. Par contre, si on a vécu longtemps en bord de mer, même en déménageant, on n'arrivera pas au niveau d'intelligence de ceux qui sont nés à 2000 mètres d'altitude et qui y ont toujours habité. Pourtant, les conséquences de cette découverte pourraient être dramatiques pour la population européenne et provoquer d'importants mouvements de migration en Europe.

4 **Publiez vos intox. Puis, évaluez-les à l'aide de vos critères de 1.**

4 L'Afrique subsaharienne francophone

1 un rond point au Bénin

2 un taxi-brousse en Guinée

3 une rue à Ouagadougou au Burkina Faso

4 le port de Pointe-Noire en RDC

Compétences communicatives

- parler de la diversité naturelle et culturelle d'un pays
- parler du colonialisme et des effets du passé colonial
- décrire un projet
- décrire une carrière sportive
- décrire et comparer des objets, des habitudes et des traditions

Méthodes et stratégies

- améliorer son style : les propositions infinitives
- écrire un résumé
- faire une médiation en tenant compte du destinataire

Tâche

À la fin de ce dossier, vous pourrez créer une vidéo explicative qui présente une particularité de l'Afrique subsaharienne francophone.

5 un puits au Togo

6 la ville de Djenné au Mali

7 le centre-ville d'Abidjan, capitale économique de la Côte d'Ivoire

8 un panneau au Gabon

9 le Lac rose au Sénégal

1 Regardez les photos et nommez les aspects de l'Afrique subsaharienne francophone qu'elles évoquent.

2 Créez un « bloc-notes découverte » en ligne. Puis, regardez les cartes (p. 210–211) et les vidéos. Notez ce que vous apprenez sur l'Afrique subsaharienne francophone et les questions que vous vous posez. Complétez votre « bloc-notes découverte » au cours du dossier.

Pour découvrir des cultures, le plus important est d'être ouverts et curieux. Dans ce dossier, vous ne trouverez sûrement pas les réponses à toutes vos questions sur l'Afrique subsaharienne francophone. Voyez cela comme une invitation à la recherche et souvenez-vous que parfois, les questions peuvent mener plus loin que des réponses toutes faites.

La francophonie en Afrique subsaharienne

L'Afrique est le continent le plus peuplé après l'Asie. Elle compte aujourd'hui 1,4 milliard d'habitants dont 1,1 milliard vivent dans la région qu'on appelle l'Afrique subsaharienne.
Elle s'étend sur toute la partie du continent qui se trouve au sud du Sahara et se caractérise par une très grande diversité géographique et culturelle. Sa population est la plus jeune du monde (70 % ont moins de 30 ans) et elle augmente rapidement.

Une grande diversité ethnique

En Afrique subsaharienne, il existe un grand nombre d'ethnies, par exemple les Wolofs, les Peuls, les Baoulés, les Fangs, les Bangalas et les Mérinas. Les ethnies jouent un rôle très important dans l'identité des habitants de l'Afrique subsaharienne, tout comme les religions et les croyances (musulmane, chrétienne et animiste). Chaque ethnie a sa propre langue et sa propre culture, mais beaucoup de gens parlent plusieurs langues.

Esclavage et colonisation

Pendant plus de 400 ans, l'Europe a exploité l'Afrique par l'esclavage. Puis, à partir de la deuxième moitié du 19e siècle, le Royaume-Uni, la France, l'Allemagne, l'Espagne, le Portugal, l'Italie et la Belgique sont allés encore plus loin. Ils se sont réparti le territoire africain (avec des frontières qui ne correspondaient pas aux territoires des ethnies), l'ont occupé et brutalement colonisé : pour en exploiter les ressources naturelles et les populations, ainsi que pour renforcer leur pouvoir politique et économique.

Après l'indépendance

Dans les années 1960, la majorité des pays d'Afrique sont devenus des États indépendants. Mais la France a continué à influencer ses anciennes colonies dans le domaine politique et à profiter d'elles dans le domaine économique. Encore aujourd'hui, dix pays d'Afrique subsaharienne francophone font partie des 20 pays les plus pauvres du monde et leurs relations avec la France restent compliquées.

Le français

L'une des conséquences de la colonisation française et belge est qu'environ la moitié des francophones dans le monde sont africains. Aujourd'hui, 25 pays d'Afrique subsaharienne sont francophones et le français est la ou une des langues officielles dans 21 de ces pays.
On l'utilise surtout dans l'administration, dans l'enseignement, pour les échanges commerciaux et pour communiquer sur Internet et les réseaux sociaux. Comme il y a dans chaque pays de nombreuses langues nationales (entre 21 au Niger et 278 au Cameroun), le français est l'une des langues qui servent de langue communes entre les différentes ethnies.

Une identité panafricaine

Malgré leurs différences, on trouve beaucoup de points communs entre les habitants de l'Afrique subsaharienne : dans les modes de vie et dans la culture (par exemple le respect pour les personnes âgées, le culte des ancêtres et la tradition orale des contes et des légendes) et dans les conséquences économiques et politiques du passé colonial. 75 % des jeunes Africains pensent qu'il existe une identité africaine commune et souhaitent qu'elle joue un rôle plus important à l'avenir.

1 a **Lisez le texte sur la francophonie en Afrique subsaharienne et notez les informations que vous trouvez intéressantes dans votre « bloc-notes découverte ».** ▶ p. 77/2

b **Décrivez la place du français en Afrique subsaharienne et expliquez-en les causes.**

Collaborez en ligne !

2 **Est-ce que A et B veulent dire la même chose ? Dans le texte, p. 78, retrouvez la signification de A à l'aide du contexte, puis répondez.**

1. A s'étendre sur une partie de l'Afrique B traverser une partie de l'Afrique
2. A dans le sud du Sahara B au sud du Sahara
3. A augmenter B devenir plus grand
4. A elle a sa propre culture B elle a une culture différente des autres
5. A se répartir le territoire B acheter le territoire
6. A correspondre aux frontières B changer les frontières
7. A occuper un territoire B s'occuper d'un territoire
8. A renforcer qc B rendre qc plus fort
9. A les anciennes colonies B les colonies d'autrefois
10. A profiter de qn B soutenir qn
11. A dans l'enseignement B dans les médias
12. A il sert de langue commune B on l'utilise comme langue commune
13. A malgré les différences B même s'il y a des différences
14. A les points communs B les points où on se ressemble
15. A ils souhaitent B ils ne veulent pas

3 **Reformulez ces indications de temps et de quantité à l'aide des expressions du texte, p. 78, et d'autres expressions que vous connaissez. Trouvez le maximum de formulations possibles.**

TEMPS de 1492 à 1789 • à partir de 1945 • en 1965 • depuis 1990 • en 2045
QUANTITÉ 1,1 milliard d'habitants • 60 % des habitants • 9 pays sur 10 • 278 langues nationales

Exemples :
- de 1492 à 1789 → pendant presque trois siècles • de la fin du 15e siècle à la fin du 18e siècle • pendant 297 ans • de la fin du Moyen-Âge à la Révolution française
- 1,1 milliard d'habitants → plus d'un milliard d'habitants • la grande majorité des Africains • un très grand nombre de personnes • environ trois quarts de la population africaine

4 a **Dans le texte, p. 78, trouvez les expressions qui correspondent à ces catégories et faites une carte mentale pour parler de l'Afrique subsaharienne francophone. Ajoutez-y d'autres expressions que vous connaissez et complétez-la au cours du dossier.**

l'Histoire | la géographie | la population | la culture | la politique et l'économie

b **Écoutez le flash d'infos et retrouvez, pour chacune des quatre infos, le thème de a correspondant.**

DELF **5** **Présentez « votre » pays à votre partenaire. Puis, comparez vos informations et trouvez les points communs et les différences entre vos deux pays.** B ▶ p. 111

1 000 francs CFA ≈ 1,50 euro

A **LA CÔTE D'IVOIRE**

- capitale : Yamoussoukro
- région d'Afrique : Afrique de l'Ouest
- superficie : 322 462 km²
- côte Atlantique : 515 km
- pays voisins : 5 Carte ▶ p. 210
- habitants : 27 millions
- statut du français : langue officielle
- pourcentage de francophones : 34 %
- langues nationales : 77 (baoulé, dioula, malinké…)
- colonisée par : la France
- indépendance : le 7 août 1960
- fête nationale : le 7 août
- monnaie : le franc CFA
- ressources : agriculture, bois, pêche Carte ▶ p. 211

A L'Afrique subsaharienne au quotidien

A.1 « Wallay », un film de Berni Goldblat

Préparer la compréhension audiovisuelle

1 **Lisez les phrases. À l'aide du contexte, formulez des hypothèses sur ce que veulent dire les expressions soulignées. Puis, vérifiez à l'aide d'un dictionnaire.** ▶ Méthodes, p. 171–172/37

1. Il n'y a pas de train pour aller au bled. Mais on peut prendre un taxi-brousse.
2. 5 000 francs CFA pour ces poissons ? Sûrement pas. 3 000, c'est le max.
3. Le vieil homme a du mal à marcher. Mais avec un bâton, ça va.
4. Tu connais la bouillie ? C'est un repas qu'on prépare avec des céréales et de l'eau, et qui n'est pas cher.
5. Ouf, je suis cassé. J'ai porté deux grands seaux d'eau sur deux bornes !
6. Chez nous, on a l'habitude des coupures. Parfois, il y a de l'électricité, parfois non.

WALLAY Ady vit seul avec son père dans la banlieue de Lyon. Tous les mois, il doit aller à la banque pour envoyer de l'argent à sa grand-mère au Burkina Faso. Mais au lieu[1] d'envoyer tout l'argent que son père lui donne, Ady en garde une partie pour s'acheter des chaussures de sport très chères. Au début des vacances d'été, son père l'envoie au Burkina Faso, chez la famille de son oncle Tonton Amadou. Ady croit qu'il y part juste en vacances, mais en fait, le plan de son père, c'est qu'il y travaille pour rembourser[2] l'argent qu'il a pris. Quand Ady arrive à l'aéroport, c'est son cousin Jean qui vient le chercher et qui l'accompagne au village de Gaoua où habite sa famille.

1 **au lieu de** + *inf.* statt etw. zu tun 2 **rembourser qc** etw. zurückzahlen

Compréhension audiovisuelle

2 **Lisez l'introduction du film « Wallay ». Puis, regardez l'extrait et exposez brièvement ce qui se passe.**
☆ ▶ p. 118

3 a **Comme Ady, vous découvrez un nouveau pays. Répartissez-vous les thèmes ci-dessous, regardez l'extrait encore une fois et faites attention aux détails. Puis, mettez vos observations en commun.**

la ville • le voyage en voiture • le village • les langues • la famille • les actions typiques du quotidien

b **Ady se pose des questions sur la vie quotidienne de sa famille à Gaoua. Et vous ? À partir de vos observations de a, formulez vos questions et notez-les dans votre « bloc-notes découverte ».** ▶ p. 77/2

Exemple : L'oncle Amadou ne parle-t-il pas français ou a-t-il d'autres raisons de ne pas parler français avec Ady ? Quelle langue parle-t-il ? Quelles sont les langues nationales au Burkina Faso ? ...

Production écrite : Écriture créative

Salut, ça va ? Raconte, c'est comment, au Burkina ?

4 **Après le petit-déjeuner, Ady reçoit ce message d'un ami de Lyon. Mettez-vous à la place d'Ady et répondez. Utilisez vos questions de 3b.**

A.2 C'est typique de chez nous !

Planète francophonie

C'est typique de chez nous !

Même si l'Afrique subsaharienne se caractérise par une grande diversité, certains objets et certaines traditions existent dans beaucoup de pays de la région. Alors, quels sont ces choses du quotidien qu'on retrouve un peu partout, de Dakar à Kinshasa, et qui font partie de l'identité africaine ? Nous vous avons posé la question.

Compréhension orale

DELF

1 **Lisez l'introduction de l'émission de radio sur les particularités d'Afrique subsaharienne francophone. Puis, écoutez les huit témoignages et retrouvez à chaque fois l'image correspondante.**

1 le maquis	4 la rumba	7 le wax	10 le balafon
2 le mafé	5 la noix de cola	8 les ancêtres	11 cadonner
3 l'arbre à palabres	6 la teranga	9 le bissap	12 le taxi-brousse

A

B
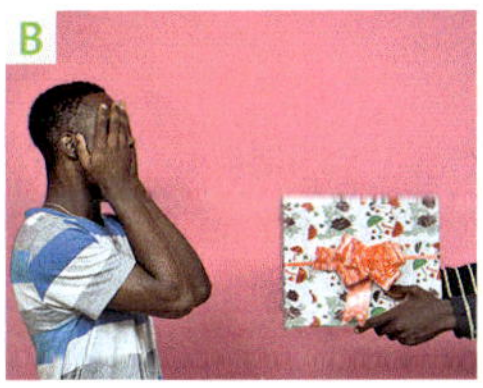
C

D

E

F

G

H

I

J

K

L

DELF

2 **Répartissez-vous les témoignages. Écoutez-les encore une fois et notez ce que vous apprenez sur « votre » sujet. Puis, informez-vous sur ce que vous avez appris.**

– C'est un endroit / un mot / __.	– Il y a plusieurs sortes de __.	– On le/la prépare avec __.
– Ça existe __.	– Ça veut dire __.	– On le/la mange __.
– Ça vient de __.	– On s'y retrouve pour __.	– Ça symbolise __.
– C'est une sorte de __.	– On l'utilise pour __.	– __

3 a Faites une recherche sur une des quatre choses qui n'ont pas été décrites en 1. Puis, mettez vos informations en commun.

DELF b **Lesquelles des particularités d'Afrique subsaharienne francophone vous intéressent le plus ? Échangez vos avis et justifiez votre réponse. Puis, complétez votre « bloc-notes découverte ».** ▶ p. 77/2

- je ne connaissais pas __
- je trouve intéressant/important/génial que __
- j'aimerais en savoir plus sur __ parce que __
- j'aimerais savoir si/comment/__
- ça me rappelle __ / ça me fait penser à __
- chez nous aussi, on __

Objectif langage

4 VOCABULAIRE ET EXPRESSION **Découvrez la diversité du français des pays d'Afrique subsaharienne ! Lisez « vos » informations. Puis, écoutez les mini-dialogues et retrouvez ensemble ce que veulent dire ces expressions.** B ▶ p. 112 Solutions ▶ webcode, p. 1

A

INFO Le **camfranglais** est une langue parlée au Cameroun. C'est un mélange de français, d'anglais et des langues nationales du Cameroun. Né au début des années 1980 dans le milieu étudiant, le camfranglais est parlé dans tout le pays aujourd'hui.

1. C'est comment ?
2. camembérer
3. avoir deux bouches
4. je wanda
5. mal
6. Bonne arrivée !
7. rester
8. connaître papier
9. avoir makouta
10. Mouf !
11. je came là là là
12. avoir les dents dehors

5 GRAMMAIRE **Reformulez les informations à l'aide des déterminants indéfinis *certains/certaines* et *chaque*.** ▶ Grammaire, p. 120/1

1. En Afrique subsaharienne, il y a des mots français qui veulent dire autre chose qu'en français de France.
2. Grâce à la grande diversité des wax, on peut choisir tous les jours un wax qui va avec son humeur.
3. Il existe des recettes de mafé véganes et des recettes avec de la viande.
4. Dans l'Histoire de la rumba, toutes les époques ont un thème préféré.
5. À Madagascar, tous les ans en automne, on fête le « famadihana » pour se rapprocher de ses ancêtres.
6. Au Togo, il y a des prénoms qui veulent dire que la personne est née un lundi, un mardi etc.

Production orale : Explication

DELF **6** **Choisissez un objet, une habitude ou une tradition typiquement allemandes de votre quotidien. À l'aide des expressions de 2b, expliquez-le/la à un/e francophone qui vient d'arriver dans votre lycée.**

A.3 Thierno Diallo, « Moi, migrant clandestin de 15 ans »

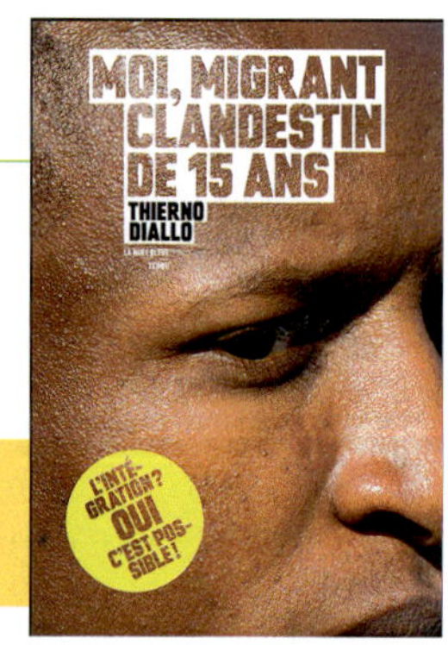

Compréhension écrite, analyse et commentaire

★ **1** **Lisez les deux extraits, p. 83–84, du roman « Moi, migrant clandestin de 15 ans » de Thierno Diallo et trouvez la phrase du texte qui, à votre avis, résume le mieux ce que fait Thierno. Justifiez votre réponse.** ☆ ▶ p. 118

Thierno a dû quitter son pays, la Guinée, à l'âge de 15 ans pour sauver sa vie. Dans « Moi, migrant clandestin[1] de 15 ans », il raconte son long voyage qui l'a mené de Guinée en Grèce, puis en France, où il trouve une place dans un foyer[2] pour jeunes.

[...] Au réfectoire[3], je rencontre d'abord le cuisinier, qui fait le service. [...] Je m'installe. Couteau et fourchette[4] à la main, j'imite les manières de ceux[5] qui m'entourent. Ici, on ne mange pas avec les doigts[6] dans un plat commun posé par terre. On a chacun[7] son assiette posée sur une table. En Guinée, ce sont les aînés[8] qui servent les plus jeunes. Ceux-ci[9] doivent attendre sagement qu'on leur donne leur part, qui est souvent très réduite. Ici, la viande et les légumes, on les mange quand et comme on veut. On a aussi le droit de boire à table, le cuisinier ne sera pas vexé[10]. Cela ne signifie pas, comme chez moi, que ses plats ne sont pas bons.

[...] le cuisinier sourit tout seul derrière son buffet. Nous dégustons le fruit de son savoir-faire[11], mais personne ne fait attention à lui. Je le sens exclu. En Guinée, il serait le chef d'orchestre du repas. Il serait au centre des conversations, car sans lui, nous ne serions pas réunis ici. Mais les uns parlent de politique, les autres, de sport ou d'émissions télé, et lui, il se contente de nous regarder de loin.

J'observe et je me sens observé. Je compare leurs habitudes aux miennes[12]. Par exemple, je suis choqué d'en voir certains se moucher[13] ou renifler[14] pendant que nous mangeons. Chez moi, ma mère me flanquerait une gifle[15] rien que pour ça, car c'est impoli[16]. Mais je crois que pour me faire accepter par les gens d'ici, je dois imiter leurs façons[17]. C'est ainsi qu'à la fin du repas, malgré mon envie de remercier le cuisinier, je sors sans même le regarder. C'est décidé, je ferai tout ce qu'il faudra pour m'adapter.

Thierno est en France depuis presque deux mois. Il va à l'école et aime beaucoup les cours de français. Un jour, la professeure demande à ses élèves d'écrire une lettre à un ou une ami(e) qui ne connaît pas les habitudes françaises. Voici la lettre de Thierno :

Cher Alpha Oumar,

Tout d'abord, j'espère que tu vas bien et que la vie chez nous s'est améliorée. C'est depuis la campagne strasbourgeoise, à Bouxwiller, que je t'écris pour te donner de mes nouvelles. Tu n'as pas à t'inquiéter[18] pour moi, je vais très bien, en tout cas mieux que quand j'étais chez nous. [...]

Ici, il y a une télé dans chaque famille et, parfois, une télé par chambre. Toutes les familles africaines en rêvent, mais si tu veux mon avis, je préfère en rester à une par quartier. C'est plus convivial[19] et amusant de la regarder à plusieurs, que de s'ennuyer tout seul devant la sienne[20].

Nous, les Guinéens, nous différencions par le teint : clair, foncé[21] ou albinos. Mais ici, on m'a dit que c'est la couleur des cheveux qui compte. Il y a donc les bruns, les blonds et les roux. Je n'arrive pas à les différencier pour l'instant. Tu t'imagines bien qu'avec ma peau et mes cheveux noirs, je fais tache[22] dans le paysage. La plupart de mes nouveaux amis ont un appareil dentaire. Ça ressemble à un câble argenté qui enchaîne leurs dents. J'ai pensé que c'était un bijou[23], la première fois que j'en ai vu.

J'ai une bonne nouvelle à t'annoncer : je vais au collège et j'aime ça ! En Guinée, nos professeurs nous donnent des coups de fouet[24] à longueur de journée. Ici, ils sont plus indulgents[25]. Frapper[26] les élèves, c'est interdit dans les écoles de France ! Nous regardons même des films en classe. Et j'ai déjà participé à un magnifique voyage scolaire. [...]

»

1 **clandestin/e** *adj. hier:* illegal 2 **le foyer** das Wohnheim 3 **le réfectoire** la cantine 4 **la fourchette** die Gabel 5 **ceux** *ici :* les gens 6 **le doigt** der Finger 7 **chacun/e** jede/r 8 **les aînés** *m. pl.* die Älteren 9 **ceux-ci** *hier:* letztere 10 **vexé/e** *adj.* gekränkt 11 **le savoir-faire** das Können 12 **aux miennes** *hier:* mit meinen 13 **se moucher** sich die Nase putzen 14 **renifler** schniefen 15 **la gifle** die Ohrfeige 16 **impoli/e** *adj.* unhöflich 17 **la façon** *ici :* le comportement 18 **s'inquiéter** sich Sorgen machen 19 **convivial/e** *adj.* gesellig 20 **la sienne** *ici :* sa télévision 21 **foncé/e** *adj.* dunkel 22 **faire tache** *fam.* nicht dazupassen 23 **le bijou** das Schmuckstück 24 **le coup de fouet** der Peitschenhieb 25 **indulgent/e** *adj. hier:* tolerant 26 **frapper qn** jdn schlagen

Je suis sûr que tu te demandes si j'ai trouvé une petite amie. Eh bien, j'ai essayé. Avec la première ça n'a duré que quelques heures, et nous nous sommes séparés par ma faute. J'ai refusé de l'embrasser en public parce qu'elle venait de manger du porc[27] à la cantine. Après j'ai regretté[28], mais trop tard ! La deuxième m'a dit que sa mère lui conseillait de faire attention avec moi, car les Africains ont de sales maladies, c'est bien connu. Cela m'a déplu[29] et nous avons rompu[30] au bout d'une semaine. J'en suis là pour l'instant.

Au fait, j'ai encore du mal avec la cuisine française. Et une chose que je trouve incompréhensible : chez nous, les gens se sentent offensés[31] si on ne les salue pas et ne leur demande pas des nouvelles de leur famille. Alors qu'ici[32], quand tu salues les gens, ils te regardent de travers[33], avec l'air de se demander s'ils te connaissent. Mais justement, pour faire connaissance, il faut commencer par se dire bonjour, non ? Par contre, quelqu'un que tu ne connais pas du tout est capable de tenir la porte ouverte pour toi en signe de politesse[34]. Ils sont étonnants[35], ces Européens ! Tu ne trouves pas ?

Salue de ma part Modio, Guidho, Boubakar et tous les copains. Dis-leur que nos tournois de football me manquent. Dis à Isback que je n'ai plus peur de lui qui se prend pour le caïd du quartier. Maintenant je suis loin. Je te dis à très bientôt, Alpha Oumar, car j'aurai certainement d'autres choses à te raconter sur mon nouveau monde.

Thierno

Extrait de : Thierno Diallo ; Moi, migrant clandestin de 15 ans, 2015

27 le porc *hier:* das Schweinefleisch **28 regretter qc** etw. bedauern **29 déplaire** ≠ plaire **30 rompre** *hier:* Schluss machen **31 offensé/e** *adj.* beleidigt **32 alors qu'ici** mais ici **33 regarder qn de travers** jdn schief ansehen **34 la politesse** die Höflichkeit **35 étonnant/e** *adj.* qui surprend

DELF **2** **Relevez les six thèmes dont parle Thierno et notez les passages correspondants.**

Exemple : les habitudes à table → l. 5–6, l. 14–15

la télé | les recettes | les relations avec les filles | les médecins | l'école | la peau et les cheveux | les règles de politesse | les habitudes à table

3 a **Dans le texte, étudiez les différences entre les habitudes guinéennes et françaises et notez-les sous forme d'un tableau.**

thèmes	commentaires de Thierno	en Guinée	en France	commentaires de Thierno
les habitudes à table		On mange par terre.	On s'installe à une table.	
		On ne renifle pas		

b **Examinez de plus près comment Thierno commente ces habitudes (ses réactions et les raisons qu'il donne). Puis, complétez votre tableau de a. Vous pouvez aussi utiliser des symboles (✓, !, ? etc.).**

4 a **Comparez vos propres habitudes aux habitudes françaises que Thierno observe.**

b **Évaluez vos propres habitudes à partir des commentaires de Thierno : quels sont les points où vous êtes d'accord avec lui ? quels sont les points où vous n'êtes pas d'accord ? Discutez.**

5 **Relisez la partie sur les filles (l. 38–42), puis caractérisez la mère de la deuxième petite amie de Thierno.**

6 **« Je ferai tout ce qu'il faudra pour m'adapter. » Relisez le troisième paragraphe de l'extrait (l. 14–18), puis commentez cette phrase de Thierno.**

B Un continent qui bouge

B.1 L'Afrique qui gagne

RFI (= Radio France internationale) est une radio publique française, créée en 1975, qui diffuse son programme francophone dans le monde entier.

RADIO ADO

Programme | Émissions et podcasts | Info | Culture | Humour | Musique | Contact

Planète francophonie

Nos podcasts coup de cœur

Nous voulons partager avec vous notre dernière découverte : la série de podcasts « L'Afrique qui gagne ». Dans cette série de portraits produits par la chaîne de radio RFI, rencontrez avec nous des personnalités africaines pleines d'idées, d'énergie et de courage qui inspirent et donnent de l'espoir. À écouter absolument !

Compréhension orale

1 Lisez la présentation de l'émission de radio, puis écoutez-en la première partie. Précisez ce qu'on apprend sur le podcast « L'Afrique qui gagne ».

DELF ★ 2 a Écoutez la deuxième partie de l'émission, puis complétez les phrases. ☆ ▶ p. 118

1. Pour Angela Aquereburu, la situation de départ, c'est que __.
2. En plus, l'image de l'Afrique dans les médias se caractérise souvent par __.
3. C'est pourquoi, dans ses séries, elle veut plutôt montrer __.
4. Pour intéresser les spectateurs, il faut qu'il y ait __.
5. Mais son but principal, c'est de __, surtout par rapport à __. Par exemple, elle veut montrer __.
6. Le moyen qu'elle utilise pour cela, c'est __.

b Écoutez la fin de l'émission et indiquez les trois points communs des personnalités présentées dans le podcast.

À vous ! Découvrez des personnalités africaines inspirantes sur le site de « L'Afrique qui gagne » !

B.2 À la découverte du Parc national du Niokolo Koba

Préparer la compréhension écrite

1 Regardez la carte et indiquez où se trouve le Parc national du Niokolo Koba.

L'arbre à palabres • LE JOURNAL DU LYCÉE FRANÇAIS DE DAKAR

Un séjour[1] impressionnant

Accompagnés par leurs professeurs de SVT et d'arts plastiques, douze élèves de première ont fait un voyage d'une semaine dans le Parc national du Niokolo Koba, à 650 kilomètres de Dakar. Awa, Mariama, Cheikh et Gabriel ont participé à l'aventure et nous racontent leurs impressions.

AWA

En 4 x 4 avec Fawana

des phacochères

Nous sommes arrivés à l'entrée du Parc du Niokolo Koba vers le milieu de l'après-midi, après huit heures de bus. Fawana, qui va être notre guide pour toute la durée du séjour, nous attendait. Après avoir rempli[2] tous les papiers (il y en avait beaucoup), nous nous sommes retrouvés devant le plan du parc et Fawana nous a présenté le circuit et les règles de sécurité. Il nous a dit qu'on verrait peut-être des lions, des singes[3] ou des antilopes. Il a ajouté que la richesse du parc était partout et qu'il fallait aussi faire attention aux petits animaux comme les oiseaux, les serpents[4], les insectes. Après, nous sommes montés dans les 4x4 et nous avons pris la piste de sable[5] rouge en direction de la rivière Niokolo Koba, qui a donné son nom au parc. En effet, c'est là que les animaux vont le soir pour boire, ce qui permet aux touristes de les observer. Nous sommes arrivés au point d'eau au moment où le soleil se couchait. Le paysage était très beau. On pouvait voir très loin. Il y avait des animaux partout, des antilopes, des singes, des oiseaux, des phacochères. Avant d'arriver au point d'eau, on espérait aussi y rencontrer des lions. Mais après avoir vu les bébés phacochères (ils sont trop chou !), on espérait surtout que les lions ne viendraient pas !

CHEIKH

À qui appartient[6] le parc ?

Fawana et ses collègues

Nous avons croisé plusieurs fois des voitures avec des jeunes hommes armés et en uniforme. On a d'abord cru que c'étaient des soldats, mais Fawana nous a dit qu'il s'agissait des brigades anti-braconnage[7] qui luttent contre la chasse illégale d'animaux protégés comme les éléphants, les lions et les antilopes. Le soir, au campement, Fawana nous a raconté que jusqu'en 1981, sa famille vivait et chassait ici, mais qu'ensuite, le parc était devenu patrimoine mondial de l'UNESCO[8] et que depuis, la population locale n'avait plus le droit de vivre de ce territoire. Le parc est une chance pour les gens qui vivent du tourisme, mais pour les autres ? Fawana nous a aussi parlé des chercheurs d'or. En effet, il existe de l'or à certains endroits du parc national, mais les techniques qu'on utilise pour en trouver sont très mauvaises pour l'écosystème et cela crée des conflits. À cause des problèmes écologiques, l'UNESCO a même déclaré le parc « patrimoine en péril[9] » et met la pression sur les responsables pour qu'ils luttent contre le braconnage et l'extraction[10] de l'or. Mais à qui appartient le parc ? Aux touristes ? Aux habitants de la région ? À l'État ? Aux générations futures ? Ou tout simplement à la nature ? Nous avons discuté longtemps.

1 **le séjour** der Aufenthalt 2 **remplir qc** *hier:* etw. ausfüllen 3 **le singe** der Affe 4 **le serpent** die Schlange 5 **le sable** der Sand 6 **appartenir à qn** jdm gehören 7 **le braconnage** die Wilderei 8 **le patrimoine mondial de l'UNESCO** das UNESCO-Welterbe 9 **en péril** en danger 10 **l'extraction** *f.* der Abbau, die Gewinnung 11 **se jeter** *hier:* münden 12 **la case** *ici : petite maison* 13 **la piqûre** der Stich 14 **la fièvre** das Fieber 15 **le babouin** der Pavian 16 **s'installer** sich niederlassen

MARIAMA

Autour du campement

un hippopotame

Nous avons passé deux nuits au campement qui se situe à l'endroit où la rivière Niokolo Koba se jette[11] dans le fleuve Gambie, et nous avons dormi dans des cases[12] typiques de la région. Le matin, des cris très forts m'ont réveillé. Ils venaient de la case des garçons. C'était Cheikh qui avait trouvé un scorpion énorme à côté de son lit. On a appelé Fawana. Il s'est occupé du scorpion et nous a expliqué que la piqûre[13] faisait très mal mais qu'elle n'était pas mortelle. On peut quand même avoir de la fièvre[14] pendant plusieurs jours. Cheikh a eu de la chance ! Nous avons pris le petit-déjeuner avec les autres touristes. Awa, Cheikh et moi étions les seuls à être d'origine africaine. C'est bizarre quand on pense que le parc se trouve au cœur de l'Afrique de l'Ouest. Nous avons fait une balade à pied autour du campement. Ce qui m'a impressionnée, c'étaient les bruits. Dans cette région du parc, où il y a beaucoup d'arbres, on ne voit pas beaucoup d'animaux, mais on en entend énormément. À un moment, on est arrivés devant un pont en corde qui traversait une rivière. Pour compliquer les choses, Fawana nous a dit qu'il y avait des crocodiles en-dessous ! On a traversé très vite, sans regarder. Et après être arrivés de l'autre côté, on a vraiment vu deux crocodiles qui se reposaient près de l'eau ! Le truc le plus fou, c'était les trois rochers qu'on voyait dans l'eau. De loin, ils avaient vraiment l'air de rochers… Mais tout à coup, un rocher a bougé et on a vu qu'en fait, c'était un hippopotame ! Il a même ouvert sa gueule énorme, c'était très impressionnant ! J'ai appris que les hippopotames pesaient deux tonnes, ce qui ne les empêche pas de courir vite : 30 kilomètres à l'heure ! Ils ont l'air gentils, mais ils défendent leur territoire de manière agressive et font partie des animaux les plus dangereux d'Afrique.

le pont aux crocodiles

GABRIEL

Pas si différents !

des singes verts

J'ai adoré observer les singes. Le premier soir, on a vu des babouins[15] qui s'installaient[16] dans les arbres pour dormir. Les babouins intéressent beaucoup les scientifiques qui viennent dans le Parc du Niokolo Koba pour étudier leur manière de vivre ensemble et de communiquer. Ensuite, il y a les singes verts, très amusants. Il y en a un qui a volé mon paquet de gâteau ! Non seulement il a tout mangé, mais en plus il avait l'air très fier de lui ! Les singes sont des animaux qui nous ressemblent vraiment beaucoup. Mais le plus impressionnant, ça a été les chimpanzés qu'on a vus près de la frontière avec la Guinée. Nous avons mis les pieds dans un point d'eau et un chimpanzé est venu se baigner avec nous ! Pour moi, ça a été le moment le plus fort de tout le voyage.

Compréhension écrite et analyse

2 **Lisez le récit de voyage des jeunes, puis présentez les activités qu'ils ont faites pendant leur séjour.**

DELF

3 a **Lisez le témoignage d'un des quatre jeunes. Indiquez son thème principal et à quelle(s) catégorie(s) de textes (d'action, informatif, critique, personnel) il appartient. Justifiez votre réponse à l'aide du texte.**

b **Relisez le témoignage en détail. Notez les informations principales et les informations que vous trouvez particulièrement intéressantes. Puis, mettez tous vos résultats en commun.**

Objectif langage

4 VOCABULAIRE ET EXPRESSION **Complétez les phrases par la bonne expression.**

1. Le territoire du Niokolo Koba est ? : il s'étend sur presque 10 000 km^2 ! énorme • riche • puissant
2. On ne peut pas visiter le parc sans ? . fièvre • guide • scientifique
3. Dans le Parc du Niokolo Koba, on roule sur des pistes de ? . champs • sable • soleil
4. Il y a des animaux qu'on ne ? que la nuit au point d'eau. connaît • protège • croise
5. Un éléphant adulte ? plus de quatre tonnes. compte • pèse • arrive à
6. Les jeunes singes sont très actifs : ils ? tout le temps. bougent • font partie • étudient
7. L'extraction ? de l'or dans le parc est devenue un problème national. utile • autonome • illégale

5 GRAMMAIRE **Reformulez ces évènements du voyage des élèves. Utilisez *après* + infinitif passé.**
► Grammaire, p. 125/8

1. Après un voyage de huit heures, les élèves sont arrivés. (*voyager*)
2. Après leur arrivée dans le parc, les élèves ont dû remplir des formulaires. (*arriver*)
3. Après sa découverte d'un scorpion, Cheikh a bien contrôlé ses chaussures. (*découvrir*)
4. Après leur départ pour Dakar, Mariama et Awa ont pris des notes pour leur article. (*partir*)

Améliorer son style : Infinitivsätze mit *avant de* und *après*

6 a Infinitivsätze mit *avant de* und *après* bieten die Möglichkeit, die zeitliche Abfolge zweier Handlungen auszudrücken (Vorzeitigkeit und Nachzeitigkeit), und so aneinandergereihte Hauptsätze oder komplizierte Nebensätze zu vermeiden. Aber: Das geht nur, wenn beide Handlungen dasselbe Subjekt haben.

b **Une guide du parc donne des explications aux touristes. Si possible, reformulez ses phrases en utilisant *avant de* + infinitif et *après* + infinitif passé. Parfois, il y a deux solutions possibles.**

1. On va prendre le petit-déjeuner et ensuite, on va se préparer pour l'excursion.
2. On va monter dans les 4x4 mais d'abord, on va remplir les bouteilles d'eau.
3. On va arriver au point d'eau et là, on va pouvoir observer les animaux.
4. Un scientifique va nous expliquer des choses sur les animaux et ensuite, on va retourner au campement.

c **Entraînez-vous à améliorer le style d'un texte entier.** ► Carnet d'activités

Production écrite au choix : Flyer ou commentaire personnel

☆ DELF **7** **À partir des informations de l'article, p. 86–87, rédigez le texte d'un flyer pour le Parc du Niokolo Koba. Pensez aux visiteurs qui s'intéressent :**

– aux animaux.
– aux problèmes écologiques.
– au patrimoine mondial de l'UNESCO.
– à des conseils pratiques pour le séjour dans le parc.

★ **8** **Relisez le témoignage de Cheikh, p. 86, et commentez les différentes réponses qu'il donne à cette question.** ► Méthodes, p. 160/22

B.3 Tous fous de foot !

Préparer la compréhension écrite

1 a Pour découvrir le monde du foot africain, répartissez-vous ces trois sujets, faites une recherche, puis mettez vos résultats en commun.

▶ Méthodes, p. 173/39

les équipes nationales | les joueurs/-euses célèbres | la CAN

DELF

b Quatre fans de foot – du Cameroun, du Sénégal, du Mali et de Côte d'Ivoire – parlent de leur équipe nationale. Écoutez leurs témoignages et retrouvez pour chaque équipe comment leur fan la décrit.

- A Elle a redonné de l'espoir à tout le pays.
- B C'est l'équipe la plus ancienne du continent africain.
- C Après des années sans succès, elle a montré du courage.
- D Elle a battu l'équipe de France pendant la Coupe du monde.
- E Il n'y a qu'une équipe qui a gagné la CAN plus souvent qu'elle.
- F Après une époque de grands succès, elle traverse un moment difficile.

Le foot africain et ses défis

par Ria El-Hadj

Le foot est un sport très populaire dans tous les pays de l'Afrique subsaharienne. Bien qu'[1] il y ait moins de clubs amateurs qu'en Europe, le foot est partout (dans les villes comme dans les villages) et tout le monde y joue (enfants comme adultes). Il n'est donc pas étonnant que la CAN (la Coupe d'Afrique des Nations), qui oppose 24 équipes nationales tous les deux ans, y déchaîne[2] les passions. Des joueurs comme l'Ivoirien Franck Kessié, le Congolais Chancel Mbemba ou le Sénégalais Sadio Mané font partie des meilleurs du monde et sont des demi-dieux dans leurs pays. Ils jouent souvent pour de grands clubs européens comme le Bayern de Munich, l'Olympique de Marseille, Arsenal ou le FC Barcelone.

Ces carrières extraordinaires inspirent bien sûr les jeunes talents qui rêvent eux aussi de signer un contrat[3] avec un grand club. En effet, pour beaucoup de jeunes en Afrique, le football est plus qu'un sport et même plus qu'une passion. Ils y voient un moyen d'échapper[4] à leurs conditions de vie difficiles et de partir en Europe, où ils espèrent faire carrière.

Mais tout le monde n'a pas la chance de réussir comme Sadio Mané ou Franck Kessié. Un grand nombre de

jeunes joueurs sont victimes de faux[5] recruteurs[6] qui leur promettent de les aider à trouver un club en Europe. En échange, les familles doivent donner de l'argent au recruteur. Quand elles n'en ont pas beaucoup, elles vendent le peu qu'elles ont ou empruntent de l'argent parce qu'elles espèrent que leur enfant rendra leur vie meilleure quand il sera riche et célèbre. Malheureusement, après l'arrivée en France, les faux recruteurs disparaissent[7] brutalement et abandonnent les jeunes joueurs à leur sort[8] : sans papiers, sans argent et sans même un endroit pour dormir.

»

1 **bien que** + *subj.* obwohl 2 **déchaîner qc** etw. entfesseln 3 **signer un contrat** einen Vertrag unterschreiben 4 **échapper à qn/qc** jdm/etw. entkommen 5 **faux/fausse** *adj. hier:* unseriös 6 **le/la recruteur/-euse** *hier:* der Talentscout 7 **disparaître** verschwinden 8 **le sort** das Schicksal

C'est ce qui est arrivé à Amane Dramera, qui est venu du Mali avec l'espoir[9] de jouer au PSG. Amane s'est retrouvé à Paris sans rien et n'a même pas osé[10] informer sa famille parce qu'il avait trop honte[11]. Heureusement, Amane a pu s'en sortir grâce à l'association Kampos Saint-Denis, qui permet aux jeunes Africains qui ont fait la même expérience que lui de se retrouver et de s'entraîner ensemble. Six ans plus tard, Amane est devenu entraîneur et il a lui-même fondé « Passeur de rêves », une association qui lutte contre les faux recruteurs.

Samuel Eto'o (droite) et son co-équipier Sulley Muntari

Ce qui est arrivé à Amane est arrivé à beaucoup d'autres. Même Samuel Eto'o, la star des stars du football camerounais, est passé par là : il n'a que douze ans quand un faux recruteur réussit à convaincre[12] ses parents de l'envoyer faire un stage en France.

Ce qu'il ne leur dit pas : les clubs français ne signent pas de contrat avec des enfants aussi jeunes. Samuel arrive en France avec un visa de dix jours mais comme il ne trouve pas de club, il est très vite en situation illégale et doit se cacher. Il décide alors de retourner au Cameroun jusqu'à ce qu'on lui fasse une nouvelle proposition. Il s'entraîne à la Kadji Sports Academy de Douala (un des très bons centres de formation sur le continent africain où des jeunes de 13 à 18 ans reçoivent un excellent entraînement sportif tout en continuant leurs études) et y rencontre trois ans plus tard un vrai recruteur qui l'invite en Europe, cette fois de manière très sérieuse. Il signe un contrat avec le Real Madrid, puis jouera au FC Barcelone, à l'Inter de Milan et à Chelsea.

des fans de l'équipe du Burkina Faso

Aujourd'hui, Samuel Eto'o ne joue plus au foot, mais il est devenu le président de la Fédération de foot du Cameroun, la FECAfoot. Les défis sont nombreux : lutter contre la corruption dans le domaine du sport, développer le football amateur et encourager le football féminin. Mais surtout, il faudrait augmenter le salaire[13] des joueurs formés dans les clubs camerounais pour qu'ils aient envie de rester au Cameroun. Si leur situation s'améliore, ils écouteront peut-être moins les promesses[14] des faux recruteurs… et même des vrais recruteurs qui profitent du travail fait dans les clubs africains pour amener[15] de bons joueurs déjà bien entraînés en Europe.

Génération Ado, Ria El-Hadj, 08/02/2024

9 **l'espoir** *m.* die Hoffnung 10 **oser** + *inf.* sich trauen etw. zu tun 11 **avoir honte** sich schämen 12 **convaincre qn de** + *inf.* jdn davon überzeugen etw. zu tun 13 **le salaire** das Gehalt 14 **la promesse** das Versprechen 15 **amener qn** jdn mitbringen

Compréhension écrite et analyse

★ **2** **Lisez l'article, p. 89–90, et relevez les thèmes qu'il aborde.** ☆ ► p. 119

DELF **3** **Dans l'article, trouvez les phrases qui expriment la même idée que les phrases suivantes.**

1. Ils pensent que le foot va leur permettre de rendre leur vie meilleure.
2. En France, les joueurs se retrouvent seuls et ne revoient plus jamais les faux recruteurs.
3. Il n'a pas eu le courage d'en parler à sa famille.
4. Une association a aidé le jeune homme à trouver son chemin.
5. Le plus important serait que les joueurs gagnent plus d'argent.
6. Si on leur offre de meilleurs contrats en Afrique, ils croiront peut-être moins les faux recruteurs.

Méthodes et stratégies : Rédiger un résumé ▶ Méthodes, p. 159/21

4 a In einem *résumé* geben Sie die wichtigsten Informationen eines Textes in eigenen Worten wieder.

b **Markieren Sie nur die wichtigsten Informationen des Artikels oder streichen Sie Unwichtiges weg. Vergleichen Sie Ihre Ergebnisse zu zweit.** Text ▶ Webcode, S. 1

c **Trouvez quelle phrase résume correctement le premier paragraphe de l'article (l. 1–14) et justifiez votre réponse.**

1. En Afrique subsaharienne, le foot joue un rôle très important et on admire les joueurs professionnels qui sont des stars internationales.
2. Comme le foot est un sport très populaire en Afrique subsaharienne, je trouve normal que les gens admirent les joueurs de leur pays.
3. Pendant la CAN, l'ambiance était magique et les fans ont accueilli leurs héros Franck Kessié, Chancel Mbemba et Sadio Mané comme des demi-dieux.

- ✓ Einleitungssatz (Textsorte, Titel, Autor/in, Quelle, Thema)
- ✓ im Präsens
- ✓ in der dritten Person
- ✓ deutlich kürzer als der Originaltext (max. ein Drittel)
- ✓ keine wörtliche Rede
- ✓ nur Fakten, keine persönliche Meinung
- ✓ nur wichtige Informationen

d **Résumez chacun des autres paragraphes de l'article en une ou deux phrases. Puis, complétez votre résumé par une phrase d'introduction.**

Dans l'article « __ », paru le __ dans le magazine « __ », l'auteure Ria El-Hadj parle de / décrit / critique __.

5 **Étudiez l'article de façon détaillée et, à l'aide d'un organigramme, retracez les parcours possibles d'un/e jeune Africain/e qui voudrait devenir footballeur/-euse professionnel/le.** ▶ Méthodes, p. 170/35

Objectif langage

Révisez le subjonctif ! ▶ Grammaire, p. 129–130/13.1–2

6 **Indicatif ou subjonctif ? Complétez le portrait de la star de foot Hapsatou Diallo.** ▶ Grammaire, p. 131/13.3

Que faire pour que « les Lionnes » sénégalaises 1 (*avoir*) autant de succès au foot qu'au basket ? Laisser faire Hapsatou Diallo ! Née en 2005 à Tambacounda, elle joue au foot pendant que ses amies 2 (*faire*) la cuisine. Un jour, l'équipe de sa ville remarque son talent et elle commence à jouer en club sans que ses parents ne le 3 (*savoir*). Elle joue une saison géniale et après qu'elle 4 (*réussir*) à marquer le seul but de la saison contre la meilleure équipe de la ligue, on lui propose un contrat chez les « Aigles de Médina » à Dakar. Et bien que pour cela, elle 5 (*devoir*) quitter sa famille, elle accepte. Et en 2022, c'est l'entrée en équipe nationale ! Son entraîneuse déclare : « Les Lionnes gagnent tous leurs matchs, alors qu'elle ne/n' 6 (*être*) même pas sur le terrain. Mais avec elle, c'est avec 5 buts de différence ! » Bref, il ne faudra plus longtemps jusqu'à ce que les Lionnes 7 (*devenir*) championnes d'Afrique !

Production écrite : Commentaire personnel

7 **« Partir en Europe à l'aide d'un recruteur, c'est toujours une chance pour un footballeur africain. » Commentez cette thèse en tenant compte de vos résultats de 5.** ▶ Méthodes, p. 160/22

Compréhension audiovisuelle : La France en VO

TV5 MONDE

8 **Découvrez l'Afrique subsaharienne francophone avec TV5MONDE ! Regardez la vidéo et faites les exercices correspondants en ligne.**

B.4 „WIR BAUEN EINE MAUER, DIE VERBINDET“

So oder so ähnlich dürften Vertreter der Afrikanischen Union im Jahr 2005 auf die Frage von Journalisten geantwortet haben, was die afrikanische Staatengemeinschaft zur Eindämmung der fortschreitenden Wüstenbildung in der Sahelzone unternehmen wolle. Doch was hat es mit dieser Mauer auf sich?

DAS PROBLEM Die Sahara, größte Sandwüste der Welt, breitet sich immer weiter aus und verwandelt den noch vor wenigen Jahrzehnten fruchtbaren Sahel, die Übergangszone zu den Savannen im Süden, zunehmend in Ödland. Das hat mehrere Ursachen. Zum einen ist die Bewirtschaftung des Landes oft nicht nachhaltig genug, aus Mangel an Alternativen. So führt z. B. das starke Bevölkerungswachstum zu einem höheren Bedarf an Brenn- und Bauholz, was Kleinbauern dazu verleitet, mehr abzuholzen als nachwachsen kann. Zum anderen werden Extremwetterereignisse durch den Klimawandel häufiger: Dürren und Stürme sorgen für Bodenerosion, und Starkregen schwemmt gute, fruchtbare Erde davon.

DIE IDEE Unter der Präsidentschaft von Olusegun Obasanjo (Nigeria) hat die Afrikanische Union ein ehrgeiziges Vorhaben verabschiedet: Nach dem Vorbild von Chinas Grüner Mauer (wir berichteten im Juni 2020) soll der Sahara Einhalt geboten werden, durch die Schaffung eines gigantischen, 8 000 km langen und 15 km breiten Grüngürtels quer über den afrikanischen Kontinent, vom Senegal im Westen bis Djibouti im Osten. Heimische, an extreme Wetterbedingungen angepasste Bäume (wie Akazien, Wüstendatteln usw.) sollen Windgeschwindigkeiten bremsen und den wenigen Niederschlag besser in den Boden leiten.

ZWISCHENBILANZ Wie andere Großprojekte kommt auch das panafrikanische Mammutprojekt langsamer voran als geplant – was nicht verwunderlich ist, denn die Planung sah eine Fertigstellung nach nur 25 Jahren vor. Doch es gibt auch regionale Unterschiede: In Äthiopien hat Präsident Abiy Ahmed Ali das Projekt zur Chefsache erklärt, und die Arbeiten schreiten dort gut voran. In anderen Ländern jedoch bremsen Korruption, Militärputsche und Terrorismus die Entwicklung. Auch will man die Fehler des chinesischen Vorbildes nicht wiederholen, wo zwar bereits Erfolge erzielt wurden, wo es aber durch die Anpflanzung von Monokulturen verstärkt zu Schädlingsbefall gekommen ist.

ERKENNTNISSE UND ERFOLGE Da Anpflanzungen nur dort sinnvoll sind, wo Menschen leben, die sich um die jungen Pflanzen kümmern können, hat die Initiative die Idee eines komplett geschlossenen Gürtels verworfen und will nun ein Mosaikband aus vielen einzelnen Grünflächen schaffen.
Statt allein zu agieren, kooperieren internationale NROs wie SOS Sahel mit Dutzenden bereits bestehenden lokalen und regionalen Projekten.
Die Weltbank, verschiedene UN-Organisationen und die EU-Länder konnten als Geldgeber gewonnen werden, mit Zusagen in Milliardenhöhe. Ein Grund für die massive finanzielle Unterstützung ist sicher das Bewusstsein der Industrieländer, hauptverantwortlich für den Klimawandel zu sein. Ein weiterer Faktor dürfte sein: Wenn sich die Lebensbedingungen für die 230 Mio. Menschen in der Sahelzone verbessern, kann verhindert werden, dass sich bis 2045 etwa 60 Mio. Menschen auf die Flucht nach Europa begeben. Doch die Europäer täten sowieso gut daran, das afrikanische Aufforstungsprojekt aufmerksam zu begleiten, denn der Klimawandel fordert auch in Mittel- und Südeuropa grenzübergreifende Lösungen für die Bekämpfung von Waldbränden oder Überschwemmungen.

DIE VISION Gelingt es der Initiative und ihren Partnern, den Great Green Wall bzw. die „Grande muraille verte“, wie sie im frankofonen Teil Afrikas genannt wird, in den kommenden Jahren zu errichten, braucht es etwa eine Generation, bis der ökologische und wirtschaftliche Nutzen spürbar wird:

- 10 Mio. neue Arbeitsplätze in einer der ärmsten Regionen der Welt,
- 1 Mio. km² fruchtbar gemachtes Land (= Frankreich, Deutschland und Benelux zusammen),
- 250 Mio. Tonnen gebundenes CO_2,
- ca. 20 Cent Rendite pro investiertem Dollar,
- in der Folge: weniger Hungersnöte, weniger Kriege, höhere Bildungschancen.

FAZIT All das macht Afrikas Grüne Mauer zu einem der vorbildlichsten Vorhaben auf unserem Planeten. Aber ein bisschen Wow-Effekt gibt es noch obendrein: Man wird sie sogar aus dem All sehen können – als neues, lebendes Weltwunder!

Ideenforum, Felix Winter, 30.03.2023

Méthodes et stratégies : Faire la médiation pour un/e destinataire précis/e

► Méthodes, p. 162/24

1 a Beim Sprachmitteln ist es wichtig, seine/n Adressaten/Adressatin (*le/la destinataire*) zu kennen, d. h. die Person, an die man sich wendet. Denn von ihr und ihrer Situation hängt ab, welche Informationen Sie weitergeben sollten. Die Aufgabenstellung liefert Ihnen alle nötigen Hinweise.

b **Dans « L'Agora », le journal numérique de votre lycée partenaire en France, vous avez trouvé un article qui présente des projets d'avenir (un par continent). Vous remarquez que pour l'Afrique, l'auteur a choisi un projet imaginé, organisé, financé et réalisé par l'Union europénne. Comme vous avez aussi lu l'article « Wir bauen eine Mauer, die verbindet », p. 92, vous trouvez que cela donne une fausse image de l'Afrique. Rédigez un mail à la rédaction du journal, en faisant la médiation de cet article.**

So gehen Sie vor:

PHASE 1: Analysieren Sie die Aufgabenstellung: – Was erfahren Sie über Ihren/Ihre Adressaten/-tin und seine/ihre Situation (Alter, Geschlecht, Wohnort, Interessen, Vorhaben, Vorwissen usw.)? – Welche Textsorte wird von Ihnen erwartet (E-Mail, Chat-Nachricht, Sprachnachricht usw.)?	**Adressat/in:** Redaktion der Schulzeitung „L'Agora" **Situation:** – Artikel veröffentlicht über Zukunftsprojekte in der ganzen Welt (ein Projekt pro Kontinent), – Projekt in Afrika vollständig von der EU erdacht, organisiert, finanziert und durchgeführt – falsches Bild von Afrika als ideenlosem, hilfsbedürftigem Kontinent **Zieltext:** E-Mail
PHASE 2: Lesen Sie den Ausgangstext und finden Sie darin alle Informationen, die für Ihre/Ihren Adressaten/-tin in dieser Situation wichtig sind. Notieren Sie sie stichpunktartig.	**Informationen aus dem Artikel, S. 92:** – GMV = innovatives und ehrgeiziges Projekt – Idee und Initiative der Afrikanischen Union – Hauptgeldgeber = internationale Gemeinschaft: aus moralischer Verantwortung, aber auch um zukünftige Flüchtlingswellen zu verhindern – Projekt hat Vorbildcharakter für Europa
PHASE 3: Formulieren Sie Ihren Text auf Französisch. – Stellen Sie sich vor, wenn Sie Ihre/Ihren Adressaten/-tin nicht (persönlich) kennen. – Nennen Sie den Anlass Ihrer Nachricht. – Verwenden Sie das sprachliche Register , das zur Person und zur geforderten Textsorte passt. – Erklären Sie die Dinge, die Ihr/Ihre Adressat/in vielleicht nicht kennt.	**E-Mail an die Redaktion von „L'Agora":** Bonjour, je me présente : je...

c **Votre corres française Lucienne a 17 ans et habite à Marseille. Vous savez qu'elle est bénévole dans l'association « SOS Méditerranée », qui sauve les migrants en mer, qu'elle est en colère parce que la situation des migrants africains en Europe est catastrophique et qu'elle voudrait faire quelque chose pour que les conditions de vie en Afrique s'améliorent. Vous avez lu l'article « Wir bauen eine Mauer, die verbindet », p. 92. Faites la médiation de cet article pour Lucienne, sous forme de mail.**

d **Comparez votre mail à Lucienne au mail que vous avez écrit à la rédaction de « L'Agora » et analysez les différences.**

C Contes et proverbes : entre tradition et modernité

C.1

1 Un tronc[1] qui reste dix ans dans le fleuve ne devient pas crocodile.

2 Si en te baignant[2] tu as échappé au crocodile, prends garde[3] au léopard sur la berge[4].

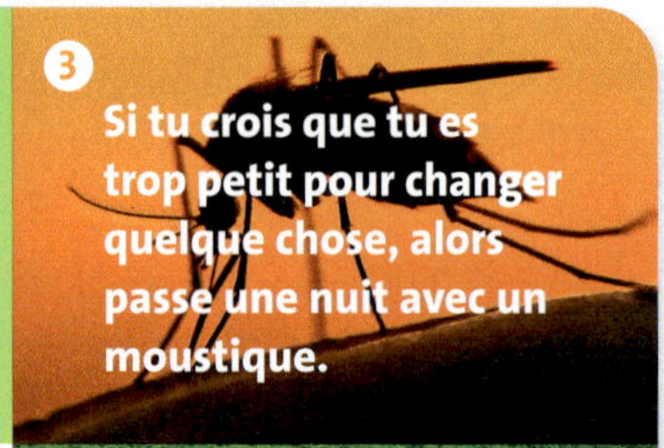

3 Si tu crois que tu es trop petit pour changer quelque chose, alors passe une nuit avec un moustique.

« QUI NE CONNAÎT AUCUN PROVERBE, NE CONNAÎT RIEN DU TOUT »

4 Quand un arbre tombe, on l'entend ; quand la forêt pousse[5], pas un bruit.

5 Le vieil éléphant sait où trouver de l'eau.

6 Quand tu ne sais pas où tu vas, n'oublie pas d'où tu viens.

7 Une visite fait toujours plaisir. Si ce n'est pas à l'arrivée, c'est au départ.

8 Un seul homme peut déclencher[6] une guerre mais il faut être deux pour faire la paix.

9 La sagesse[7] du lion n'est pas la sagesse de la panthère.

10 Pour qu'un enfant grandisse, il faut tout un village.

1 **le tronc** der Stamm 2 **en te baignant** quand tu te baignes 3 **prendre garde à qn/qc** faire attention à qn/qc 4 **la berge** das Ufer 5 **pousser** wachsen 6 **déclencher qc** etw. auslösen, anfangen 7 **la sagesse** die Weisheit

Compréhension écrite, analyse et commentaire

1 Lisez ces proverbes africains. Expliquez au moins trois proverbes avec vos propres mots ou donnez un exemple qui les illustre.

DELF ★ **2** Choisissez un proverbe d'une langue que vous parlez (turc, russe, arabe…) et expliquez-le à votre partenaire. ☆ ► p. 119

Exemple : Le proverbe turc « Damlaya damlaya göl olur », qui signifie mot à mot « Tropfen um Tropfen entsteht ein See » en allemand, exprime qu'il faut être patient pour arriver à son but et ne pas tout vouloir à la fois. Ça correspond au proverbe allemand « Steter Tropfen höhlt den Stein ».

signifier __ ≈ exprimer que __ | ressembler à __ | on l'utilise quand __ | correspondre à qc

★ **3** « Qui ne connaît aucun proverbe, ne connaît rien du tout. » Commentez ce proverbe africain.

C.2 Une performance de conteur

RADIO ADO

Programme | Émissions et podcasts | Info | Culture | Humour | Musique | Contact

Planète francophonie NOTRE SÉRIE **Les disciplines des Jeux de la Francophonie**

ÉPISODE 10 **Contes et conteurs[1]**

Amadou Hampâté Bâ, grand auteur malien et spécialiste de la tradition orale africaine, a dit un jour : « Un vieillard qui meurt[2], c'est comme une bibliothèque qui brûle[3]. » Il voulait dire par là que l'expérience de vie d'une personne âgée est aussi riche que le savoir qu'on trouve dans les livres. En effet, le savoir qui vient des ancêtres porte en lui une sagesse et fait réfléchir. Il se transmet de bouche à oreille[4] : par des chants traditionnels, des proverbes, des légendes et des contes. Comme l'a dit l'auteure camerounaise **Léonora Miano** : « Ici, les contes ne servent pas à endormir, mais à éveiller[5]. Ce sont des leçons de vie, destinées[6] aux petits comme aux grands. »

En Afrique, on aime parler de manière imagée et l'art du conte fait partie de la vie. Autrefois, il y avait même un groupe dans chaque ethnie dont le métier était de transmettre l'Histoire du pays, de ses héros et de ses grandes familles. On les appelait les griots et leur rôle était très important parce qu'ils étaient les gardiens[7] de la tradition orale. Aujourd'hui, les griots modernes continuent d'utiliser la manière traditionnelle de raconter pour passionner leur public. Découvrez avec nous le conteur congolais **Julles Ferry Quevin Moussoki Mitchum**, qui a gagné la médaille d'or aux Jeux de la Francophonie à Abidjan en 2017, et qui nous offre ici un exemple de son art.

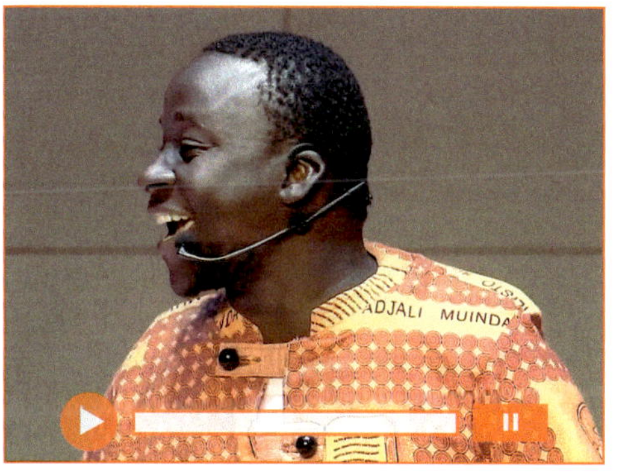

1 **le/la conteur/-euse** der/die (Märchen-)Erzähler/in 2 **il/elle meurt** er/sie stirbt 3 **brûler** brennen
4 **se transmettre de bouche à oreille** mündlich überliefert werden 5 **éveiller qn** jdn aufwecken, jdn wachrütteln
6 **être destiné/e à qn** für jdn bestimmt sein 7 **le/la gardien/ne** *hier:* der/die Hüter/in

Préparer la compréhension audiovisuelle

1 **Lisez l'introduction de l'épisode « Contes et conteurs ». Puis, donnez d'autres exemples (romans, séries ou films) pour ce que Léonora Miano dit des contes.**

Dans le roman « __ » / la série « __ » / le film « __ », il y a une scène qui montre __.
C'est une histoire qui fait réfléchir sur __ / à __.
Quand on lit ce livre / voit ce film, on se pose des questions sur __.
Ce livre / Ce film permet de comprendre beaucoup de choses sur __.
Ce livre / Ce film donne envie de s'engager pour __ / d'aider __ / de __.

la vie | la mort | l'amour | l'amitié | la planète | la nature | la passion | le rêve

Compréhension audiovisuelle

2 **Regardez le début de la performance du conteur J. F. Q. Moussoki Mitchum (00:00–02:48) et indiquez (en allemand, si vous préférez) les techniques qu'il utilise pour gagner l'attention de son public.**

3 a Regardez la performance en entier et retrouvez le bon résumé du conte.

1 Horty et Samba sont jeunes, beaux et heureux. Un jour, Samba tombe malade et meurt. Comme Horty perd sa joie de vivre, un génie[1] l'aide à redonner la vie à Samba. Mais comme Horty a vieilli, Samba se moque d'elle et la quitte. Alors, Samba meurt une deuxième fois. Quand il demande à Horty de lui redonner la vie, elle refuse.

2 Les deux jeunes gens Horty et Samba doivent quitter leur village. Pendant une tempête[2], Samba tombe très malade et Horty demande à un génie de l'aider. Pour guérir[3], Samba doit se baigner dans un point d'eau où des moustiques lui parlent et le sauvent. Horty retrouve sa joie de vivre et chante une très belle chanson.

3 Horty et Samba vivent dans un village près d'une rivière. Quand Samba meurt, la jeune Horty demande à un génie de redonner la vie à son mari[4]. Le génie fait venir des moustiques. Le cadavre de Samba entend le bruit des insectes et se réveille. Depuis ce jour, les moustiques sont toujours les bienvenus au village.

1 **un génie** ein Geist 2 **la tempête** der Sturm 3 **guérir** gesund werden 4 **le mari** der Ehemann

b Dans sa performance, le conteur utilise des proverbes. Pour vous, lequel de ces proverbes résume le message du conte ? Discutez.

A
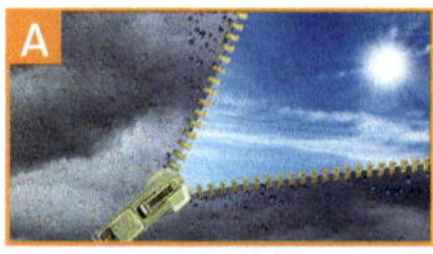
Après la pluie vient le beau temps.

B
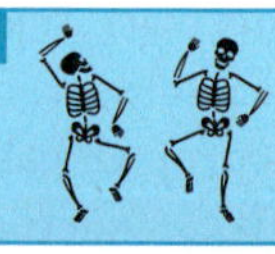
Quelle que[1] soit la beauté d'un cadavre, on finit toujours par l'enterrer[2].

C

Une femme sans amour, c'est comme une fleur sans soleil.

D

L'ingratitude[3] est comme une rose qui pique celui[4] qui la cultive.

1 **quelle que** egal, wie 2 **enterrer qn** jdn beerdigen 3 **l'ingratitude** *f.* die Undankbarkeit 4 **celui** *ici :* la personne

Production écrite : Médiation ou commentaire personnel

4 **Vous avez reçu ce message de votre correspondante congolaise Elikia. Pour bien lui répondre, vous avez fait une recherche et trouvé cet article. Lisez-le et répondez à Elikia. Interrogez aussi d'autres jeunes autour de vous.** Article ▶ webcode, p. 1 ▶ Méthodes, p. 162/24

Salut ! Dis, j'ai une question : on m'a dit que chez vous, en Europe, le métier de conteur n'existe pas et qu'on ne trouve les contes que dans les livres. C'est vrai ? Et si oui, est-ce que chez vous, tout le monde les connaît ? Est-ce qu'ils font partie de votre vie ? Par exemple, quand quelqu'un me parle d'une goutte de sang, je pense tout de suite à l'histoire d'Horty et de Samba. Et toi ? Merci d'avance pour ta réponse !
A+ Elikia 21:19

DELF **5** **« Un vieillard qui meurt, c'est comme une bibliothèque qui brûle ». À partir de cette citation d'Amadou Hampâté Bâ, comparez l'image des personnes âgées en Afrique à l'image des personnes âgées en Allemagne et rédigez un commentaire personnel.** ▶ Méthodes, p. 160/22

C.3 La culture du conte et ses formes modernes

RADIO ADO

Programme | Émissions et podcasts | Info | Culture | Humour | Musique | Contact

Planète francophonie

Contez sur nous !

Qui dit « conte », dit « griot » et « arbre à palabres »… Mais que devient la tradition orale africaine aujourd'hui, à une époque où on n'a plus trop le temps de se réunir sous le baobab et où une grande partie de la population vit dans des villes ? Nous avons posé la question à nos auditeurs. Pour écouter leurs témoignages, cliquez ici.

Aurion

Dianké

le parlement du Bénin

Ultimes griots

Vous avez quelque chose à ajouter, à corriger ou à critiquer ? Pour réagir, profitez de l'espace commentaires !

Compréhension orale

1 a **Lisez la présentation de l'émission. Puis, écoutez les quatre témoignages et complétez la fiche pour chaque œuvre.** (DELF)

b **Réécoutez les témoignages et complétez vos fiches de a.** ☆ ▶ p. 119

c **À l'aide de la transcription, vérifiez vos réponses et retravaillez-les, si nécessaire.** ▶ webcode, p. 1

Nom :
Type d'œuvre :
Pays d'origine :
Sujets/Thèmes :
Éléments/Aspects du conte :
Autres infos :

VOS COMMENTAIRES

Safiatou

« Aurion » … oui, bien sûr, c'est camerounais, mais il ne faut pas oublier qu'il faut un bon ordinateur pour y jouer… En plus, il faut avoir Internet, et quand on sait qu'au Cameroun 35 % de la population n'a pas accès à l'électricité, on ne peut pas vraiment dire qu'« Aurion » est un jeu camerounais. Les inventeurs sont camerounais, oui, mais à mon avis, la majorité des joueurs sont des Africains qui vivent en Europe !

Koffi

Techniquement, le dessin animé[1] inspiré de la BD n'est pas super (les dessins ne sont pas vraiment animés), mais par contre, j'aime bien le site web d'« Ultimes Griots ». On peut y voir des planches de BD en noir et blanc, y apprendre des choses sur l'Histoire de l'Afrique et même y écouter des contes qui sont très bien enregistrés : il y a des bruits, des instruments de musique, des chansons… c'est comme si on écoutait de vrais griots !

1 **le dessin animé** der Zeichentrickfilm

Compréhension écrite, analyse et commentaire

2 **Lisez les commentaires de Safiatou et de Koffi, puis mettez-les en relation avec les témoignages de Samuel et de Mbe dans l'émission.**

3 **Laquelle des œuvres présentées dans l'émission vous intéresse le plus ? Échangez vos avis et justifiez votre choix.**

Comment préparer une vidéo explicative

Dans la Tâche, vous allez créer une vidéo explicative qui présente une particularité (objet, tradition, sport etc.) d'Afrique subsaharienne francophone. Voici comment préparer la vidéo pour qu'elle soit réussie. ▶ Tâche, p. 99

1 **Regardez la vidéo explicative sur la tontine. Puis, en allemand, expliquez ce qu'est une tontine à votre partenaire. Il/Elle corrige et complète, si nécessaire.**

2 **Regardez la vidéo encore une fois et notez les éléments qu'elle utilise pour expliquer (langue, graphisme etc.).**

3 CHOISIR ET ORGANISER SES INFORMATIONS **Choisissez les informations que vous voulez donner et trouvez un ordre logique pour ces informations. À vous ! Pour chaque thème, choisissez les aspects dont il faudrait parler et trouvez un ordre.**

un jeu | un vêtement | un plat | un évènement

où ? • quand ? • qui ? • quoi ? • les ingrédients • la matière • les participants • les règles • le message • l'origine • la préparation • le but • la durée

4 ÉCRIRE SON TEXTE **Entraînez-vous à expliquer quelque chose que vous connaissez bien. Choisissez un des sujets suivants et rédigez un texte explicatif pour une vidéo.**

- Hausschuhe
- Adventskalender
- Strandkorb
- Abi-Streich
- Brotdose
- Wikinger-Schach
- Wimmelbuch

Soyez informatifs et objectifs ! Ce n'est pas le moment de donner votre avis.

✗ Il n'y a pas de contrat sur papier dans une tontine, ce que je trouve une assez mauvaise idée.

✓ Dans une tontine, il n'y a pas de contrat sur papier.

5 CHOISIR SES VISUALISATIONS **Trouvez des visualisations pour votre explication. Réfléchissez aux points suivants :**

- Qu'est-ce qu'il faudrait montrer ? Comment ?
- Qu'est-ce qu'il faudrait dire ? Comment ?
- Comment renforcer ce que vous dites par des images, des symboles, des légendes etc. ?

6 FAIRE UN STORYBOARD **Pour vous entraîner, choisissez deux moments de votre explication et organisez vos idées dans un story-board.** ▶ webcode, p. 1

Exemple :

minutes	on voit	on entend
0:00 – 0:02		Qu'est-ce que c'est ?
0:00 – 0:04		L'œuvre d'un fan de Poumba dans « Le Roi Lion » ?
0:05 – 0:10		Non (bruit négatif), il s'agit d'un vrai panneau qui indique que des phacochères pourraient traverser la route.

Ne soyez pas trop long ! Une vidéo d'une à deux minutes, c'est très bien.

Créer une vidéo explicative

Pour la journée internationale de la francophonie, vous préparez une exposition numérique pour partager votre découverte de l'Afrique subsaharienne francophone. Pour cette exposition, créez une vidéo explicative sur une particularité de l'Afrique subsaharienne francophone de votre choix.

1 **Lisez et analysez les étapes de la tâche. Puis, avec toute la classe, élaborez les critères d'évaluation pour vos vidéos explicatives.**

2 **Choisissez la particularité de l'Afrique francophone que vous voulez présenter.**
- Laissez-vous inspirer par votre « bloc-notes découverte » et les pistes suivantes.
- Faites une mini-recherche sur quelques particularités qui peuvent vous intéresser, puis choisissez le sujet de votre vidéo explicative.
- Faites une recherche plus détaillée sur le sujet que vous avez choisi et notez les informations que vous voulez donner. Notez aussi les questions que vous vous posez et auxquelles vous n'avez pas trouvé de réponse.

▶ Méthodes, p. 173/39

S'il y a des questions auxquelles vous n'avez pas trouvé de réponse, mais que vous trouvez intéressantes ou importantes, n'hésitez pas à les intégrer dans votre vidéo.

ETHNIES, LANGUES ET CULTURES : les Malinkés, le lingala, les expressions, les prénoms, un conte ou une légende, le marabout, le gris-gris, les rites d'initiation, ...

SPORT ET JEUX : le nzango, la lutte africaine, l'awalé, ...

MUSIQUE ET DANSE : la kora, le coupé-décalé, le zaouli, l'afropop, la folk wassoulou, le Festival N'sangu Ndji Ndji...

NATURE ET ANIMAUX : le Lac rose, les mangroves, un parc national, le Sahel, les phacochères, ...

GÉOGRAPHIE ET HISTOIRE : une capitale, un monument, l'île de Gorée, Léopold Sédar Senghor, le royaume du Mali, l'ancien calendrier d'Afrique de l'Ouest et centrale, ...

VÊTEMENTS : le boubou, le pagne, ...

ARTS ET LITTÉRATURE : le festival FESPACO, la BD-culte « Aya de Yopougon », le street art, ...

POLITIQUE ET ÉCONOMIE : le franc CFA, le bois, le café, les métaux précieux, ...

RECETTES : le tiep-bou-diène, le poulet yassa, les pastels, le ndolé, le garba, ...

Il existe une série d'applis en ligne avec lesquelles vous pouvez réaliser vos vidéos explicatives.

3 **Préparez votre vidéo explicative, puis réalisez-la.** ▶ Tremplin, p. 98

4 **Présentez vos vidéos en classe. Puis, évaluez-les à l'aide de vos critères d'évaluation de 1.**

Compréhension orale

1 COMPRÉHENSION DÉTAILLÉE **Lisez les questions, puis écoutez le dialogue entre Maxence et Hayat et trouvez les bonnes réponses.**

1. Quel est le projet dont parle Maxence ?
   A Il voudrait participer à un concours de cuisine à la télévision.
   B Il voudrait participer à un concours européen pour jeunes cuisiniers.
   C Il voudrait se renseigner sur les concours d'entrée des écoles de cuisine en France.
2. Quel âge faut-il avoir pour participer ?
   A On ne sait pas.
   B Il faut avoir plus de 20 ans.
   C Il faut avoir moins de 25 ans.
3. Pour pouvoir participer à la finale européenne, les candidats doivent...
   A être sélectionnés dans leur pays.
   B avoir l'autorisation de leurs professeurs.
   C faire un stage dans un grand restaurant européen.
4. Où et comment les candidats se préparent au concours ? Les candidats doivent se préparer...
   A seuls, à la maison.
   B avec le chef d'un restaurant.
   C au lycée, avec leurs professeurs.

2 COMPRÉHENSION DÉTAILLÉE **Lisez les questions, puis écoutez l'émission de radio sur le « superphone » et trouvez les bonnes réponses.**

1. Le « superphone » a été inventé pour...
   A les enfants.
   B les personnes âgées.
   C les personnes qui ne savent pas lire.
2. Que fait le « superphone » ? (*2 réponses possibles*)
   A Il apprend à lire.
   B Il sait lire des documents.
   C Il parle plusieurs langues africaines.
3. Pourquoi le « superphone » rend les parents de Bakary heureux ?
   A Ils sont plus autonomes.
   B Ils apprennent enfin à lire.
   C Ils n'ont payé que 60 000 francs CFA.
4. On ne peut acheter le « superphone »...
   A qu'en ligne.
   B qu'en Côte d'Ivoire.
   C que pour les personnes de plus de 60 ans.

3 COMPRÉHENSION GLOBALE **À la radio, vous écoutez une émission qui présente des séries françaises. Parmi ces six thèmes, retrouvez le bon thème pour chacune des quatre séries présentées.**

A deux jeunes femmes accros aux réseaux
B un lycée pour élèves avec et sans handicap
C le prochain roi de France au 21e siècle
D un groupe de jeunes humoristes
E une agence d'acteurs et d'actrices
F un avocat[1] qui se bat pour les faibles

1 **un/e avocat/e** ein Anwalt / eine Anwältin

4 COMPRÉHENSION GLOBALE **Écoutez l'épisode de podcast et mettez les sous-titres dans le bon ordre.**

A les utilisateurs sont jeunes, les clients sont âgés

B le but : payer une personne pour faire des activités ensemble

C 12 % des Français se sentent seuls, surtout les jeunes

D une bonne appli quand on l'utilise bien

E une appli et son idée : pourquoi ne pas louer des amis ?

Production écrite

5 **Votre corres français Enzo vous a envoyé un mail dans lequel il vous demande votre avis sur ses projets professionnels. Rédigez une réponse à Enzo (160 mots minimum).**

Salut !
En automne, je dois faire un stage et j'aimerais bien le faire dans une école maternelle[1].
J'adore m'occuper d'enfants et je me vois bien travailler plus tard dans le domaine de l'éducation.
Mais mes amis me disent que c'est un métier de femmes et qu'on ne gagne pas assez d'argent.
Qu'en penses-tu ? J'aimerais bien connaître ton avis.
Enzo

1 **une école maternelle** ein Kindergarten, eine Kita

Compréhension des écrits

6 **Lisez l'article, puis répondez aux questions.**

LES JEUX DE LA FRANCOPHONIE

Tout le monde connaît les Jeux Olympiques, mais savez-vous que le monde francophone a ses propres Jeux ? On vous dit tout sur les Jeux de la Francophonie, qui réunissent des milliers de jeunes talents francophones de tous les continents.

Depuis 1970, l'Organisation internationale de la francophonie (OIF), qui représente 88 pays et plus de 300 millions de francophones, s'engage dans différents domaines pour la langue française et la diversité culturelle, et organise des projets de coopération. En 1989, elle crée les Jeux de la Francophonie, un ensemble de compétitions qui a lieu tous les quatre ans dans une ville différente du monde francophone (Beyrouth en 2009, Nice en 2013, Abidjan en 2017, Kinshasa en 2023, Erevan en 2027).

Comme aux Jeux Olympiques, on retrouve aux Jeux de la Francophonie des disciplines comme le foot, le judo, le basket ou le tennis de table. Mais, il y a aussi des sports traditionnels propres à certaines régions du monde francophone, comme la lutte africaine. Même s'il ne s'agit pas d'une discipline de compétition, on peut aussi y découvrir le nzango, un sport d'équipe originaire du Congo, qui comprend des éléments de danse, de gymnastique et de musique.

Comme l'exprime leur slogan « Jeux de la Francophonie – Jeunesse, Arts et Sports », les Jeux de la Francophonie s'adressent non seulement aux jeunes sportifs, mais aussi aux jeunes artistes de 18 à 35 ans. Que ce soient les marionnettes géantes, la danse hip-hop ou la chanson, chaque discipline artistique a sa compétition – sans oublier, bien sûr, la discipline « Contes et conteurs », qui met en valeur la tradition orale et récompense la meilleure performance de conteur. C'est ce côté artistique qui fait la particularité des Jeux de la Francophonie : ils sont les seuls « Jeux » au monde qui associent des disciplines sportives et culturelles !

Les objectifs des Jeux de la Francophonie sont nombreux : entre autres, contribuer à la paix, participer au développement des relations entre les différents pays membres de l'OIF et faire connaître de jeunes talents francophones sur la scène internationale.

Hélène Dembélé-Tisserand, L'Afrique de demain, 08/02/2024

1. Grâce à l'OIF, plus de 300 millions de personnes...
   A peuvent coopérer en français.
   B apprennent le français dans le monde.
   C ont participé aux Jeux de la Francophonie.

2. Les Jeux de la Francophonie sont organisés tous les deux ans. Vrai ou faux ?

3. Les Jeux de la Francophonie ont lieu...
   A à Paris. B dans une capitale francophone. C dans une ville du monde francophone.

4. Quelle est la discipline sportive des Jeux de la Francophonie qu'on ne trouve pas aux Jeux Olympiques ?
   A le judo B le tennis de table C la lutte africaine

5. Le nzango est un sport d'origine congolaise. Vrai ou faux ?

6. Dans la catégorie « chanson », il y a des concerts, mais pas de compétition. Vrai ou faux ?

7. Qui peut participer aux Jeux de la Francophonie ? Les sportifs et les artistes francophones...
   A de 18 à 35 ans. B qui ont un sponsor. C qui ont gagné le championnat national.

8. Quelle est l'originalité principale des Jeux de la Francophonie ?
   A ls contribuent à la paix.
   B Ils proposent des disciplines sportives et artistiques.
   C Ils mettent en valeur des disciplines sportives régionales.

7 **Azad voudrait faire des études d'Histoire à l'étranger grâce au programme Erasmus+. Il cherche une ville universitaire qui correspond aux critères suivants :**

– ville internationale
– ville historique et culturellement importante
– université avec moins de 40 000 étudiants
– bien accessible en train depuis Paris

a **Faites un tableau avec les critères d'Azad. Puis, lisez les profils des villes et cochez les bonnes cases.**

Critères d'Azad	Cracovie		Oslo		Florence		Berlin	
	oui	non	oui	non	oui	non	oui	non
ville internationale								
ville historique et culturellement importante								
université avec moins de 40 000 étudiants								
bien accessible en train depuis Paris								

b **À partir de vos résultats de a, trouvez la ville qui correspond le mieux aux critères d'Azad.**

CRACOVIE, AU CŒUR DE L'HISTOIRE

Cracovie est une ville de plus d'un million d'habitants, dans le sud de la Pologne. Elle est l'ancienne capitale du pays et chaque année, elle attire de nombreux touristes et étudiants. Elle a d'ailleurs été classée 10e ville Erasmus en 2022 !

L'université Jagellone, fondée en 1364, est l'une des plus anciennes d'Europe, se trouve au pied du château du Wawel (le château royal) et compte presque 40 000 étudiants.

À Cracovie, l'Histoire fait partie du décor mais, après une journée studieuse à la bibliothèque, vous pouvez vous détendre dans un des nombreux clubs de jazz de la ville.

- Cracovie est reliée à Paris par des vols directs (2 heures de vol).
- En train, il faut traverser toute l'Allemagne et compter environ 20 heures de trajet.

»

OSLO, AU BORD DE LA MER

La capitale norvégienne s'étend sur 450 km^2 et compte de nombreux parcs ainsi que des pistes de ski. Oslo attire non seulement les sportifs et les amoureux de la nature, mais aussi les amateurs d'architecture. Le nouvel opéra d'Oslo, qui a été construit en 2008, propose des concerts de toutes sortes, des opéras et des spectacles de danse. Oslo est une ville très cosmopolite : sur les 700 000 habitants, 25 % sont d'origine étrangère.

L'université d'Oslo accueille 32 000 étudiants. Ella a une très bonne réputation et peut être fière de ses cinq prix Nobel.

- Vol Paris-Oslo : direct, moins de 3 heures, sans escale
- Train Paris-Oslo : environ 24 heures, (en changeant plusieurs fois de train et en passant la nuit à Hambourg ou à Copenhague)

FLORENCE, LA CAPITALE DE LA RENAISSANCE

Avec ses 385 000 habitants, Florence s'impose comme la huitième ville d'Italie. La capitale de la Toscane est internationalement connue pour son histoire et sa richesse artistique. D'ailleurs, le centre historique de la ville est inscrit au patrimoine mondial de l'UNESCO. Florence attire ainsi chaque année des millions de touristes venus du monde entier.

L'université de Florence compte 60 000 étudiants, italiens et étrangers. Son étudiant le plus célèbre n'est autre que Léonard de Vinci !

- Depuis Paris, il faut compter environ 13 heures de trajet (train et bus) avec trois à quatre changements.

BERLIN, LA VILLE DE TOUS LES POSSIBLES

Connaissez-vous la capitale allemande ? Berlin attire autant les artistes que les étudiants. En 2022, elle arrive même à la 2e place (après Barcelone) du classement des meilleures destinations Erasmus. Les visiteurs apprécient particulièrement les nombreux musées et clubs de techno de la ville.

Berlin a aussi été le théâtre des grandes guerres du 20e siècle. Les conséquences de ces conflits européens sont encore visibles, mais vous pouvez aussi découvrir l'héritage des rois de Prusse en vous échappant à Sanssouci, le temps d'un après-midi. Comme la ville a été partagée pendant plus de 40 ans, on y trouve deux grandes universités (chacune compte environ 35 000 étudiants).

- En train, une ligne directe de nuit et de jour relie Paris à Berlin en seulement 7 heures.
- En avion, moins de deux heures sont nécessaires.

Médiation

8 **Votre ami Tom est très écolo, il s'engage beaucoup pour la protection du climat et cherche toujours des moyens pour produire moins de CO_2. Vous avez trouvé cet article et vous lui écrivez pour expliquer comment il peut agir de manière encore plus écolo.**

Salut Tom, j'ai lu un article sur

Von Lewis Baumgartner | 16.11.2023

Die Freundin per Videocall anrufen, eine Folge der Lieblingsserie auf Netflix streamen, dem besten Freund ein Foto von einem spektakulären Burger schicken, dann noch kurz den Newsfeed auf Instagram und Tiktok checken oder eine Runde zocken – das klingt für viele von uns nach einem durchschnittlichen Abendprogramm. Worüber sich die wenigsten Gedanken machen, ist, dass unser wildes Treiben im Internet eine enorme Menge an Treibhausgasen produziert. Die riesigen Server, die unsere Internetaktivitäten überhaupt erst ermöglichen, verbrauchen nämlich extrem viel Strom. So entstehen bei jedem Klick zwangsläufig Schadstoffe. Allein durch das Streamen von Videos sind weltweit bereits im Jahr 2018 mehr als 300 Millionen Tonnen CO_2 ausgestoßen worden, was ziemlich genau der Menge entspricht, die das Land Spanien in einem Jahr erzeugt.

Die zunehmende Digitalisierung kurbelt unseren CO_2-Ausstoß immer weiter an. Als während der Corona-Pandemie Schule, Arbeit und private Treffen nur online stattfinden konnten, freuten sich viele darüber, dass die leeren Straßen einen wichtigen Beitrag zum Klimaschutz leisteten. Dass unsere Online-Mobilität aber auch einen schlechten Einfluss auf Umwelt und Klima hat, ist noch zu wenig in unser Bewusstsein durchgedrungen. Margrethe Vestager, EU-Vizepräsidentin und Kommissarin für Digitales, bezeichnet das Problem als eine der größten Herausforderungen auf dem Weg zur Klimaneutralität.

Obwohl sich unsere Internetaktivitäten weltweit steigern, bleibt aber Grund zur Hoffnung: Studien kommen zu dem Ergebnis, dass über moderne Internetleitungen deutlich weniger CO_2 produziert wird.

Wir sollten uns alle einfach selbst auch von Zeit zu Zeit daran erinnern, dass unser Scrollen, Posten, Teilen und Streamen nicht folgenlos sind. Wer das im Hinterkopf hat, muss seinem Freund vielleicht nicht von jedem Burger ein Foto schicken. Und: Die vier ersten Anläufe, die es brauchte, um das perfekte Foto zu schießen, sollten direkt gelöscht werden, da auch das Speichern unseres Datenmülls erhebliche Mengen an Energie frisst. 60 Prozent aller globalen Datenströme werden allerdings durch das Streamen von Videos hervorgerufen. Hier gilt also: Die Autoplay-Funktion ausstellen und nur diejenigen Videos streamen, die man wirklich gern sehen möchte.

L'épreuve de production orale du DELF B1 compte trois parties et dure 10 à 15 minutes :
un entretien dirigé, **un exercice en interaction** et **l'expression d'un point de vue**.

Entretien dirigé (2 à 3 minutes)

Dans cette partie de l'examen, vous devez vous présenter et décrire vos expériences.

En entrant dans la salle, n'oubliez pas de dire « bonjour » !

S'entraîner à l'examen

1 a Écoutez l'entretien dirigé de Milad et relevez les différents thèmes dont il parle.

b Écoutez encore une fois et notez les expressions qui pourraient être utiles pour votre entretien. Puis, adaptez ces expressions à votre situation.

Exemple : Je vais au Wilhelm-Gymnasium qui se trouve dans mon quartier.
→ Je vais au Sophie-Scholl-Gymnasium qui se trouve à 15 kilomètres de mon village.

Examen blanc

2 Présentez-vous à votre partenaire !

Pour faire bonne impression, racontez quelque chose de spécial ou parlez de vos projets d'avenir.

Exercice en interaction (3 à 4 minutes)

Dans cette partie de l'examen, vous devez jouer un rôle et trouver une solution à un problème.

S'entraîner à l'examen

3 Recopiez le tableau. Puis, écoutez les cinq situations et notez à chaque fois les expressions avec lesquelles vous pouvez réagir.

situation n° 1	*1. Je suis désolé/e, Monsieur, mais je peux tout expliquer.*
situation n° 2	
situation n° 3	

1 Je suis désolé/e, Monsieur, mais je peux tout expliquer.
2 Excuse-moi ! Le bus était en panne et j'ai dû venir à pied.
3 Désolé/e, je n'ai pas fait attention à l'heure.
4 Je croyais que c'était pour la semaine prochaine !
5 Ça marche.
6 Ce n'est pas possible non plus.
7 T'inquiète, je gère.
8 C'est une bonne idée !
9 J'ai eu un problème à la gare.

4 **Vous organisez un tournoi de handball franco-allemand dans votre ville. La région française qui est la région partenaire de la vôtre aimerait vous aider à financer ce projet et vous propose d'en discuter. Préparez les rôles et jouez le dialogue.**

A (le/la jeune qui organise le tournoi)	B (l'employé/e de la région partenaire)
1. Begrüßen Sie B und danken Sie ihm/ihr für den Gesprächstermin.	2. Begrüßen Sie A und bitten Sie ihn/sie, sein/ihr Projekt vorzustellen.
3. Erklären Sie Ihr Projekt: deutsch-französisches Handballturnier für Jugendliche, 1 Woche, 4 Teams aus ihrer französischen Partnerstadt nehmen teil.	4. Sagen Sie, dass das ein interessantes Projekt ist, und fragen Sie, um wie viel Fördergeld A bittet.
5. Sagen Sie, dass Sie gern 10 000 Euro hätten.	5. Sagen Sie, dass die Region höchstens 5 000 Euro zahlt. Fragen Sie, wofür das Geld gebraucht wird.
7. Sagen Sie, dass davon die Reise, die Unterkunft und das Essen der Gäste bezahlt werden soll.	8. Schlagen Sie A vor, dass die Gäste einen Teil der Kosten selbst übernehmen.
9. Sagen Sie, dass Sie Ihre Gäste im Sinne der Gastfreundschaft gern einladen würden.	10. Fragen Sie, ob es noch andere Möglichkeiten gibt, Geld zu einzusparen.
11. Sagen Sie, dass die französischen Spieler auch in den deutschen Familien übernachten könnten. Dann würden 5 000 Euro ausreichen.	12. Sagen Sie, dass das eine gute Lösung ist. Bitten Sie A, einen Antrag über 5 000 Euro zu schicken, damit das Geld gezahlt werden kann.
13. Bedanken und verabschieden Sie sich.	14. Verabschieden Sie sich.

5 **À deux ! Répartissez les rôles. Puis jouez la scène, en vous inspirant des images.** B ▶ p. 112

A

Pendant un échange en France, vous avez emprunté un livre à la bibliothèque, mais vous le rendez abîmé[1]. Le/La bibliothécaire veut savoir pourquoi et vous lui expliquez. Ensemble, vous cherchez une solution au problème.

1 **abîmé/e** *adj.* beschädigt

Examen blanc

6 **Choisissez une des deux situations et répartissez les rôles (A et B). Puis, jouez la scène.**

Échecs et cases • Au lycée français, A propose à B de s'inscrire avec lui/elle au club d'échecs[1]. B n'est pas d'accord car il/elle ne veut pas être mis dans la case des « intellos ». A essaie de convaincre B de s'inscrire quand même. B propose d'autres clubs.

1 **les échecs** *m. pl.* Schach

Photo en ligne • A a posté une photo de B sur un réseau social. B l'a vue, se met très en colère parce qu'A ne lui a pas demandé son autorisation et essaie de convaincre A de supprimer la photo. A ne comprend pas pourquoi B est en colère.

Expression d'un point de vue (5 à 7 minutes)

Dans cette partie de l'examen, vous devez identifier le sujet de discussion à partir d'un texte, puis donner votre opinion et discuter avec l'examinateur/-trice. Vous avez 10 minutes de préparation.

1. Ich sage, wo der Text erschienen ist.
2. Ich stelle das Thema vor.
3. Ich fasse die Hauptaussagen zusammen.
4. Ich gebe meine Meinung zum Thema.

S'entraîner à l'examen

« Ma princesse », « mon lapin » : les surnoms[1] préférés des parents pour leurs enfants !

Quand ils sont encore tout petits et mignons, les parents aiment donner de jolis surnoms à leurs enfants. « Mon cœur », « mon trésor », mais aussi des noms d'animaux comme « mon lapin » ou « mon poussin » sont des grands classiques. « Appeler son enfant ‹ mon lapin › au lieu de l'appeler par son prénom est une manière de montrer qu'on a une relation spéciale avec lui : personne d'autre ne va l'appeler comme ça ! » explique Michel Girard, psychologue.
Cependant, les enfants n'aiment pas forcément ces surnoms, en particulier à l'adolescence, comme en témoigne Younès : « Un jour, ma mère est venue au lycée pour m'apporter mon interro de maths – ce qui est très gentil – mais, elle a dit devant tout le monde : ‹ À ce soir, mon lapin ! › C'était la honte, même les surveillants se sont moqués de moi. » De fait, les surnoms comme « ma princesse » peuvent poser d'autres problèmes : « Ça ne me dérange pas que mes parents me donnent un surnom, mais avec ‹ ma princesse ›, les gens pensent que je suis gentille et que je ne pense qu'à mon look, alors que mon truc, c'est le BMX ! » raconte Maëlys. […]

Planète Ado, Joëlle Leguerrec, 10/08/2023

1 **le surnom** der Spitzname

7 a Lisez le texte, puis complétez les phrases de présentation : trouvez les informations générales sur le texte (titre, auteur/e, source, date de parution) et résumez son sujet en une phrase.

L'article « __ » de __ est paru dans le magazine en ligne « __ » le __. Il parle de __.

b Vrai ou faux ? Relisez le texte en détail, puis corrigez les phrases fausses.

1. Les surnoms que les parents donnent à leurs enfants sont souvent des noms d'animaux.
2. Quand on donne un surnom à quelqu'un, cela montre qu'on trouve la personne originale.
3. Tous les adolescents détestent quand leurs parents les appellent par leur surnom.
4. Le surnom « ma princesse » met les filles dans une case.

8 a Pour donner votre opinion sur le sujet, formulez trois phrases.

Ce sujet	m'intéresse me plaît	parce que mais	tout le monde connaît cette situation. le texte ne parle que des aspects négatifs. c'est important de réfléchir aux surnoms qu'on donne. __.
Je trouve / Je pense / Je crois que			
À mon avis,			

b Donnez au moins deux exemples pour souligner votre opinion.

Ma mère / Mon père m'appelle toujours « __ ». Je trouve ce surnom __ parce que __.
Le surnom de ma sœur / mon frère, c'est « __ ». Ce surnom (ne) lui correspond (pas), parce que __.

Examen blanc

9 a **Choisissez un texte, présentez-le, puis exposez votre point de vue dans un monologue d'environ 3 minutes.**

b **Écoutez les questions de l'examinateur/-trice et répondez.**

So nutzen Sie die Vorbereitungszeit sinnvoll:
- Stichwörter für die Präsentation des Textes machen
- die eigene Meinung finden, Beispiele suchen, die auch ausgeschmückt werden können.
- Vergleiche finden, wie sich das Thema z. B. in Deutschland, in Ihrer Familie, bei Ihren Freunden darstellt.

1 La carte Jeunes européenne – et l'Europe est à toi !

Au mois d'octobre, la carte Jeunes européenne (créée en 1987 par l'association EYCA) va fêter ses 7 ans en France ! Si vous ne la connaissez pas, on vous explique. La carte Jeunes européenne est présente dans 38 pays en Europe et permet aux citoyens européens de 12 à 30 ans de bénéficier de tout type d'avantages : jusqu'à 30 % de réduction à l'entrée des musées ou des parcs d'attraction, 10 % sur les vols Air Europa, un soda gratuit dans certains restaurants, etc. La carte est valable un an et coûte seulement 10 euros. Son objectif ? Faciliter l'accès à la culture et encourager la mobilité des jeunes en Europe. Le seul problème : il faut beaucoup voyager ou habiter dans une capitale européenne pour vraiment en profiter ! Alors, est-ce que ça t'intéresse ?

lejournaldesados, 21/09/2023

2 Non aux ordinateurs portables dans les cafés !

Il y en a de plus en plus : des cafés qui mènent une politique « zéro écran ». Cela signifie que dans ces cafés, il est désormais interdit aux clients d'utiliser leur ordinateur ou leur tablette.

Nous avons rencontré Antoine qui nous raconte son expérience : « Les gens qui viennent pour travailler mettent une mauvaise ambiance, alors que les autres clients sont là pour discuter et se détendre. Du moment qu'il y a un ou plusieurs clients qui travaillent, ça devient difficile ! Personne ne dit rien et, en tant que serveur, on a toujours l'impression de déranger... ». Ahmed, le patron d'Antoine, nous explique également que les clients qui viennent dans son café pour travailler consomment beaucoup plus d'énergie (électricité, wi-fi) qu'un client « sans écran ». Par ailleurs, ils restent plus longtemps à leur table, mais ne commandent qu'un café ou deux. [...]

123actus, 13/04/2023

3 Abena Dolls – des poupées africaines

Les poupées panafricaines de Marie Abena, les « Abena Dolls », rencontrent un véritable succès en Afrique subsaharienne. Elles sont noires, métissées ou albinos, elles ont les cheveux crépus[1] et elles portent des vêtements typiquement africains : tout le contraire de la célèbre poupée Barbie !

En leur proposant ces poupées au physique africain, la Camerounaise Marie Abena veut rendre les petites filles fières de leur identité et de leur culture – et les protéger ainsi contre l'influence des stéréotypes de beauté occidentaux (beaucoup d'Africaines utilisent des produits chimiques agressifs et dangereux pour avoir la peau plus claire et ressembler à l'idéal de beauté « blanc »).

Mais que pensent les enfants des « Abena Dolls » ? On a demandé à Joséphine, 8 ans, pourquoi elle aimait sa poupée et elle nous a tout simplement répondu : « Parce qu'elle est comme moi ». Bravo, Marie Abena ! [...]

L'Afrique de demain, 21/12/2023

1 **crépu/e** *adj.* kraus 2 **le blanchiment** das Bleichen

Dossier 1

Mots en contexte, p. 11

5 Décrivez-vous « vos » personnes et trouvez les deux personnes que vous avez en commun.

B

1 
2 
3 
4 
5 

B.1, p. 19

5 a Faites une mini-recherche sur ces associations et initiatives, puis présentez-les à votre partenaire.

nom :	but :
domaine :	actions :
fondée en/par :	autres infos :

B

Médecins sans frontières

Emmaüs

Bibliothèque vivante

Kabubu

Dossier 2

A.1, p. 36

5 a VOCABULAIRE ET EXPRESSION Imaginez : vous voyagez ensemble et vous avez une liste de choses à faire. Posez-vous des questions et répondez. Utilisez *être en train de / venir de* + infinitif.

Exemple : – Tu as posté notre vidéo ?
– Je suis en train de (⋯) / Je viens de (☑) le faire.
– Ah, génial ! / Alors dépêche-toi !

B

Vos questions pour A :	Vos infos pour A :
– *faire* ton sac ?	– billets ⋯
– *programmer* notre route ?	– courses ☑
– *nettoyer* tes chaussures ?	– vélo ⋯
– *ranger* la tente ?	– parents ☑

B.2, p. 44

1 Lisez l'article et retrouvez quelles informations correspondent à ces chiffres. Puis, présentez-les à votre partenaire.

B 1903 • 4 • 10 • 25 • 3 • 2

Dossier 3

Mots en contexte, p. 57

4 b À vous ! Expliquez ces mots à votre partenaire sans les nommer. Il/Elle les retrouve.

B

- un abonnement
- un quotidien
- une série
- un/e journaliste
- un réseau social
- un journal payant
- un/e créateur/-trice
- informer qn
- une opinion

B.2, p. 66

1 **Quand croyez-vous que quelque chose est vrai ? Discutez en vous servant de vos boîtes à idées.**

VRAI ou FAUX ?

B

- **quand tu l'entends ?** autour de toi ? dans une vidéo ? dans un film ? ...
- **quand tu le lis ?** dans la presse ? dans un message ? dans un roman ? ...
- **quand l'information vient d'où ou de qui ?** d'une personne que tu ne connais pas ? des réseaux sociaux ?
- **dans quelle situation ?** quand tu es en colère ? quand tu t'ennuies ? ...

Dossier 4

Mots en contexte, p. 79

DELF

5 **Présentez « votre » pays à votre partenaire. Puis, comparez vos informations et trouvez les points communs et les différences entre vos deux pays.**

1 000 francs CFA ≈ 1,50 euro

B

LA RÉPUBLIQUE DÉMOCRATIQUE DU CONGO (RDC)

- capitale : Kinshasa
- région d'Afrique : Afrique centrale
- superficie : 2 345 000 km²
- côte Atlantique : 40 km
- pays voisins : 9 Carte ▶ p. 210
- habitants : 92 millions
- statut du français : langue officielle
- pourcentage de francophones : 51 %
- langues nationales : 214 (lingala, kikongo, swahili...)
- colonisée par : la Belgique
- indépendance : le 30 juin 1960
- fête nationale : le 30 juin
- monnaie : le franc CFA
- ressources : agriculture, métaux et minerais précieux, bois, charbon, pétrole Carte ▶ p. 211

A.2, p. 82

4 VOCABULAIRE ET EXPRESSION **Découvrez la diversité du français des pays d'Afrique subsaharienne ! Lisez « vos » informations. Puis, écoutez les mini-dialogues et retrouvez ensemble ce que veulent dire ces expressions.** Solutions ▶ webcode, p. 1

B

INFO Dans les pays francophones d'Afrique subsaharienne, il existe plusieurs centaines de **langues nationales**, par exemple le lingala en République démocratique du Congo ou le dioula en Côte d'Ivoire. Dans chaque pays, ces langues influencent le français qu'on y parle par leurs sons, leurs mots et leurs images.

1. C'est comment ?
2. camembérer
3. avoir deux bouches
4. je wanda
5. mal
6. Bonne arrivée !
7. rester
8. connaître papier
9. avoir makouta
10. Mouf !
11. je came là là là
12. avoir les dents dehors

Préparation à l'examen oral

Exercice en interaction, p. 107

5 **À deux ! Répartissez les rôles. Puis, jouez la scène, en vous inspirant des images.**

B

Vous travaillez dans une bibliothèque en France. Aujourd'hui, quelqu'un rapporte un livre abîmé[1]. Vous n'êtes pas content/e et vous voulez savoir ce qu'il s'est passé. Ensemble, vous cherchez une solution au problème.

1 abîmé/e *adj.* beschädigt

Annexe Grammaire

Les pronoms démonstratifs, p. 125

2 **Vous connaissez la francophonie européenne ? Posez ces questions à votre partenaire, qui vous corrige en utilisant le pronom démonstratif qui convient. Puis, échangez les rôles.**

Exemple : – Le roi Philippe, c'est le roi des Luxembourgeois ?
– Non, c'est celui des Belges.

B

Vos questions pour A :
1. L'euro, c'est la monnaie qu'on utilise en Suisse ?
2. La Seine, c'est le fleuve qui traverse Nantes ?
3. Le chocolat et les frites, ce sont les spécialités de la Suisse ?
4. Le TGV, c'est le train français qui va le moins vite ?

Vos infos pour A :
- nonante → mot suisse pour 90
- noir, jaune et rouge → le drapeau belge
- Berne → la Suisse
- les Bleus → champions du monde de foot de 2018

Dossier 1

A.2, p. 13

3 b **Écoutez les témoignages encore une fois et retrouvez pour chaque situation :**

1. l'effet des cases sur les personnes qu'on a mises dans ces cases :

A ça protège
B ça crée une distance
C on se sent exclu/e
D ça rend intéressant/e
E ça enferme dans un rôle
F on est victime de préjugés
G ça renforce l'identité

2. l'avis des jeunes interviewé(e)s sur la situation :

A c'est injuste
B c'est dur
C c'est dommage
D c'est sympa
E c'est mauvais
F c'est raciste
G c'est utile

A.3, p. 16

3 c **Lisez les phrases et l'équivalent des expressions familières en français standard.**

1. Tu les achètes où, tes fringues ? J'adore ton look !
2. Encore des devoirs en allemand ? Ça me saoûle !
3. T'as observé le voleur et t'as pas appelé les flics ?
4. Je n'ai plus de fric. Tu peux me filer cinq euros ?
5. – C'était bien au ciné, hier ? – Non, c'était pas terrible.
6. J'ai révisé, mais j'ai quand même la trouille pour le contrôle !
7. Je dois garder les gosses des voisins, ce soir. Mais j'ai la flemme... !
8. Mes potes se sont ramenés, on a maté un film et après, ils se sont cassés.

Dans les films, dans les livres, dans les chansons, sur les réseaux... le **français familier** est partout ! Petit tuyau : apprenez ces expressions !

avoir peur • ne pas avoir envie • les vêtements • venir • l'argent • pas génial • les enfants • partir • énerver • la police • donner

B.1, p. 18

4 **Relisez les citations des témoignages, p. 17–18, et étudiez de façon détaillée comment les jeunes décrivent l'effet de leur engagement.**

CLÉMENCE : Je suis fière d'avoir passé mon brevet de secourisme. Je pense que je vais rester pompière volontaire quand je serai adulte. Premièrement, parce que ça me fait du bien. Et deuxièmement, parce qu'avec le réchauffement climatique, les feux de forêts deviennent de plus en plus nombreux et dangereux.

SALIMATA : Grâce à Luc, j'ai compris que c'est la société qui construit les rôles masculins et féminins. Depuis, je me bats contre tous les clichés de genre et je réagis à chaque fois qu'on enferme quelqu'un dans un rôle qu'il ou elle n'a pas choisi.

GABRIEL : Aujourd'hui, il a un logement et il a même commencé une formation. Je ne sais pas ce qui serait arrivé si on n'avait pas fait cette maraude. Ça me motive pour continuer, même si ce qu'on fait est une toute petite chose par rapport à tout ce qu'il faudrait faire.

B.2, p. 21

☆ **2** **Retrouvez, pour chaque paragraphe du discours, p. 20–21, la phrase qui résume ce que dit Valentin. Il y a trois phrases en trop.**

- A Un ascenseur ne suffit pas.
- B La directrice refuse de construire cette rampe.
- C Ce problème concerne tout le monde au lycée.
- D L'architecture du lycée ne respecte pas la devise de la France.
- E Les normes ne créent pas d'égalité.
- F Il faut agir maintenant.
- G L'architecture du lycée transforme ma situation en handicap.
- H La loi oblige les écoles à accueillir tous les élèves.
- I L'architecture du lycée exclut certains élèves.

☆ **5 b** **Étudiez la liste des moyens stylistiques et retrouvez quels moyens stylistiques Valentin utilise dans son discours. Décrivez leur effet sur le public.** ▶Méthodes, p. 165/28

l. 6: Notre lycée est beau, notre lycée est ancien, notre lycée est célèbre.
l. 23–24: Est-ce que notre lycée serait moins beau si on construisait une telle rampe devant son entrée ?
l. 34: Est-ce qu'elle devra, elle aussi, travailler ailleurs ?
l. 42–43: C'est un peu comme si ces bâtiments, au lieu de nous tendre la main, de nous ouvrir les bras, nous faisaient un croche-pied.
l. 47–48: Engagez-vous, faites respecter la loi, adaptez ce lycée à ses élèves, faites construire cette rampe !
l. 48–50: Il est temps que [notre lycée] arrête d'être le mauvais élève qui se cache au fond de la classe.

C.1, p. 23

☆ **4** GRAMMAIRE **C'est quoi, un vrai ami / une vraie amie ? Racontez. Utilisez le pronom relatif *lequel* avec une préposition.**
▶ Grammaire, p. 140/31

à + lequel → auquel
à + laquelle = à laquelle
à + lesquels → auxquels
à + lesquelles → auxquelles

Exemple : Un vrai ami, c'est un ami avec lequel je peux parler de tout et de rien.

Un vrai ami, c'est un ami Une vraie amie, c'est une amie	à avec sans sur pour	lequel laquelle	on peut toujours compter. on fait confiance. on discute pendant des heures. on ne peut pas vivre. on partage tout. on prête toutes ses affaires. on ne ment jamais. on s'entend toujours bien. on ferait tout. on __.
Les vrais amis, ce sont des amis Les vraies amies, ce sont des amies		lesquels lesquelles	

C.3, p. 27

☆ **2** **À l'aide d'exemples du texte, p. 27, montrez que Suzane utilise le moyen stylistique de la personnification pour décrire la flemme. Puis, analysez l'effet de ce moyen stylistique sur la question de la responsabilité.**

informations générales :
portrait physique :
caractère / comportement :
relation avec le « je » lyrique :

Dossier 2

A.1, p. 36

3 a **Regardez le diaporama du voyage des deux jeunes et retrouvez les thèmes principaux. Il y a deux thèmes en trop.**

la diversité de l'Europe • leur parcours • les gens qu'ils ont rencontrés • leur famille et leurs amis • les difficultés • le prix du voyage • le temps qu'il a fait

4 **D'après vous, quelle est la plus grande qualité de Justin et d'Elio ? Justifiez.**

Ils sont	courageux	ouverts	fous	sportifs	parce que __.
	motivés	engagés	créatifs	touchants	

A.2, p. 38

1 b **Notez tout ce qu'il est utile de savoir avant de participer à un chantier international.**

Exemple : âge → Il faut avoir au moins 14 ans, et parfois plus.

âge :	temps libre :
durée :	connaissances :
hébergement :	prix :
tâches :	

DELF

A.2, p. 40

7 b **En utilisant le gérondif là où c'est possible, reformulez les passages surlignés du mail de Max.**

Bonjour,
Je m'appelle Max, j'ai 17 ans et je vais au lycée Martin-Luther de Marburg, en Allemagne. Quand j'ai lu votre article « Main dans la main », j'ai tout de suite eu envie de vous écrire pour vous dire « merci ».
À vrai dire, je ne connaissais pas du tout les chantiers de jeunes bénévoles, mais maintenant, je sais qu'on peut passer de super vacances même quand on travaille. D'habitude, en été, je joue à des jeux vidéo ou je regarde des séries pour me reposer. Le problème : ça énerve mes parents et quand ils sont énervés, je ne suis jamais tranquille… Mais si j'étais actif, ils seraient contents. Et moi, si je participais à un chantier, je pourrais rencontrer des gens du monde entier. Je pourrais m'amuser et en même temps faire quelque chose d'utile. Génial !
J'ai hâte de lire le prochain numéro de Génération Ado !
Max Schönthal, qui fait clairement partie de l'équipe « beurre » 🙂

B.2, p. 45

3 b **Mettez « les lunettes de l'enthousiaste » et formulez deux commentaires sur cet article. Puis, mettez « les lunettes du critique » et formulez deux autres commentaires. Les thèmes suivants peuvent vous aider à trouver des idées.**

DELF

les héros sportifs • les cadeaux publicitaires • la beauté des paysages • l'Europe • l'égalité homme-femme • l'écologie • le dopage • les accidents *m. pl.* • la télévision • l'économie

B.3, p. 47

☆ **3** **Choisissez deux phrases qui d'après vous sont des phrases-clés du texte d'Asma et justifiez votre choix.**

- A C'est un lieu célèbre [...] qui a joué un rôle très spécial, à la fois dans l'Histoire française et dans l'Histoire européenne.
- B [Je] la trouve [...] impressionnante – ce qui n'est pas un hasard, car elle a été faite pour impressionner !
- C Depuis sa création, la Galerie des Glaces a accompagné les moments-clés de l'Histoire franco-allemande.
- D En 1871, quand les États allemands ont gagné la guerre (et repris l'Alsace et la Lorraine), ils ont choisi cet endroit symbolique pour fêter leur victoire.
- E [Cet endroit] a été autrefois un lieu de guerre et maintenant, il est devenu un lieu de paix.

C.3, p. 51

▶ ☆ **5** **Regardez la fin du film. Puis, à l'aide des expressions suivantes, décrivez la dernière scène et analysez le comportement de Yasmina.**

crier sans s'arrêter • *remarquer* la police • *faire* attention au jeu • *laisser* passer le ballon • *être* désespérée • *devenir* folle • *avoir* peur • *réussir* • *entrer* dans l'équipe de France • *être* expulsée de France

Dossier 3

A.1, p. 59

☆ **3** b **Lisez les paroles en entier et retrouvez les cinq fonctions du smartphone qui y sont mentionnées.**

- A faire la liste des courses
- B réveiller
- C garder le contact avec la famille et les amis
- D proposer des activités sportives
- E organiser la journée
- F regarder des photos et des vidéos
- G corriger les messages
- H montrer le chemin
- I écouter de la musique
- J s'informer sur l'actualité

☆ **5** **Relevez les passages de la chanson, p. 58, qui montrent que le smartphone est représenté comme une personne, indiquez de quel moyen stylistique il s'agit et expliquez l'effet produit.** ► Méthodes, p. 165/28

☆ **7** b **Faites une liste de bonnes résolutions[1] pour mieux communiquer avec les personnes autour de vous. Utilisez les verbes donnés et des pronoms objets directs et indirects.**

Qui ?	mes parents	ma grand-mère	mon meilleur ami	...
Quoi ?	*– les appeler quand je rentre tard*	*– lui montrer comment s'abonner à un podcast*	*– lui envoyer les devoirs*	

1 **la bonne résolution** der gute Vorsatz

dire qc à qn • écrire (qc) à qn • expliquer qc à qn • offrir qc à qn • demander qc à qn • faire confiance à qn • mentir à qn • montrer qc à qn • parler (de qc) à qn • prouver (qc) à qn • ressembler à qn/qc

accepter qn/qc • aider qn • appeler qn • critiquer qn/qc • défendre qn/qc • déranger qn • écouter qn/qc • énerver qn • faire rire qn • rendre qn fier/fière

A.4, p. 63

2 a Regardez la première partie du film « Haut les cœurs » (00:00–07:50) et résumez-la en trouvant les bonnes réponses aux questions.

1. Qui a écrit le poème ?
   - A Aïssa
   - B Mahdi
   - C Kenza
2. Qu'est-ce qui se passe avec le poème ?
   - A Kenza et Aïssa le jettent à la poubelle.
   - B Kenza le lit à Jada et Aïssa fait une vidéo.
   - C Kenza le poste sur les réseaux sociaux.
3. Kenza et Aïssa se disputent parce que/qu'…
   - A Kenza veut faire une nouvelle vidéo.
   - B Kenza veut qu'Aïssa partage la vidéo.
   - C Aïssa veut que Kenza supprime la vidéo.
4. Pour pousser Mahdi à agir, Kenza lui dit que…
   - A Jada est triste.
   - B Jada aime les poèmes.
   - C Jada va déménager bientôt.

Mahdi

Kenza, la sœur de Mahdi

Aïssa, l'amie de Kenza

Jada

B.1, p. 65

2 c Écoutez encore une fois et indiquez comment les jeunes justifient leur manière de s'informer. Il y a trois raisons en trop.

1. Au moment où on lit un article dans le journal, il est déjà vieux.
2. Sur les réseaux sociaux, on reçoit des infos que les médias traditionnels ne donnent pas.
3. Les formats courts et sérieux, c'est bien pour suivre l'actualité.
4. Le JT parle surtout de choses négatives.
5. Un seul média ne suffit pas pour bien s'informer.
6. S'informer sur l'actualité, ça peut servir pour l'école.
7. S'abonner à un journal en ligne coûte trop cher.

B.2, p. 68

6 b Complétez le texte par les bonnes formes des verbes au passif. ► Grammaire, p. 135/18

L'émission « Info ou Intox », qui (*diffuser* • présent) par France 24, fait la chasse aux fausses informations. Le succès qu'elle rencontre montre que le public (très *intéresser* • présent) par ce sujet. Son principe ? D'un côté, l'équipe de journalistes de l'émission vérifie si des vidéos ou des photos qui circulent sur Internet (*manipuler* • passé composé) et explique quels moyens (*utiliser* • passé composé) pour le faire. De l'autre côté, toutes les sources d'infos (*vérifier* • présent) par les journalistes. Les vidéos de l'émission « Info ou Intox » (*publier* et *partager* • présent) en ligne.

« INFO »
OU
« INTOX » ?

C.1, p. 69

☆ **1** b **Décrivez l'image que ces bandes-annonces donnent de Paris.**

agréable • agressif/-ive • anonyme • beau/belle • bizarre • cher/chère • dangereux/-euse • doux/douce • ennuyeux/-euse • extraordinaire • fou/folle • historique • horrible • magique • moderne • mystérieux/-euse • négatif/-ive • pauvre • positif/-ive • propre • riche • romantique • sympa • stressant/e • __

Dossier 4

A.1, p. 80

☆ **2** **Lisez l'introduction du film « Wallay », p. 80. Puis, regardez l'extrait et exposez brièvement ce qui se passe, à l'aide de ces expressions.**

accueillir qn • aller à __ • arriver à __ • découvrir qc • dormir • filmer qc • prendre le taxi • présenter qn

A.3, p. 82

☆ **1** **Lisez les deux extraits, p. 83-84, du roman « Moi, migrant clandestin de 15 ans » de Thierno Diallo et choisissez la phrase du texte qui, à votre avis, résume le mieux ce que fait Thierno. Justifiez votre réponse.**

A J'observe et je me sens observé. (l. 14)
B Je compare leurs habitudes aux miennes. (l. 14)
C Je crois que pour me faire accepter par les gens d'ici, je dois imiter leurs façons. (l. 16–17)
D Je vais très bien, en tout cas mieux que quand j'étais chez nous. (l. 25)
E Ils sont étonnants, ces Européens ! (l. 47–48)

B.1, p. 85

☆ DELF **2** a **Écoutez la deuxième partie de l'émission, puis complétez les phrases.**

1. Pour Angela Aquereburu, le problème de départ, c'est…
   A qu'il n'existe pas de séries africaines.
   B que les Africains adorent les séries américaines.
   C que les séries africaines sont de mauvaise qualité.
2. En plus, l'image de l'Afrique dans les médias se caractérise souvent par…
   A des problèmes.
   B des clichés culturels.
   C un point de vue touristique.
3. C'est pourquoi, dans ses séries, elle veut plutôt montrer…
   A l'Afrique normale.
   B une Afrique de rêve.
   C des Africains extraordinaires.
4. Pour intéresser les spectateurs, il faut qu'il y ait…
   A de l'action. B de l'amour. C de la bonne humeur.

5. Mais son but principal, c'est de ?, surtout par rapport à la place de la femme. Par exemple, elle veut montrer ?. (*2 réponses*)

A montrer la réalité
B garder les traditions
C faire changer la société
D des femmes dans des situations difficiles
E des femmes modernes et indépendantes
F des femmes aussi fortes que les hommes

6. Le moyen qu'elle utilise pour cela, c'est...
A l'humour. B la critique. C la créativité.

B.3, p. 90

☆ **2** **Lisez l'article, p. 89–90, et retrouvez le bon ordre des thèmes qu'il aborde. Il y a deux thèmes en trop.**

A les stars africaines qui réussissent en Europe
B le problème des faux recruteurs
C une journée typique d'un jeune talent
D les associations d'aide européennes
E les défis du foot africain
F le rôle des responsables politiques
G l'histoire de Samuel Eto'o
H le rêve d'une vie meilleure
I la place du foot en Afrique

C.1, p. 94

☆ DELF **2** **Choisissez un proverbe d'une langue que vous parlez et expliquez-le à votre partenaire.**

- Wenn zwei sich streiten, freut sich der dritte.
- Viele Köche verderben den Brei.
- Einem geschenkten Gaul schaut man nicht ins Maul.
- Lügen haben kurze Beine.
- Avec des « si », on mettrait Paris en bouteille.
- When it rains, it pours. (= Wenn es regnet, dann in Strömen.)
- Tatlı yiyelim, tatlı konuşalım. (= Süß lass uns essen, süß lass uns sprechen.)
- Nie mój cyrk, nie moje małpy. (= Nicht mein Zirkus, nicht meine Affen.)

C.2, p. 96

☆ DELF **5** **« Un vieillard qui meurt, c'est comme une bibliothèque qui brûle ». À partir de cette citation d'Amadou Hampâté Bâ, comparez l'image des personnes âgées en Afrique à l'image des personnes âgées en Allemagne et rédigez un commentaire personnel.** ▶ Méthodes, p. 160/22

avoir moins de force • *avoir* beaucoup de choses à transmettre • *respecter* qn • *montrer* son respect à qn • *prendre* qn au sérieux • *oublier* qn • *se moquer* de qn • *vivre* avec la famille • *vivre* seuls • *vivre* dans une maison pour personnes âgées • *séparer* qn de qn

C.3, p. 97

☆ **1** b **Réécoutez les témoignages et complétez vos fiches de a. Pour la rubrique « Éléments/Aspects du conte », voici une liste de réponses possibles.**

les contes et les légendes | les proverbes | les traditions | le savoir | les héros/héroïnes historiques | les valeurs | les ancêtres

Nom :
Type d'œuvre :
Pays d'origine :
Sujets/Thèmes :
Éléments/Aspects du conte :
Autres infos :

1 Die indefiniten Begleiter | Les déterminants indéfinis

Das Inhaltsverzeichnis der *Grammaire*-Seiten finden Sie auf S. 6.

G 1.9

Chaque jour / **Chaque** semaine, elle passe du temps avec sa famille. — jede/r
Elle a raté **plusieurs** matchs. / Elle a été malade **plusieurs** fois. — mehrere
Quelques mois / **quelques** semaines plus tard, elle a arrêté sa carrière. — einige

unveränderlich

Pour **certains** médias / **certaines** personnes, cela a été un choc. — gewisse, manche
Il y a **différents** projets / **différentes** activités qui l'intéressent. — verschiedene

veränderlich

Die indefiniten (= unbestimmten) Begleiter *chaque*, *quelques*, *plusieurs*, *certain(e)s* und *différent(e)s* stehen allein vor dem Nomen.

❗ **Chaque** élève écrit un mot sur le papier. — Jede/r Schüler/in schreibt...
Chacun écrit un mot sur le papier. — Jeder schreibt...

Sowohl *chaque* als auch *chacun/chacune* werden im Deutschen mit „jeder/jede/jedes" übersetzt.
Anders als der Begleiter *chaque* ist *chacun/chacune* ein Pronomen und steht somit allein.

❗ Il a fait des stages dans **différentes** entreprises. — ... in verschiedenen Firmen ...
Cette entreprise est **différente** des autres entreprises. — ... anders als andere Firmen ...

Das Adjektiv *différent/e* unterscheidet sich vom Begleiter *différent(e)s*:
1. in seiner Bedeutung („anders, unterschiedlich") und
2. darin, dass es auch Singularformen hat.

	masculin		**féminin**	
singulier	**tout** le livre **tout** ton argent	das ganze Buch dein ganzes Geld	**toute** la nuit **toute** une journée	die ganze Nacht einen ganzen Tag
pluriel	**tous** les films **tous** nos matchs	alle Filme alle unsere Spiele	**toutes** les équipes **toutes** ces BD	alle Mannschaften all diese Comics

Der indefinite Begleiter *tout* steht vor dem Nomen, zusammen mit einem weiteren Begleiter (z. B. einem bestimmten oder unbestimmten Artikel, einem Possessiv- oder Demonstrativbegleiter).

EX 1.1

Wilma a répondu à un questionnaire sur l'utilisation du smartphone. Reformulez en français les informations que Wilma a données.

Exemple : 1. Tous les élèves de sa classe ont un smartphone.

1. Wie viele Schüler/innen deiner Klasse haben ein Smartphone? — alle Schüler/innen
2. Von wem aus deiner Klasse hast du die Telefonnummer? — von allen Mädchen
3. Wie oft schaust du auf dein Smartphone? — die ganze Zeit
4. Nutzt du eine oder mehrere Nachrichten-Apps[1]? — mehrere Nachrichten-Apps
5. Nutzt du nur ein soziales Netzwerk oder verschiedene? — verschiedene soziale Netzwerke
6. Wie oft schaust du dir deine Bildschirmzeit[2] an? — jede Woche
7. Wie viele Personen kennen deinen Code[3]? — einige Personen
8. Wofür brauchst du noch einen Computer? — für gewisse Dinge (z. B. Hausaufgaben)

1 **eine Nachrichten-App** une appli de messagerie 2 **die Bildschirmzeit** le temps d'écran 3 **der Code** le code

Solutions des exercices ▶ webcode, p. 1

EX 1.2 **Complétez le témoignage de Rosalie par *chaque, chacun/e* ou *tous/toutes*.**

J'ai un compte sur 1 des grands réseaux sociaux. Avant, je partageais 2 mes mots de passe avec 3 de mes amies. Un jour, j'ai remarqué que je ne recevais plus 4 les notifications. Bizarre... En plus, j'avais l'impression qu'une de mes amies connaissait 5 détail de ma vie. Du coup, j'ai changé mes mots de passe. Pour 6 compte, j'en ai créé un différent. 7 de ces mots de passe a plus de 12 caractères (de 8 les sortes : lettres, chiffres et caractères spéciaux) et 9 caractère est différent. Mon conseil à 10 et à 11 : ne partagez jamais vos mots de passe ! Et changez-les à 12 fois que vous remarquez un truc bizarre.

2 Die Personal-, Objekt- und Reflexivpronomen | Les pronoms personnels, objets et réfléchis

G 3.1–5
▶ p. 59/7a

Elles n'ont rien compris.	verbundenes Personalpronomen	*pronom personnel conjoint*
J'aimerais discuter avec **eux**.	unverbundenes Personalpronomen	*pronom personnel disjoint*
Je ne **t'**ai pas oublié.	direktes Objektpronomen	*pronom objet direct*
Pourquoi tu ne **leur** as rien dit ?	indirektes Objektpronomen	*pronom objet indirect*
Est-ce que tu **te** souviens de lui ?	Reflexivpronomen	*pronom réfléchi*

verbundene Personalpronomen	unverbundene Personalpronomen	direkte Objektpronomen	indirekte Objektpronomen	Reflexivpronomen
je	moi	me	me	me
tu	toi	te	te	te
il	lui	le	lui	se
elle	elle	la	lui	se
nous	nous	nous	nous	nous
vous	vous	vous	vous	vous
ils	eux	les	leur	se
elles	elles	les	leur	se

– Est-ce que tu penses souvent à tes grands-parents ? – Oui, parce que je **les** aime.
– Pourquoi Sélim part-il au Québec ? – Parce qu'il **le** veut.
– Est-ce que Marius a menti à Leïla ? – Non, il ne **lui** a pas menti.

Die direkten Objektpronomen ersetzen direkte Objekte, also Objekte, die direkt, d.h. ohne Präposition an das Verb angeschlossen werden (z. B. *aimer qc/qn*). Wie das deutsche „es" kann das Objektpronomen *le* auch ganze Sachverhalte ersetzen.
Die indirekten Objektpronomen ersetzen indirekte Personenobjekte, die mit der Präposition *à* an das Verb angeschlossen werden (z. B. *mentir à qn*).

EX 2.1 **Retrouvez les compléments qui sont remplacés par les pronoms objets. Parfois, il y a plusieurs possibilités.**

1. Nous le verrons demain.
2. Il lui parle pendant des heures.
3. Il aimerait la revoir.
4. Je leur fais confiance.
5. On ne les choisit pas.

a. notre frère
b. ses profs
c. à son frère
d. à ma copine
e. au cinéma
f. son amie Sarah
g. le film « Mes frères et moi »
h. les amis de ses amis
i. à mes parents
j. à la cantine

3 Das Pronomen *y* | Le pronom *y*

G 3.6

– Ton cousin habite toujours à Lyon ?	– Oui, il **y** habite toujours.	dort
– Tu vas en Algérie cet été ?	– Non, je n'**y** vais pas.	dorthin
– Tu as réfléchi à ton avenir ?	– Oui, j'**y** ai réfléchi.	darauf/daran/darüber

Das Pronomen *y* ersetzt:
1. Ortsangaben mit allen Präpositionen außer *de* (z. B. *à*, *chez*, *dans*, *en*, ...),
2. indirekte Sachobjekte mit *à* (z. B. *à ma proposition*).

Stellung der Pronomen im Satz ▶ p. 123/5

4 Das Pronomen *en* | Le pronom *en*

G 3.7

– Tu veux de l'eau ?	– Non merci, je n'**en** veux pas.	... nichts davon / keins ...
– Il a acheté des cartes postales ?	– Oui, il **en** a acheté huit.	... davon ...
– Vous avez beaucoup d'affaires ?	– Oui, nous **en** avons trop.	... davon ...
– Tu te souviens de notre journée à Nantes ?	– Oui, je m'**en** souviens !	... daran ...
– Elle a envie de prendre le bus ?	– Oui, elle **en** a envie.	... darauf ...
– Quand reviendront-ils de leur excursion ?	– Ils **en** reviendront à midi.	... davon ...

Das Pronomen *en* ersetzt:
1. Nomen mit Teilungsartikel (*du*, *de la*, *de l'*, *des*),
2. direkte Sachobjekte, vor denen ein Zahlwort oder ein unbestimmter Artikel steht (*un*, *une*, *des*),
3. Mengenangaben mit *de*,
4. indirekte Sachobjekte mit *de*,
5. Infinitivergänzungen mit *de*,
6. Ortsangaben mit *de*.

Stellung der Pronomen im Satz ▶ p. 123/5

! Je parle de Mathilde. → Je parle d'**elle**.

Indirekte Personenobjekte mit *de* werden nicht durch *en* ersetzt, sondern durch *de* mit dem unverbundenen Personalpronomen. ▶ p. 121/2

EX 4.1 **Retrouvez les compléments qui sont remplacés par les pronoms *y* et *en* (attention, les phrases doivent avoir un sens). Parfois, il y a plusieurs possibilités. De plus, il y a deux intrus. Indiquez-les et justifiez.**

1. Elle en a acheté hier.	a. aux voitures	f. de nos vacances
2. Elles y vont souvent.	b. des fraises	g. à Marie
3. Vous devez y faire attention.	c. à vos affaires	h. de Marie
4. Nous y pensons régulièrement.	d. en Bretagne	i. à nos vacances
5. Je m'en souviens parfois.	e. du coca	j. à Marseille

EX 4.2 **Formulez des questions à partir des verbes ci-dessous et posez-les à votre partenaire, qui répond en utilisant des pronoms objets et/ou les pronoms *y* et *en*.**

Exemple : – Tu vas inviter Maxime ? – Non, je ne vais pas l'inviter.

inviter qn • *s'intéresser* à qc • *parler* de qc • *parler* à qn • *offrir* qc à qn • *reconnaître qn/qc* • *manger* qc • *penser* à qc • *acheter* qc • *ranger* qc

Solutions des exercices ▶webcode, p. 1

5 Die Stellung der Pronomen im Satz | La place des pronoms dans la phrase

G 3.8

Il					**les**	adore.
Il					**leur**	a offert un jeu.
Il	ne	veut	pas		**en**	parler.
Il	ne	va	pas		**y**	participer.
Il		décide		de ne pas	**leur**	donner de conseils.
Il		a envie		de	**les**	observer.

Die Objektpronomen sowie die Pronomen *y* und *en* stehen vor dem konjugierten Verb, außer in Sätzen mit Infinitiv. Dort stehen diese Pronomen vor dem Infinitiv.

– Je **lui en** achète un.
– Tu **me** l'as dit mille fois.
– Je ne **leur en** ai pas parlé.
– Tu vas **le leur** donner demain ?
– Je ne peux pas **te** l'interdire.
– Il avait envie de **le lui** dire.

Wenn in einem Satz mehrere Pronomen vorkommen, folgen diese einer festen Reihenfolge:

me	le	lui	en
te	la	leur	y
se	les		
nous			
vous			

Ich kann es dir nicht sagen.

me	(le)	lui	en
(te)	la	leur	y
se	les		
nous			
vous			

Je ne peux pas **te le** dire.

EX 5.1 **Retrouvez l'ordre des mots dans les phrases en utilisant tous les mots donnés.**

1. Loïc • l' • avait • m' • d'un de ses amis • adresse • donné • qui vit à Montpellier
2. Malheureusement • je • la maison • n' • pas • ai • trouvé • tout de suite
3. J' • un jeune homme • demandé • à • ai • de • aider • m'
4. Il • la • a • maison • dans • m' • une petite rue • montré
5. C' • maison • est • une • vieille • ocre • terre • en

EX 5.2 **Traduisez les phrases suivantes en utilisant les verbes entre parenthèses. Pour traduire « es », utilisez *le*.**

1. Du hast es mir erlaubt! (*permettre qc à qn*) • 2. Ich habe es euch gesagt! (*dire qc à qn*) • 3. Sie fährt uns dorthin. (*conduire qc/qn*) • 4. Warum wollt ihr es uns nicht zeigen? (*montrer qc à qn*) • 5. Er schickt es euch. (*envoyer qc à qn*) • 6. Wir bringen es ihnen morgen mit. (*apporter qc à qn*) • 7. Ich gebe dir davon. (*donner qc à qn*) • 8. Ich kann nicht mit dir darüber reden. (*parler de qc à qn*)

6 Die Possessivpronomen | Les pronoms possessifs

G 3.12

Possessivbegleiter	Possessivpronomen	
– C'est mon stylo !	– Non, c'est **le mien**.	meiner, meine, meins
– C'est ta valise ?	– Non, c'est **la sienne**.	seiner, seine, seins / ihrer, ihre, ihrs

Das Possessivpronomen ersetzt ein Nomen mit Possessivbegleiter.

		je	tu	il/elle	nous	vous	ils/elles
singulier	♂	le mien	le tien	le sien	le nôtre	le vôtre	le leur
	♀	la mienne	la tienne	la sienne	la nôtre	la vôtre	la leur
pluriel	♂	les miens	les tiens	les siens	les nôtres	les vôtres	les leurs
	♀	les miennes	les tiennes	les siennes	les nôtres	les vôtres	les leurs

EX 6.1 **Remplacez les expressions soulignées par un pronom possessif.**

1. – Qu'est-ce que j'écris sur ma feuille ? – Je ne sais pas. Sur ma feuille, j'ai écrit « S.O.S. ».
2. – La salle de la 3e B est ouverte ? – Oui, mais notre salle est encore fermée.
3. – Je ne trouve plus mon portable. – Pas de problème, je te prête mon portable.
4. – Vous avez choisi le slogan de Yann ? – Oui, son slogan était le meilleur.
5. – Ce sont les affaires de Paula ? – Aucune idée. Mais en tout cas, ce ne sont pas mes affaires.
6. – Super, tu as retrouvé ton stylo ! – Mon stylo ? Mais non, c'est ton stylo.

7 Die Demonstrativpronomen | Les pronoms démonstratifs

G 3.11

Der Demonstrativbegleiter (*ce(t)*, *cette*, *ces*) steht bei einem Nomen.
Das Demonstrativpronomen (*celui*, *celle*, *ceux*, *celles*) steht anstelle eines Nomens.

– Tu prends le sandwich au jambon ou au fromage ? – **Celui** au fromage.
– Lise, c'est la fille qui fait du théâtre avec toi ? – Non, c'est **celle** qui m'aide pour les maths.
– Tu peux m'acheter des stylos, s'il te plaît ? – Oui, tu préfères **ceux-ci** ou **ceux-là** ?
– Ce sont tes nouvelles lunettes ? – Non, ce sont **celles** de mon frère.

	masculin	féminin
singulier	celui	celle
pluriel	ceux	celles

Das Demonstrativpronomen steht nie alleine, sondern:
- mit einem Relativsatz,
- mit einer Ergänzung (z. B. mit *de* oder *à*),
- mit *-ci* (= hier) oder *-là* (= da).

EX 7.1 **Reconstituez les phrases et dites de quoi il s'agit. Puis, rédigez des mini-dialogues à partir de ces phrases.**

1. Celle-ci	a. joue dans la série « Versailles » est très doué.
2. Celle que	b. participent au tournoi n'ont pas cours.
3. Ceux qui	c. pommes de terre a l'air bon.
4. Celui qui	d. ne sont vraiment pas chères.
5. Celui aux	e. notre classe sont les plus forts.
6. Celles-là	f. papier sont meilleurs pour l'environnement.
7. Ceux de	g. est très belle.
8. Ceux en	h. tu m'as donnée ne marche plus.

Solutions des exercices ▸ webcode, p. 1

EX 7.2

Vous connaissez la francophonie européenne ? Posez ces questions à votre partenaire, qui vous corrige en utilisant le pronom démonstratif qui convient. Puis, échangez les rôles. B ▶ p. 112

Exemple : – Le roi Philippe, c'est le roi des Luxembourgeois ? – Non, c'est celui des Belges.

Vos questions pour B :

1. Le mot « nonante », c'est le mot suisse pour dire « 80 » ?
2. Noir, jaune et rouge, ce sont les couleurs du Luxembourg ?
3. Berne, c'est la capitale de la Belgique ?
4. Les Bleus sont les champions du monde de foot de 2022 ?

Vos infos pour B :

- l'euro → beaucoup de pays de l'UE
- la Seine → Paris
- le chocolat et les frites → la Belgique
- le TGV → le plus vite

8 Infinitivsätze | Propositions infinitives

G 7.2.9
▶ p. 88/5

ZWECK / ABSICHT: *pour* + infinitif

Il faut beaucoup de temps **pour** tourner un film. — ... *um* einen Film zu drehen.

ART UND WEISE: *sans* + infinitif

Mattéo a traversé la route **sans** regarder. — ... *ohne* zu schauen.

VORZEITIGKEIT: *avant de* + infinitif

Avant de ranger sa chambre, Arad a fait ses devoirs. — *Bevor* er sein Zimmer aufgeräumt hat, ...
Lou retourne à l'hôtel **avant de** partir pour l'aéroport. — ..., *bevor* sie zum Flughafen fährt.

NACHZEITIGKEIT: *après* + infinitif passé (= *avoir/être* + participe passé)

Après avoir fait ses devoirs, Arad a rangé sa chambre. — *Nachdem* er seine Hausaufgaben gemacht hat, ...
Lou part pour l'aéroport **après** être retournée à l'hôtel. — ... *nachdem* sie zum Hotel zurückgegangen ist.

Nach den Präpositionen *pour*, *sans*, *avant de* und *après* können Infinitive stehen.
❗ Das ist nur möglich, wenn das Subjekt in Haupt- und Nebensatz dasselbe ist.

EX 8.1

Traduisez les phrases suivantes en français.

1. Wir haben auf dich gewartet, ohne zu meckern. • 2. Er ruft sie an, um ihr die Situation zu erklären. • 3. Wir haben meinen Geburtstag gefeiert, ohne die Nachbarn zu stören. • 4. Du bist gegangen, ohne an deinen Schlüssel zu denken. • 5. Ich mache einen Austausch, um unabhängiger zu werden.

EX 8.2

Faites des phrases en utilisant *avant de* + infinitif ou *après* + infinitif passé. Il y a plusieurs possibilités.

Exemple : 1. Avant de partir au Québec, Farid a dit au revoir à tout le monde. /
Après avoir dit au revoir à tout le monde, Farid est parti au Québec.

1. Farid : *dire* au revoir à tout le monde → *partir* au Québec
2. Céline : *se balader* sur la plage → *prendre* son petit-déjeuner
3. François et Romain : *découvrir* les Pyrénées → *aller* à Biarritz
4. Théo : *noter* ses impressions dans son journal → *se coucher*
5. Iris et Leïla : *marcher* pendant des heures → *arriver* au camping
6. Fouad : *faire* un tour dans la vieille ville → *retrouver* Julien à la gare

9 Verben und Ausdrücke mit Infinitivergänzungen | Expressions suivies de l'infinitif

G 17.3.5

Ma meilleure copine **commence**	**à**	m'énerver.
Mes parents m'**ont interdit**	**d'**	aller au concert.
Mon frère **déteste**	☒	ranger sa chambre.

Nach bestimmten Verben und Ausdrücken können Infinitivergänzungen stehen: mit *à*, mit *de* oder ohne Präposition ☒.
Verben und Ausdrücke mit Infinitivergänzungen
► Verbes, p. 148–149

► p. 16/4a

❗ Je **laisse** souvent gagner mon petit frère.
Mes parents ne me **laissent** pas inviter mes amis.
Ma mère m'a **laissé** choisir mon nouveau lit.

Mon père me **fait** souvent travailler dans le jardin.
Mes chats me **font** rire.
Ma sœur m'a **fait** croire que j'étais très malade.

Das Verb „lassen" kann im Deutschen zweierlei bedeuten: „etwas erlauben/zulassen" und „zu etwas bringen/zwingen/veranlassen".
Im Französischen gibt es dafür zwei unterschiedliche Ausdrücke: *laisser + infinitif* und *faire + infinitif*
Sie entsprechen den englischen Ausdrücken „to let somebody do something" (= *laisser + inf.*) und „to make somebody do something" (= *faire + inf.*).

EX 9.1

Complétez les phrases par *à*, *de* ou ☒ (= *rien*).

1. Les jeunes Français rêvent ? trouver leur place sur le marché de travail. • 2. Elles ont envie ? devenir indépendantes financièrement. • 3. Est-ce que vous savez ? travailler de manière autonome ? • 4. Je suis sûr qu'elle réussira ? fonder une entreprise. • 5. Alors c'est vrai, tu as décidé ? partir aux États-Unis ? • 6. Ses parents le laissent ? sortir tous les soirs. • 7. Ce stage lui permettra ? trouver un travail plus facilement. • 8. Tu peux m'aider ? chercher un stage, s'il te plaît ? • 9. Tu n'as pas besoin ? rentrer tout de suite. • 10. Cette année, nos profs nous font ? travailler plus que l'année dernière.

10 Das *gérondif* | Le gérondif

G 14.2
► p. 39/5–6
► p. 40/7b

1. Elle rêve **en faisant** ses devoirs. — ... *beim* Einkaufen / *während* sie einkauft.
2. Il a appris le français **en regardant** des séries françaises. — ..., *indem* er französische Serien geschaut hat.
3. **En prenant** le bus, on serait plus rapides. — *Wenn* wir den Bus nehmen würden, ...

Mit dem *gérondif* können ausgedrückt werden:
– die Gleichzeitigkeit von Handlungen oder Ereignissen (Satz 1)
– die Art und Weise, wie eine Handlung geschieht, bzw. das Mittel, durch das man etwas erreicht (Satz 2)
– Bedingungen oder Annahmen (Satz 3)
Das *gérondif* ist zeitlich neutral. Es kann in Verbindung mit allen Zeiten gebraucht werden.
❗ Das *gérondif* bezieht sich immer auf das Subjekt des Satzes.

	Stamm der 1. Pers. Pl. *indicatif présent*	Endung	*gérondif*
en +	nous fais~~ons~~	-ant	en faisant
	nous regard~~ons~~		en regardant
	nous attend~~ons~~		en attendant
	nous choisiss~~ons~~		en choisissant

Das *gérondif* ist unveränderlich.

❗ Drei Ausnahmen:
être → en étant
avoir → en ayant
savoir → en sachant

❗ Reflexive Verben behalten auch im *gérondif* ihre Reflexivpronomen: *en m'organisant, en t'organisant, en s'organisant...*

Solutions des exercices ► webcode, p. 1

EX 10.1

Complétez les phrases en utilisant le gérondif des verbes entre parenthèses.

1. ? (*choisir*) l'atelier théâtre, vous apprendriez à parler fort. • 2. ? (*réviser*) ses cours tous les jours, il pourrait faire des progrès en maths. • 3. ? (*dormir*) plus, tu serais de meilleure humeur. • 4. ? (*faire*) du baby-sitting plus souvent, elle gagnerait plus d'argent. • 5. ? (*se dépêcher*), j'arriverais à ranger ma chambre avant d'aller au basket. • 6. ? (*être*) plus sérieux en cours, ils auraient moins de devoirs.

11 Das *participe présent* | Le participe présent

G 14.1

1. Les enfants **ayant** / qui ont beaucoup de frères et sœurs sont souvent autonomes.
   ..., *die* viele Geschwister haben, ...

2. Ne **connaissant** / Comme il ne connaît personne ici, il sort peu.
   Da er hier niemanden kennt, ...

3. **Posant** son verre sur la table, / Elle a posé son verre sur la table, et au même moment, elle a commencé à me raconter son histoire.
   Während sie ihren Kaffee auf dem Tisch abstellte, ...

Das *participe présent* wird vor allem in der Schriftsprache verwendet. Es kann ersetzen:
- einen Relativsatz mit *qui* (Satz 1),
- einen Kausalsatz (mit dem ein Grund angegeben wird), z. B. mit *comme* oder *parce que* (Satz 2)
- eine Zeitangabe, die Gleichzeitigkeit ausdrückt (z. B. mit *au même moment, en même temps*) (Satz 3).

Das *participe présent* ist zeitlich neutral. Es kann in Verbindung mit allen Zeiten stehen.

gérondif		*participe présent*
~~en~~ faisant		faisant
~~en~~ regardant	→	regardant
~~en~~ attendant		attendant
~~en~~ choisissant		choisissant

Merke:
participe présent = *gérondif* ohne *en*
Bildung des *gérondif* ▶ p. 126/10

Das *participe présent* ist unveränderlich.

EX 11.1

Améliorez le style du flyer en utilisant le participe présent.

IDÉES POUR MIEUX VIVRE ENSEMBLE DANS NOTRE LYCÉE !

1. créer un café-atelier qui permet aux élèves de se retrouver et d'être créatifs ensemble
2. soutenir les élèves qui ont un handicap par un système de binômes[1]
3. organiser à chaque rentrée une soirée pour accueillir les nouveaux élèves qui viennent du collège et qui ne connaissent personne
4. créer un atelier pour les élèves qui veulent s'engager pour rendre notre lycée plus écologique
5. organiser des rencontres avec les personnes âgées qui habitent dans le quartier

1 **le binôme** das Zweierteam

12 Das *passé simple* | Le passé simple

G 10.4 G 15.9 Simone Veil **fut** une des personnalités politiques les plus importantes du 20e siècle en France. Elle **naquit** en 1927 et, étant juive, **fut déportée** avec sa famille dans le camp de concentration d'Auschwitz en 1944. Elle **survécut**, mais **perdit** ses parents et son frère. Elle **retourna** en France après la Seconde Guerre mondiale, **fit** des études de sciences politiques, puis **devint** ministre de la santé en 1974. C'est là qu'elle **lutta** pour l'indépendance des femmes et **rendit** possible une loi légalisant l'avortement, qu'on appelle aujourd'hui la « loi Veil ». De 1979 à 1982, on la **choisit** comme première présidente du Parlement européen. En 2008, elle **entra** à l'Académie française. Elle **mourut** en 2017 et **eut** l'honneur en 2018 d'entrer au Panthéon, le monument où reposent les Français les plus célèbres.

Das *passé simple* kommt fast nur im geschriebenen Französisch vor (z. B. in literarischen oder historischen Texten). Besonders die Formen der 3. Person Singular und Plural sollte man beim Lesen verstehen können, da diese am häufigsten auftreten. Da, wo es verwendet wird, hat das *passé simple* die gleiche Funktion wie das *passé composé* bei der Darstellung von vergangenen Ereignissen.

Verben auf *-er*				Verben auf *-re* und *-ir*			
	-ai	je	parl**ai**		-is	j'	attend**is**
	-as	tu	parl**as**	attend~~re~~	-is	tu	fin**is**
	-a	il/elle/on	parl**a**		-it	il/elle/on	part**it**
parl~~er~~	-âmes	nous	parl**âmes**	fin~~ir~~	-îmes	nous	attend**îmes**
	-âtes	vous	parl**âtes**	part~~ir~~	-îtes	vous	fin**îtes**
	-èrent	ils/elles	parl**èrent**		-irent	ils/elles	part**irent**

Die Formen des *passé simple* werden mit dem Infinitiv-Stamm gebildet.

! Die *passé simple*-Formen der meisten unregelmäßigen Verben enden auf *-us*, *-us*, *-ut*, *-ûmes*, *-ûtes*, *-urent*:

avoir	→ il **eut** [y]	plaire	→ il **plut**	s'asseoir	→ il s'**assit**
boire	→ il **but**	pleuvoir	→ il **plut**	se battre	→ il se **battit**
connaître	→ il **connut**	pouvoir	→ il **put**	construire	→ il **construisit**
courir	→ il **courut**	recevoir	→ il **reçut**	convaincre	→ il **convainquit**
croire	→ il **crut**	savoir	→ il **sut**	dire	→ il **dit**
devoir	→ il **dut**	vivre	→ il **vécut**	écrire	→ il **écrivit**
être	→ il **fut**	vouloir	→ il **voulut**	faire	→ il **fit**
falloir	→ il **fallut**			prendre	→ il **prit**
lire	→ il **lut**			suivre	→ il **suivit**
mourir	→ il **mourut**			venir	→ il **vint** / ils **vinrent**
				voir	→ il **vit**

EX 12.1 **Pour chacune de ces formes, trouvez l'infinitif correspondant, puis notez leur équivalent au passé composé.**

1. ils firent • 2. ils furent • 3. elle dut • 4. elles eurent • 5. elle répondit • 6. ils trouvèrent • 7. je vins • 8. elle offrit • 9. ils vécurent

EX 12.12 **« Il vint, il vit, il vainquit[1]. » Traduisez la phrase en allemand et retrouvez de qui on parle.**

1 **vaincre** siegen *wird wie* convaincre *konjugiert*

Solutions des exercices ▶webcode, p. 1

13 Der *subjonctif* | Le subjonctif

13.1 Gebrauch und Bildung des *subjonctif* | Emploi et formation du subjonctif

G 10.6
▶ p. 26/5–6
G 15.4
▶ p. 51/7a

Subjonctif-Auslöser | Les déclencheurs du subjonctif

Wunsch/Wille	Notwendigkeit	Gefühl	Bewertung
je voudrais que j'aimerais que je veux que je voulais que	il faut que il faudrait que il fallait que il est temps que	j'ai peur que j'ai envie que ça m'énerve que je regrette que je suis triste / content/e que	je trouve intéressant / bizarre que il est normal / important / possible que c'est dommage que

Der *subjonctif* wird nach bestimmten Verben und Ausdrücken verwendet, die:
1. einen Wunsch, einen Willen oder eine Notwendigkeit ausdrücken,
2. ein Gefühl ausdrücken oder etwas bewerten.

Im Deutschen gibt es keine Entsprechung zum *subjonctif*.

Bildung des *subjonctif*

Stamm der 3. Pers. Pl. *indicatif présent*	*subjonctif*-Endungen			Verben auf *-er*	Verben auf *-re*	Verben auf *-ir*
ils/elles travaill~~ent~~ ils/elles descend~~ent~~ ils/elles finiss~~ent~~	-e -es -e -ions -iez -ent	que/qu'	je tu il/elle/on nous vous ils/elles	travaille travailles travaille travaillions travailliez travaillent	descende descendes descende descendions descendiez descendent	finisse finisses finisse finissions finissiez finissent

Die *subjonctif*-Formen vieler Verben sind mit deren Indikativ-Formen identisch:
- 1. + 2. Person Plural *subjonctif* = Formen des *indicatif imparfait* (z. B. *que vous vendiez* ↔ *vous vendiez*)
- 3. Person Plural *subjonctif* = Form des *indicatif présent* (z. B. *qu'ils partent* ↔ *ils partent*)
- nur bei regelmäßigen Verben auf *-er*: 1.– 3. Person Singular *subjonctif* = Formen des *indicatif présent* (z. B. *que je parle, que tu parles, qu'il/elle/on parle* ↔ *je parle, tu parles, il/elle/on parle*)

❗ Einige sehr häufig benutzte Verben haben unregelmäßige *subjonctif*-Formen, z. B. *aller, avoir, être, faire, prendre, venir.* ▶ Pense-bête, p. 217

❗ Je pars. Elle est contente. → Elle est contente **que je parte**.
Je pars. Je suis contente. → Je suis contente **de partir**.

Der *subjonctif* wird nur verwendet, wenn die Subjekte in Haupt- und Nebensatz unterschiedlich sind.
Ist das Subjekt in Haupt- und Nebensatz dasselbe, verwendet man eine Infinitivergänzung.

EX 13.1.1

Formulez des objectifs[1] pour votre classe. Utilisez *je voudrais qu'on…*, *il faudrait qu'on…* et le subjonctif.

Exemple : Je voudrais qu'on travaille moins souvent en groupe.

1 **l'objectif** *m.* das Ziel

travailler plus/moins souvent en groupe	*ne plus venir* en cours en retard
avoir plus/moins de devoirs	*réussir* tous notre année
faire plus/moins d'interros	*partir* en voyage de classe à __
être plus/moins sérieux en cours	*s'entendre* mieux avec __

EX 13.1.2

a **Trouvez des adjectifs et des expressions qui expriment un sentiment (*Gefühl*) ou un jugement (*Bewertung*). À partir de ces adjectifs et de ces expressions, formulez d'autres déclencheurs du subjonctif et complétez la liste, p. 129.** ► Dictionnaire

Exemple : je trouve génial que / ça m'énerve que / …

b **Reformulez ces affirmations en exprimant un sentiment ou un jugement. Utilisez le subjonctif.**

Exemple : 1. Ça m'énerve que mes parents veuillent toujours que je garde ma petite sœur.

1. Mes parents veulent toujours que je garde ma petite soeur.
2. Tu vas mieux.
3. Mon frère a tous les droits et moi, pas du tout !
4. Je ne peux pas venir à la fête de l'école.
5. Ma meilleure amie et moi, on fait tout ensemble.
6. Ma sœur prend mes affaires sans me demander.
7. Ma mère sait m'écouter quand je lui confie mes problèmes.
8. Tu es la seule personne qui m'accepte comme je suis.

EX 13.1.3

🔊 **Écoutez la chanson « Faux amis » et retrouvez les 14 formes différentes du subjonctif qu'on y entend. Puis, pour chaque forme, notez l'infinitif correspondant.**

13.2 Der *subjonctif* nach Konjunktionen | Les conjonctions suivies du subjonctif

► p. 91/6

Hafsia travaille bien au lycée **pour que** ses parents soient fiers d'elle.	…, *damit* ihre Eltern stolz auf sie sind.
Bien qu'elle ait de super notes, ses parents n'encouragent que ses frères.	*Obwohl* sie sehr gute Noten hat, …
À 16 ans, Hafsia part chez sa tante **sans que** ses parents le veuillent.	…, *ohne* dass ihre Eltern es wollen.
Mais **avant qu'**elle parte, son père lui offre une médaille pour la protéger.	*Bevor* sie weggegangen ist, …
Hafsia va rester chez sa tante **jusqu'à ce qu'**elle réussisse son bac.	…, *bis* sie ihr Abitur schafft.
Pourvu que tout aille bien !	*Wenn nur* alles gut geht!

Nach den Konjunktionen *pour que, bien que, sans que, avant que, jusqu'à ce que* und *pourvu que* steht der *subjonctif*.
❗ Nach den Konjunktionen *parce que, alors que* und *après que* steht der Indikativ.

Solutions des exercices ►webcode, p. 1

13.3 *Subjonctif* oder Indikativ? | Subjonctif ou indicatif?

G 15.15
▶ p. 26/5–6

Bejahter Satz → *indicatif*	Verneinter Satz → *subjonctif*
Je trouve qu'ils savent bien danser. **Je pense que** c'est une bonne idée. **Je crois que** ta sœur a des problèmes. **Je suis sûr/e qu'**elle veut te parler. **J'ai l'impression que** vous m'écoutez.	**Je ne trouve pas qu'**ils sachent bien danser. **Je ne pense pas que** ce soit une bonne idée. **Je ne crois pas que** ta sœur ait des problèmes. **Je ne suis pas sûr/e qu'**elle veuille te parler. **Je n'ai pas l'impression que** vous m'écoutiez.

Nach einigen Verben und Ausdrücken des Denkens/Meinens wird nur dann der *subjonctif* verwendet, wenn sie verneint sind.

❗ Nach *espérer que* und *dire que* steht immer der Indikativ.

❗ Nach *trouver* + Adjektiv + *que* steht immer der *subjonctif*. ▶ p. 129/13.1

14 Das Partizip Perfekt | Le participe passé

▶ p. 19/7c
▶ p. 47/5b
▶ p. 68/6b

Tu as **fait** les courses ?
Ils étaient fatigués parce qu'ils avaient **marché** toute la journée.
À ta place, j'aurais **répondu** tout de suite.
La candidate a été **choisie** par le jury.

Zur Bildung des *passé composé*, des *plus-que-parfait*, des *conditionnel passé* und aller Zeiten des Passivs braucht man das Partizip Perfekt (*participe passé*).

Verben auf *-er*	Verben auf *-re*	Verben auf *-ir*
parl~~er~~ + é → parlé	attend~~re~~ + u → attendu	part~~ir~~ + i → parti

Das *participe passé* wird mit dem Infinitiv-Stamm gebildet.

❗ Ausnahmen:

avoir → eu [y]
s'asseoir → assis
boire → bu
conclure → conclu
conduire → conduit
connaître → connu
▶ reconnaître
construire → construit
convaincre → convaincu
courir → couru
croire → cru
décevoir → déçu
devoir → dû
dire → dit
▶ interdire
écrire → écrit
▶ décrire
être → été

exclure → exclu
faire → fait
falloir → fallu
lire → lu
mettre → mis
▶ permettre, promettre,transmettre
mourir → mort
offrir → offert
ouvrir → ouvert
▶ découvrir
paraître → paru
▶ apparaître, disparaître
se plaindre → plaint
▶ craindre, éteindre, rejoindre
plaire → plu
pleuvoir → plu
pouvoir → pu
prendre → pris
▶ apprendre, comprendre, surprendre

produire → produit
recevoir → reçu
rire → ri
▶ sourire
savoir → su
séduire → séduit
souffrir → souffert
suffire → suffi
suivre → suivi
se taire → tu
tenir → tenu
▶ appartenir, soutenir, se souvenir
traduire → traduit
venir → venu
▶ devenir, prévenir
vivre → vécu
voir → vu
vouloir → voulu

EX 14.1

Complétez le récit de voyage d'Alexis par les participes passés des verbes entre parenthèses.

Pendant les vacances, j'ai (*faire*) un tour d'Europe avec deux amis. Comme moyen de transport, on a (*choisir*) « InterRail » et on ne l'a pas (*regretter*) ! On est (*passer*) par l'Italie, l'Autriche, la Slovénie et la Croatie. On a (*découvrir*) des villes extraordinaires comme Rome ou Ljubljana. On a (*prendre*) des trains de toutes les sortes, on y a souvent (*dormir*) et on n'a pas (*avoir*) de problèmes – sauf une fois en Italie : à cause d'une grève, on a (*devoir*) faire le voyage de Naples à Barletta en bus et on a (*mettre*) 10 heures pour faire 200 kilomètres ! J'ai (*adorer*) l'ambiance du voyage et de tous ces endroits (par contre, les magasins sont partout les mêmes : H&M, Zara, etc.). Bref, ce voyage a (*être*) une super expérience : j'ai (*rencontrer*) des gens super, j'ai (*parler*) anglais – enfin... j'ai (*essayer*) – et j'ai (*apprendre*) plein de choses sur l'Histoire européenne. Même les moments difficiles étaient sympas : une fois, on a (*vouloir*) prendre le train, il n'est pas (*venir*), on l'a (*attendre*) pendant quatre heures et on a (*croire*) qu'il ne viendrait jamais. À la fin, on a (*devoir*) rentrer un peu plus tôt parce qu'on n'avait plus d'argent, mais on a (*voir*) et (*vivre*) plein de choses géniales ! Et après six semaines sur les rails, j'étais quand même content de rentrer à la maison !

EX 14.2

Complétez le texte. Utilisez le plus-que-parfait.

Quand samedi matin je suis arrivé chez Julie super tôt, comme on (*dire*), elle (*ne rien préparer*) : le réveil (*sonner*), mais elle (*rester*) au lit, elle (*ne pas acheter*) les billets de train, elle (*ne pas faire*) son sac, elle (*ne pas prendre*) son petit-déjeuner. Et pourquoi ? Parce qu'elle (*regarder*) des séries toute la nuit !
Résultat : on est partis avec trois heures de retard !

15 Die Angleichung des Partizip Perfekt nach *avoir* | L'accord du participe passé après *avoir*

G 11.2

		direktes Objekt		Verb
1. – Tu as mis **tes clés** sur la table ?	– Non, je	les		ai mises dans mon sac.
2. – Tu as vu **Carla** ce matin ?	– Non, je ne	l'		ai pas vue.
3. Souleymane a écrit **des textes**.	Les textes	qu'	il	a écrits sont très beaux.
4. Yann construit **des étagères**.	Les étagères	que	Yann	a construites sont super.
5. – J'ai dû choisir entre **deux guitares**.	– Et	quelle guitare		as-tu choisie ?
6. – J'ai acheté **des albums**.	–	Combien d'albums		as-tu achetés ?

Wenn das direkte Objekt vor dem Verb steht, ist das Partizip Perfekt im *passé composé* und im *plus-que-parfait* auch mit *avoir* veränderlich. Es wird dann dem direkten Objekt angeglichen (nicht dem Subjekt!).
Ein direktes Objekt kann nur in drei Fällen vor dem Verb stehen:
– als direktes Objektpronomen (Sätze 1 + 2),
– als Relativpronomen *que* (Sätze 3 + 4),
– als Nomen mit *quel* oder *combien de* in Fragesätzen (Sätze 5 + 6).
Bei Partizipien, die auf Konsonant enden, ist die Angleichung hörbar (Sätze 1 + 4).

EX 15.1

Combinez les phrases à l'aide du pronom relatif *que*. Soulignez les participes passés où on entend l'accord.

Exemple : 1. J'ai relu des messages. Bastien m'avait envoyé ces messages.
→ J'ai relu les messages que Bastien m'avait envoyés.

1. J'ai relu des messages. Bastien m'avait envoyé ces messages. • 2. Bintou joue des chansons. Son oncle lui a appris ces chansons. • 3. Abel aime cette lampe. Sa grand-mère lui a offert cette lampe. • 4. Driss a acheté des lunettes. Nous avions vu ces lunettes le week-end dernier. • 5. Célia adore ces photos. Sa meilleure amie a fait ces photos. • 6. Paul a retrouvé un cahier. Il avait perdu ce cahier.

Solutions des exercices ▶webcode, p. 1

EX 15.2 **Complétez les phrases suivantes par la forme du participe passé qui convient. Soulignez les participes passés où on entend l'accord.**

1. J'ai adoré la présentation que tu as (*faire*) la semaine dernière.
2. – J'ai besoin de mes rollers, rends-les-moi, s'il te plaît. – Mais je te les ai (*rendre*) tout à l'heure !
3. J'ai lu la BD que tu m'as (*prêter*). Elle est géniale !
4. Il était triste à cause des choses que tu lui as (*dire*).
5. Elle a (*oublier*) son livre à la maison.
6. Tu as encore (*perdre*) ta veste ? – Non, je ne l'ai pas (*perdre*), je l'ai (*mettre*) là, sur la chaise !
7. Il a utilisé des mots que je n'ai pas (*comprendre*).
8. Ils ont (*garder*) un très bon souvenir de leur voyage en Belgique.

16 Das *conditionnel passé* | Le conditionnel passé

G 11.7 À ta place, je **serais rentrée** plus tôt. — An deiner Stelle wäre ich früher nach Hause gegangen.
G 15.13 Tu **aurais pu** l'appeler. — Du hättest ihn/sie anrufen können.
Il n'**aurait** jamais **fait** ça ! — Er hätte das nie gemacht!

Das *conditionnel passé* wird z. B. verwendet, um über vergangene Ereignisse nachzudenken (was jemand getan hätte, hätte tun können oder sollen).

	Hilfsverb *avoir*	Partizip Perfekt		Hilfsverb *être*	Partizip Perfekt
j'	aurais	choisi	je	serais	parti(e)
tu	aurais	choisi	tu	serais	parti(e)
il/elle/on	aurait	choisi	il/elle/on	serait	parti(e)
nous	aurions	choisi	nous	serions	parti(e)s
vous	auriez	choisi	vous	seriez	parti(e)s
ils/elles	auraient	choisi	ils/elles	seraient	parti(e)s

Das *conditionnel passé* wird gebildet mit einem Hilfsverb (*avoir* oder *être*) im *conditionnel présent* und einem Partizip Perfekt. Das Partizip Perfekt ▶ p. 131/14
Nach dem Hilfsverb *être* wird das Partizip Perfekt an das Subjekt angeglichen.

EX 16.1 **Complétez les phrases par le conditionnel passé des verbes entre parenthèses.**

1. Vous (*devoir*) venir ! 2. À ta place, je (*ne rien dire*) à mes parents. 3. Vous (*pouvoir*) vous dépêcher un peu. 4. À ta place, je (*ne pas aller*) seul à la fête de Jamal. Je (*rester*) à la maison. 5. Je (*savoir*) faire l'exercice sans problème. 6. À leur place, je (*s'amuser*) et je (*être*) super contente. 7. À sa place, je (*refuser*). 8. Je suis sûre qu'ils (*venir*) te chercher à la gare. 9. À ta place, je (*avoir*) peur ! 10. Qu'est-ce que tu (*faire*) à ma place ?

EX 16.2 **Complétez le portrait fictif de Molière. Utilisez le conditionnel passé.**

Si au lieu de vivre au 17e siècle, le grand Molière avait vécu au 21e siècle, il (*partir*) en voyage, il (*aller*) aux quatre coins du monde et il (*observer*) les gens, leurs habitudes et leurs points faibles. Il (*écrire*) des pièces de théâtre sur le travail ou sur la religion et ces pièces (*être*) à la fois drôles et critiques. Mais peut-être aussi qu'il (*choisir*) de faire du cinéma, ou même d'être Youtubeur, qui sait ? Il (*faire*) des blagues en ligne qui (*avoir*) un succès fou. Il (*se moquer*) des publicités, des gens accros à leur portable, des puissants – bref, de tout le monde. Et tout le monde en (*rire*). Molière, quoi !

Molière (1622–1673)

17 Der Bedingungssatz | La phrase conditionnelle

G 20.1–2
► p. 19/7–8

si-Satz (= Bedingung)	Hauptsatz	Erfüllung der Bedingung?
1. S'il **court** un peu plus vite, présent	il **gagnera** / il **peut** gagner. futur simple / présent	möglich <u>oder</u> wahrscheinlich
2. S'il **courait** un peu plus vite, imparfait	il **pourrait** encore gagner. conditionnel présent	unmöglich <u>oder</u> möglich, aber unwahrscheinlich
3. S'il **avait couru** un peu plus vite, plus-que-parfait	il **aurait pu** gagner. conditionnel passé	unmöglich, da vergangen

Es gibt drei Arten von Bedingungssätzen im Französischen:
1. den realen Bedingungssatz (*la condition réelle*)
2. den irrealen Bedingungssatz im Präsens (*la condition irréelle du présent*)
3. den irrealen Bedingungssatz in der Vergangenheit (*la condition irréelle du passé*)

Von der Art des Bedingungssatzes hängt ab, welche Verbformen im *si*-Satz und im Hauptsatz stehen.
! Im *si*-Satz steht <u>nie</u> *futur simple* oder *conditionnel*.

If you **sleep** more, you **will be** less tired.	Si tu <u>dors</u> plus, tu <u>seras</u> moins fatigué.
If you **slept** more, you **would be** less tired.	Si tu <u>dormais</u> plus, tu <u>serais</u> moins fatigué.
If you **had slept** more, you **would have been** less tired.	Si tu <u>avais dormi</u> plus, tu <u>aurais été</u> moins fatigué.

Die französischen Bedingungssätze entsprechen den *if-clauses* im Englischen.

EX 17.1 **« Si j'étais libre de faire ce que je veux… » Imaginez et rédigez un paragraphe sur ce qui se passerait. Utilisez le conditionnel présent.** ► Pense-bête, p. 217

EX 17.2 **Traduisez ces phrases en français. Utilisez le conditionnel passé ou la condition irréelle.**
► p. 133/16 + p. 132/ex 14.2

1. Wenn er fünf Minuten früher losgegangen wäre, hätte er den Bus nicht verpasst.
2. Wenn ich Geld gehabt hätte, wäre ich mit euch ins Kino gegangen.
3. An deiner Stelle hätte ich diesen Sommer ein Praktikum gemacht.
4. Wenn du nicht zu spät nach Hause gekommen wärest, wären deine Eltern nicht sauer gewesen.
5. Wenn ihre Eltern „ja" gesagt hätten, wäre sie mit ihren Freunden in die Ferien gefahren.
6. An seiner Stelle hätte ich Martha nicht vertraut.
7. Wenn wir nicht auf dieses Konzert gegangen wären, hätte ich diese Band nie entdeckt.
8. Sie hätte Ärztin werden können, wenn sie gewollt hätte.

EX 17.3 **Regardez le symbole et formulez la phrase conditionnelle correspondante.**

Exemple : 1. Si elle n'avait pas oublié son pull, elle n'aurait pas été malade.

1. Si elle (*ne pas oublier*) son pull, elle (*ne pas être*) malade.
2. Si tu (*être*) un animal, tu (*être*) un lion.
3. Si tu (*répondre*) à son message, il (*se sentir*) mieux.
4. Si on (*partir*) à 6 h, on (*arriver*) à Marseille avant midi.
5. S'il (*faire*) plus souvent ses devoirs, il (*pouvoir*) avoir de très bonnes notes.
6. Si je (*savoir*), je (*choisir*) un autre film.
7. Tu (*réagir*) autrement si tu l'(*aimer*).

Solutions des exercices ► webcode, p. 1

18 Das Passiv | Le passif

G 13.1
▶ p. 48/6
▶ p. 68/6a + b

Aktiv: 

Subjekt | | direktes Objekt
Le bruit **dérange** la voisine. 

Passiv: 

La voisine **est dérangé**e par le bruit. 

Subjekt | | „Urheber“

Das Passiv eines Verbs wird gebildet mit einer konjugierten Form des Hilfsverbs *être* und dem Partizip Perfekt des Verbs. Das Partizip Perfekt wird an das Subjekt angeglichen. Das Partizip Perfekt ▶ p. 131/14
Der „Urheber“ der Handlung, sofern er genannt wird, wird mit der Präposition *par* angeschlossen.

		Aktiv		Passiv			
présent		on **organise**	l'atelier		l'atelier **est**	**organisé**	... wird organisiert.
imparfait		on **organisait**	l'atelier		l'atelier **était**	**organisé**	... wurde organisiert.
passé composé		on **a organisé**	l'atelier		l'atelier **a été**	**organisé**	... ist organisiert worden.
futur simple		on **organisera**	l'atelier		l'atelier **sera**	**organisé**	... wird organisiert werden.
subjonctif	qu'	on **organise**	l'atelier	que	l'atelier **soit**	**organisé**	... organisiert wird.
conditionnel		on **organiserait**	l'atelier		l'atelier **serait**	**organisé**	... würde organisiert.

Wie im Aktiv gibt es auch im Passiv verschiedene Zeiten und Modi.

EX 18.1

Reformulez les phrases suivantes en utilisant le passif.

1. Lahcen Ahansal a gagné neuf fois le Marathon des Sables.
2. Souvent, les coureurs soutiennent des organisations d'aide humanitaire.
3. L'organisation « Solidarité Marathon des Sables » a construit un centre sportif dans la région.
4. Est-ce qu'on invitera les meilleurs coureurs au prochain Marathon des Sables ?
5. Beaucoup de gens critiquent le Marathon des Sables.

19 Die Möglichkeiten zur Wiedergabe des deutschen Passivs im Französischen | Les expressions actives de sens passif

G 13.1

1. In Marokko wird auch Französisch gesprochen.	Au Maroc, **on parle** aussi français.
2. Im Sommer wird mehr getrunken als im Winter.	**On boit** plus en été qu'en hiver.
3. Arabisch wird von rechts nach links gelesen.	L'arabe **se lit** de droite à gauche.
4. „Köln“ wird mit „k“ geschrieben.	« Cologne », ça **s'écrit** avec un « c ».

Ist der „Urheber“ der Handlung nicht bekannt oder nicht angegeben, verwendet man anstelle eines Passivsatzes:
– die Wendung „*on* + Verb“ (Sätze 1 + 2) oder
– einen Aktivsatz mit einem reflexiven Verb (Sätze 3 + 4). ▶ Liste des mots, p. 199

20 Die Verneinung | La négation avec *ne... pas, ne... plus, ne... rien, ne... jamais*

G 13.1–2

	Subjekt		Objekt-pronomen	konjugiertes Verb			Objekt-pronomen	Partizip Perfekt oder Infinitiv	Ergänzung
einfache Zeiten	Il	ne		regarde	pas				le film.
(z. B. *présent*)	Il	ne	le	regarde	pas.				
zusammengesetzte	Il	n'		a	pas			regardé	le film.
Zeiten (z. B. *passé*	Il	ne	l'	a	pas			regardé.	
composé oder									
futur composé)	Il	ne		va	pas			regarder	le film.
und Verben mit	Il	n'		arrive	pas	à		regarder	le film.
Infinitivergänzungen	Il	ne		veut	pas		le	regarder.	

Bei der Verneinung mit *ne... pas* („nicht"), *ne... pas de* („kein/e"), *ne... pas encore* („noch nicht"), *ne... plus* („nicht mehr"), *ne... plus rien* („nichts mehr"), *ne... rien* („nichts") und *ne... jamais* („nie/niemals") umschließen die Verneinungswörter das konjugierte Verb.

21 Die Verneinung mit *ne... personne* | La négation avec *ne... personne*

G 13.2

	Subjekt		Objekt-pronomen	konjugiertes Verb		Objekt-pronomen	Partizip Perfekt oder Infinitiv		
einfache Zeiten	Il	ne		voit	personne.				
(z. B. *présent*)	Il	n'	en	parlera à	personne.				
zusammengesetzte	Il	n'		a			vu		personne.
Zeiten & Verben mit	Il	n'	en	a			parlé	à	personne.
Infinitivergänzungen	Il	ne		va		en	parler	à	personne.

- In den einfachen Zeiten verhält sich die Verneinung mit *ne... personne* („niemanden/niemandem") wie die Verneinung mit *ne... pas*: Die Verneinungswörter *ne* und *personne* umschließen das konjugierte Verb.
- In den zusammengesetzten Zeiten (z. B. *passé composé* oder *futur composé*) oder bei Verben mit Infinitiv-ergänzungen (▶ p. 126/9) steht *personne* hinter dem Partizip Perfekt bzw. hinter dem Infinitiv.

22 Die Verneinung mit *personne ne* und *rien ne* | La négation avec *personne ne* et *rien ne*

G 23.2

Subjekt	Objekt-pronomen	konjugiertes Verb	Objekt-pronomen	Partizip Perfekt oder Infinitiv
Rien ne	le	surprend.		
Rien ne		peut	le	surprendre.
Rien ne	l'	a		surpris.
Personne ne	le	comprend.		
Personne ne		peut	le	comprendre.
Personne ne	l'	a		compris.

Personne ne („niemand") und *rien ne* („nichts") sind immer Subjekt des Verneinungssatzes und untrennbar.
Nach *personne ne* und *rien ne* steht das Verb in der 3. Person Singular.

Solutions des exercices ▶ webcode, p. 1

EX 22.1 **Dites-le en français.**

1. Nichts macht ihr Angst. • 2. Niemand hindert dich daran, zu studieren. • 3. Nichts interessiert dich.

23 Die Verneinung mit *ne... aucun/e* | La négation avec *ne... aucun/e*

G 23.2

– Tu as une idée ?	– Non, je **n'**ai **aucune** idée.	(gar) keine Idee / Ahnung
– Tu as fait les exercices ?	– Non, je **n'**ai fait **aucun** exercice.	(gar) keine Übung / Aufgabe
– J'ai fait des fautes ?	– Non, tu **n'**as fait **aucune** faute.	(gar) keinen Fehler

Bei der Verneinung mit *ne... aucun/e* steht *ne* vor dem konjugierten Verb und *aucun/e* vor dem Nomen, das verneint werden soll. *Aucun/e* wird an dieses Nomen angeglichen.
❗ *Ne... aucun/e* wird im Deutschen mit „(gar) kein/e" oder „kein/e einzige/r" übersetzt und hat dementsprechend keine Pluralformen.

EX 23.1 **Répondez à ces questions en suivant l'exemple. Utilisez *ne... aucun/e*.**

Exemple : 1. – Il a fait des progrès ? – Non, il n'a fait aucun progrès.

1. Il a fait des progrès ? • 2. Il y a un problème ? • 3. Est-ce qu'ils ont des arguments ? • 4. Est-ce qu'elle a une chance de gagner ? • 5. Il a fait un commentaire ? • 6. Elles ont apporté des boissons ?

24 Die Verneinung mit *ne... ni... ni...* und *ni... ni... ne...* | La négation avec *ne... ni... ni...* et *ni... ni... ne...*

G 23.4
▶ p. 72/6

1. Les parents de Louna **ne** sont **ni** riches **ni** pauvres.
2. Il y a des adultes qui **ne** savent **ni** lire **ni** écrire.
3. Nous **n'**avons parlé **ni** à Yassin **ni** à Aziz.
4. Je **ne** veux aller **ni** au terrain de foot **ni** chez moi.
5. Je **n'**aime **ni** les devoirs **ni** les contrôles.
6. **Ni** Agathe **ni** Charlotte **ne** sont passées hier.
7. **Ni** les sciences **ni** la technologie **ne** m'intéressent.

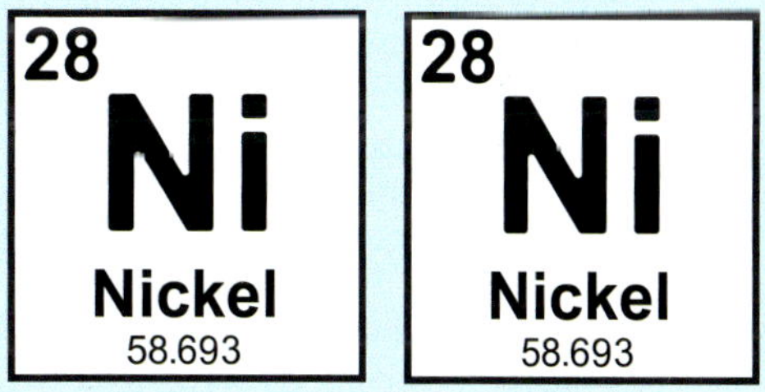

Mit *ne... ni... ni...* kann man mehrere Ergänzungen verneinen (Sätze 1–5), mit *ni... ni... ne...* mehrere Subjekte (Sätze 6 + 7). Beide entsprechen dem deutschen „weder ... noch ...". Dabei steht *ne* vor dem konjugierten Verb und *ni* vor jedem Satzteil, das verneint werden soll.
❗ Nach dem Verb steht kein *pas*.
❗ *Ni* wird nie apostrophiert.

EX 24.1 **Traduisez les phrases 1 à 7 en allemand. Puis, comparez les phrases françaises et allemandes et indiquez la différence entre la négation avec *ni... ni...* en français et la négation avec *weder ... noch ...* en allemand.**

EX 24.2 **Répondez aux questions par la négation. Utilisez *ne... ni... ni...* et *ni... ni... ne...***

1. Est-ce que ce roman est intéressant ou ennuyeux ?
2. Est-ce que tu parles polonais ou luxembourgeois ?
3. Est-ce que tu vas à Paris ou à Bordeaux ?
4. Est-ce que tu aimes les olives et les dattes ?
5. Est-ce que ton meilleur ami et toi, vous voulez devenir médecin ?

25 Die Einschränkung mit *ne... que* | La restriction avec *ne... que*

G 23.3

Die Einschränkung mit *ne... que* kann sich sowohl auf Mengen („nur") als auch auf Zeit („erst") beziehen. *Ne* steht dabei vor dem konjugierten Verb und *que* vor dem Satzteil, auf den es sich bezieht.

26 Die Frage mit *lequel* | L'interrogation avec *lequel*

G 3.13
▶ p. 23/4

- On a volé un tableau ! – **Lequel** ?
- J'ai trouvé des objets. – **Lesquels** ?
- Il a observé une vieille dame. – **Laquelle** ?
- Nous avons fermé les portes. – **Lesquelles** ?

Merke:

lequel	=	le	+ quel
lesquels	=	les	+ quels
laquelle	=	la	+ quelle
lesquelles	=	les	+ quelles

Der Fragebegleiter *quel* steht bei einem Nomen. Das Fragepronomen *lequel* steht anstelle eines Nomens. Im Deutschen werden beide mit „welcher/welche/welches" übersetzt.

EX 26.1

Complétez les phrases par les bonnes formes du pronom interrogatif *lequel*.

1. – Regarde, j'ai acheté plusieurs BD. – Cool ! ? ?
2. J'ai pris un sandwich au jambon et un sandwich au fromage. ? tu veux ?
3. – Je n'aime qu'une seule chanson de Louane. – Ah bon, et ? ?
4. Est-ce que tu as des meilleurs amis et si oui, ? ?
5. Avec ? de tes cousins tu t'entends le mieux ?

27 Die absolute Frage | L'interrogation absolue

G 18.4

Les jeunes Français ont-**ils** peur de l'avenir ?

La nature rend-**elle** heureux ?

Quand **l'Union européenne** interdira-t-**elle** le plastique ?

Comment **le monde du travail** a-t-**il** changé en 100 ans ?

Die absolute Frage ist eine Variante der Inversionsfrage. Sie wird nur verwendet, wenn das Subjekt des Fragesatzes ein Nomen (und kein Pronomen) ist.

Merke:
Wenn zwei Vokale aufeinandertreffen:
Léo mange-**t**-il ? Ada mange-**t**-elle ?

EX 27.1

Lisez les questions ci-dessus, puis reformulez-les en utilisant l'interrogation avec *est-ce que*.

Solutions des exercices ▶ webcode, p. 1

28 Die Infinitivfrage | L'interrogation à l'infinitif

G 18.5

Que **faire** ?	Was tun?
Où **aller** ?	Wohin soll(te) ich / soll(t)en wir gehen?
Qui **inviter** ?	Wen soll(te) ich / soll(t)en wir einladen?
Quel chemin **prendre** ?	Welchen Weg soll(te) ich / soll(t)en wir nehmen?
À qui **demander** conseil ?	Wen um Rat fragen? / Wen soll(te) ich / soll(t)en wir um Rat fragen?
Lequel **choisir** ?	Welche/n soll(te) ich / soll(t)en wir auswählen?

Anstatt eine Frage mit *pouvoir, devoir* oder *il faut* zu stellen (z. B. *Où est-ce qu'il faut aller ?*), kann man mit Fragewörtern und Infinitiven verkürzte Fragen bilden (*Où aller ?*). Der Infinitiv wird im Deutschen meistens mit „sollen + Verb" übersetzt („Wohin soll(te) ich / soll(t)en wir / soll(t)e man gehen?").

EX 28.1

Traduisez ces questions en allemand.

1. Comment faire ? • 2. Que dire ? • 3. Que penser ? • 4. Où chercher des réponses ? • 5. Quel métier choisir ? • 6. À qui faire confiance ? • 7. Pourquoi ne pas essayer ? • 8. Comment ne pas tomber amoureux d'elle ?

29 Der Relativsatz mit *qui, que* und *où* | La proposition relative avec *qui, que* et *où*

G 3.13
▶ p. 23/3
▶ p. 72/8b

	Bezugswort	Relativ-pronomen	Subjekt	Verb	
C'est	un domaine	**qui**		m'intéresse.	der/die/das
Explique-moi	ce	**qui**		te dérange.	was
C'est	quelqu'un	**que**	j'	admire.	den/die/das
J'ai trouvé	ce	**que**	je	cherchais.	was
Comment s'appelle	la ville	**où**	tu	es né ?	wo

Mit einem Relativsatz werden Personen, Sachen oder Sachverhalte näher bestimmt.
– Das Relativpronomen *qui* ist das Subjekt des Relativsatzes → *qui* + Verb
– Das Relativpronomen *que* ist das direkte Objekt des Relativsatzes → *que* + Subjekt + Verb
– Das Relativpronomen *où* ist die Ortsangabe des Relativsatzes → *où* + Subjekt + Verb

! Je n'ai pas trouvé ~~qu'est-ce que~~ je cherchais. → Je n'ai pas trouvé **ce que** je cherchais.
Je lui ai demandé ~~qu'est-ce qui~~ l'intéresse. → Je lui ai demandé **ce qui** l'intéresse.

Qu'est-ce que und *qu'est-ce qui* verwendet man nur in direkten Fragesätzen (z. B. *Qu'est-ce que tu fais ?*). In Aussagesätzen und indirekten Fragesätzen verwendet man *ce que* und *ce qui*.

EX 29.1

Faites des phrases en utilisant des propositions relatives avec *qui, que* et *où*.

Exemple : Le handball est un sport que j'adore.

adorer • *admirer* • *détester* • *aller* • *être* nul/le • *soutenir* • *plaire* • *intéresser* • *trouver* super/__ • __

EX 29.2

Traduisez ces expressions. Utilisez les propositions relatives avec *qui, que* et *où*.

1. der Ort, an dem ich wohne • 2. der Film, den ich mir oft mit meinem Bruder ansehe • 3. das Fach, das mich gar nicht interessiert • 4. das Essen, das ich nie in der Kantine nehme • 5. der Sport, der mir am besten gefällt • 6. die Region, in die wir jedes Jahr fahren • 7. das, was ich ungerecht finde • 8. das, was mich nervt

30 Der Relativsatz mit *dont* | La proposition relative avec *dont*

G 3.9
▶ p. 72/8

1. On n'a pas construit l'ascenseur. Les habitants de l'immeuble auraient besoin de cet ascenseur.
On n'a pas construit l'ascenseur **dont** les habitants de l'immeuble auraient besoin.
... den Aufzug, *den* die Hausbewohner bräuchten ...

2. Ce roman décrit la vie dans une ville de banlieue parisienne. L'auteure de ce roman n'a que 19 ans.
Ce roman, **dont** l'auteure n'a que 19 ans, décrit la vie dans une ville de banlieue parisienne.
Dieser Roman, *dessen* Autorin...

3. Les habitants du village ont présenté un projet. Ils sont fiers de ce projet.
Les habitants du village ont présenté un projet **dont** ils sont fiers.
... ein Projekt, *auf das* sie stolz sind ...

Mit dem Relativpronomen *dont* können unterschiedliche Ergänzungen mit *de* ersetzt werden:
– die Ergänzung eines Verbs (Satz 1),
– die Ergänzung eines Nomens (Satz 2) oder
– die Ergänzung eines Adjektivs (Satz 3).
Dont ist unveränderlich.
Wie man *dont* ins Deutsche übersetzt, hängt von der Ergänzung ab, die es ersetzt (z. B. *avoir besoin de qc* = etw. brauchen; *être fier de qc* = auf etw. stolz sein).

EX 30.1 **Traduisez ces expressions en allemand.**

1. le livre dont tu m'as parlé • 2. le film dont il s'agit • 3. la phrase dont je me souviens • 4. les enfants dont ils s'occupent • 5. une chanson dont les paroles ne me plaisent pas • 6. les vacances dont j'ai envie • 7. le métier dont elle rêve

31 Der Relativsatz mit Präposition + *lequel* | La proposition relative avec préposition + *lequel*

G 3.9
▶ p. 23/4

C'est un objet	avec	**lequel** on coupe du papier.	... ein Gegenstand, *mit dem* ...
C'est une chanson	dans	**laquelle** Orelsan parle de la vie.	... ein Lied, *in dem* ...
Ava et Oscar, ce sont des amis	sur	**lesquels** je peux compter.	... Freunde, *auf die* ...
Emma et Lise, ce sont des amies	sans	**lesquelles** je ne pourrais pas vivre.	... Freundinnen, *ohne die* ...

Verben können Ergänzungen mit Präpositionen haben (z. B. *monter dans le bus*). Daher gibt es im Französischen (wie im Deutschen auch) Relativsätze, die mit einer Präposition beginnen („der Bus, in den ich eingestiegen bin“). Im Französischen folgt auf die Präposition das Relativpronomen *lequel*. Es wird an das Bezugswort angeglichen.

préposition	masculin	féminin
avec dans entre pendant pour sans ...	lequel lesquels	laquelle lesquelles

Solutions des exercices ▶ webcode, p. 1

❗ C'est un problème	**auquel**	je n'avais jamais réfléchi.
C'est une chose	**à laquelle**	je n'avais jamais réfléchi.
Ce sont des problèmes	**auxquels**	je n'avais jamais réfléchi.
Ce sont des choses	**auxquelles**	je n'avais jamais réfléchi.
C'est le garçon	**à cause duquel**	elle n'a pas voulu venir.
C'est la fille	**à cause de laquelle**	il n'a pas voulu venir.
Ce sont les gens	**à côté desquels**	j'étais assis dans le train.
Ce sont les filles	**à côté desquelles**	j'étais assis au cinéma.

à + lequel → **auquel**
à + laquelle = **à laquelle**
à + lesquels → **auxquels**
à + lesquelles → **auxquelles**

de + lequel → **duquel**
de + laquelle = **de laquelle**
de + lesquels → **desquels**
de + lesquelles → **desquelles**

Beginnt der Relativsatz mit der Präposition *à* oder *de* (auch in zusammengesetzten Ausdrücken wie *grâce à* oder *à cause de*) werden *à* und *de* mit *lequel*, *lesquels* und *lesquelles* zusammengezogen.

❗ Tu te souviens du garçon **avec qui** j'ai discuté hier ?
C'est la dernière personne **à qui** j'ai envie de parler.

Wenn das Bezugswort eine Person ist, kann statt *lequel* auch *qui* verwendet werden.

EX 31.1

Complétez les phrases suivantes par la préposition et la forme de *lequel* qui conviennent.

entre • sans • pour • dans • sur • avec • à (2x)

1. La liberté est une chose ? il faut lutter. • 2. C'est l'exercice ? j'ai eu le plus de problèmes. • 3. Est-ce qu'il y a des objets ? tu ne pourrais pas vivre ? • 4. Le jeudi, il y a un atelier-photo ? j'aimerais bien participer. • 5. Voilà la maison ? j'ai habité pendant dix ans. • 6. Il y a deux jeux vidéos ? Ludovic est vraiment accro. • 7. Elle m'a montré des photos ? on voit toute sa famille. • 8. Il y a deux menus ? vous pouvez choisir.

32 Die *mise en relief* | La mise en relief

G 17.4

mit *qui*

C'est moi **qui** vais organiser cette semaine d'action.
C'est le racisme **qui** empêche une vraie égalité des chances.
Ce sont les inégalités homme-femme **qui** me mettent en colère.
Ce sont eux **qui** ont proposé des idées pour rendre notre lycée plus écolo.

mit *que*

C'est lui **que** Mathilde a défendu contre deux brutes qui le harcelaient.
Ce sont les projets écologiques **que** les jeunes soutiennent le plus souvent.
– Nous allons parler à la CPE. – Non, **c'est** au principal **que** nous devons parler.
– On se retrouve à 17 h demain. – Non, **ce n'est pas** à 17 h **qu'**on se retrouve, mais à 18 h.
C'est devant le supermarché **qu'**il faudrait faire de la pub pour notre action.
C'est pour la paix **que** je veux m'engager.
C'est en luttant **qu'**on peut changer le monde.

Die *mise en relief* verwendet man, um etwas hervorzuheben oder richtig zu stellen.
- Mit *c'est... qui* und *ce sont... qui* werden Subjekte hervorgehoben.
  ❗ Anders als im Deutschen wird das Verb immer dem hervorgehobenen Subjekt angeglichen (*C'est moi qui suis votre prof de français cette année* !).
- Mit *c'est... que* und *ce sont... que* werden Ergänzungen hervorgehoben, z. B. direkte und indirekte Objekte, Zeit- und Ortsangaben.
  ❗ Nach *c'est* und *ce sont* stehen die unverbundenen Personalpronomen.

EX 32.1

Lisez le mail de Nicolas. Puis, à l'aide du programme de la semaine d'action, répondez à Nicolas pour lui dire ce qui a changé. Utilisez la mise en relief.

Salut ! Ça va ?
Je t'écris parce que quelqu'un m'a dit que le programme de notre semaine d'action avait changé.
C'est vrai ? Voici ce que j'avais noté. Tu peux me dire ce qui a changé ?
lundi, 17 h : faire de la pub avec Mathilde devant le supermarché « Priba »
mardi : contacter les sites « Recyclutopia » et « Conso-conscience »
mercredi, 18 h : action « Sans plastique, c'est fantastique » dans le centre commercial
vendredi, 19 h : préparer les tee-shirts pour la manif[1] chez Mathilde
samedi, 11 h : manif, rendez-vous devant le château
Merci et à bientôt, Nicolas.

[1] **la manif(estation)** die Demo(nstration)

Association Éco-Jeunes – Semaine d'action – Programme actualisé

	LUNDI	MARDI	MERCREDI	JEUDI	VENDREDI	SAMEDI
ACTION	faire de la pub	contacter les sites	action « Sans plastique, c'est fantastique »	acheter le matériel	préparer la manifestation (à 19 h chez Mathilde)	manifestation
Nicolas	supermarché « Priba » à 17 h avec Lou	« Éco-attitude »	centre commercial à 17 h	–	slogans	rendez-vous à 11 h devant la gare

Salut Nicolas, tu as raison : le programme a changé. Lundi, c'est avec Lou que tu fais de la pub...

33 Die indirekte Rede in der Vergangenheit | Le discours indirect au passé

G 22.3

Alexis dit...	Präsens		Vergangenheit	Alexis a dit...
... qu'il **faut** s'engager.	présent	→	imparfait	... qu'il **fallait** s'engager.
... que ses amis **sont rentrés**.	passé composé	→	plus-que-parfait	... que ses amis **étaient rentrés**.
... qu'il **fera** des études.	futur simple	→	conditionnel présent	... qu'il **ferait** des études.

Steht das Verb, dass die indirekte Rede bzw. Frage einleitet, in der Vergangenheit, werden diese drei Zeitformen verändert.

Alexis dit...	Präsens		Vergangenheit	Alexis a dit...
... qu'il **allait** mal dimanche.	imparfait	=	imparfait	... qu'il **allait** mal dimanche.
... qu'il **avait eu** un mail de Liv.	plus-que-parfait	=	plus-que-parfait	... qu'il **avait eu** un mail de Liv.
... qu'il **voudrait** l'oublier.	conditionnel présent	=	conditionnel présent	... qu'il **voudrait** l'oublier.

Diese drei Zeitformen werden in der indirekten Rede bzw. Frage in der Vergangenheit nicht verändert.

Solutions des exercices ▶webcode, p.1

❗ Nora demande :	Nora a demandé…
« Est-ce que Jean est déjà arrivé ? »	… **si** Jean était déjà arrivé.
« Qu'est-ce qui s'est passé ? »	… **ce qui** s'était passé.
« Qu'est-ce que la police a dit ? »	… **ce que** la police avait dit.

Manche Fragewörter der indirekten Frage unterscheiden sich von denen der direkten Frage.
In keiner indirekten Frage kommt *est-ce que* vor.

❗ Sébastien raconte à Lucas :	« **Demain**, **ma** copine et **moi** irons voir le nouveau film avec Omar Sy. »
Sébastien a raconté à Lucas que	**le lendemain**, **sa** copine et **lui** iraient voir le nouveau film avec Omar Sy.

direkte Rede		indirekte Rede	Übersetzung
ici	→	là	da
aujourd'hui	→	ce jour-là / le jour même	an jenem Tag / am selben Tag
ce soir	→	ce soir-là / le soir même	an jenem Abend / am selben Abend
hier/demain	→	la veille / le lendemain	am Tag davor / am Tag danach
la semaine dernière/prochaine	→	la semaine d'avant/d'après	in der Woche davor/danach

Viele Orts- und Zeitangaben (z. B. „hier" und „gestern"), Pronomen und Begleiter sind an die Redesituation gebunden. Daher müssen sie in der indirekten Rede häufig angepasst werden.

EX 33.1 **Reformulez ce qu'ils pensent. Utilisez le discours indirect au présent.**

EX 33.2 **Que dira la fille à sa copine ? Utilisez le discours indirect au passé.**

La conjugaison des verbes | Die Konjugation der Verben

Les verbes auxiliaires *avoir* et *être* | Die Hilfsverben *avoir* und *être*

infinitif		avoir		être
présent	j'	ai	je	suis
	tu	as	tu	es
	il/elle/on	a	il/elle/on	est
	nous	avons	nous	sommes
	vous	avez	vous	êtes
	ils/elles	ont	ils/elles	sont
imparfait	j'	avais	! j'	étais
futur simple	j'	aurai	je	serai
conditionnel	j'	aurais	je	serais
subjonctif	que j'	aie	que je	sois
	que tu	aies	que tu	sois
	! qu'il/elle/on	ait	! qu'il/elle/on	soit
	que nous	ayons	que nous	soyons
	que vous	ayez	que vous	soyez
	qu'ils/elles	aient	qu'ils/elles	soient
passé simple	j'	eus	je	fus
passé composé	j'	ai eu	j'	ai été
plus-que-parfait	j'	avais eu	j'	avais été
impératif		Aie !		Sois !
		Ayons !		Soyons !
		Ayez !		Soyez !

! ⓔ So gekennzeichnete Verben bilden das *passé composé* mit *être*: *aller, arriver, descendre, devenir, entrer, monter, mourir, paraître, partir, rentrer, rester, retourner, sortir, tomber, venir*;
sowie alle reflexiven Verben: *s'amuser, se coucher* …

! Das Verb *passer* bildet das *passé composé* mit *être* oder *avoir* – je nach Bedeutung:
J'ai passé un bon week-end. (= *verbringen*);
Je lui ai passé le sel. (= *reichen*);
Elle est passée chez Max. (= *vorbeikommen*);
Elle est passée hier soir sur arte. (= *laufen*)

Les verbes réguliers en *-er* | Die regelmäßigen Verben auf *-er*

infinitif		regarder	
présent	je	regard	e
	tu	regard	es
	il/elle/on	regard	e
	nous	regard	ons
	vous	regard	ez
	ils/elles	regard	ent
imparfait	je	regardais	
futur simple	je	regarderai	
conditionnel	je	regarderais	
subjonctif	que je	regarde	
passé simple	je	regardai	
passé composé	j'	ai regardé	
plus-que-parfait	j'	avais regardé	
impératif		Regarde !	
		Regardons !	
		Regardez !	

! **Folgende Verben auf *-er* haben Besonderheiten in der Schreibung:**

acheter : j'achète, nous achetons
► emmener, enlever, ⓔ se lever, mener, peser

appeler : j'appelle, nous appelons
► ⓔ s'appeler

commencer : nous commençons
► effacer, influencer, recommencer, renforcer

essayer : j'essaie, nous essayons
► nettoyer, payer

jeter : je jette, nous jetons

manger : nous mangeons
► bouger, changer, corriger, déménager, déranger, échanger, encourager, ⓔ s'engager, juger, nager, obliger, partager, ranger, télécharger, voyager

préférer : je préfère, nous préférons
► espérer, exagérer, gérer, ⓔ s'inquiéter, répéter

protéger : je protège, nous protégeons

Les verbes réguliers en *-re* | Die regelmäßigen Verben auf *-re*

infinitif		attendre	
présent	j'	attend	s
	tu	attend	s
	il/elle/on	attend	
	nous	attend	ons
	vous	attend	ez
	ils/elles	attend	ent
imparfait	j'	attendais	
futur simple	j'	attendrai	
conditionnel	j'	attendrais	
subjonctif	que j'	attende	
passé simple	j'	attendis	
passé composé	j'	ai attendu	
plus-que-parfait	j'	avais attendu	
impératif		Attends !	
		Attendons !	
		Attendez !	

▶ confondre, correspondre, défendre, ⓔ se défendre, dépendre, ⓔ descendre, ⓔ se détendre, entendre, ⓔ s'entendre, ⓔ s'étendre, perdre, rendre, répondre, vendre

Les verbes réguliers en *-ir* | Die regelmäßigen Verben auf *-ir*

(Typen *sortir*, *finir* und *ouvrir*)

infinitif		ⓔ sortir			finir			ouvrir	
présent	je	sor	s	je	fini	s	j'	ouvr	e
	tu	sor	s	tu	fini	s	tu	ouvr	es
	il/elle/on	sor	t	il/elle/on	fini	t	il/elle/on	ouvr	e
	nous	sort	ons	nous	finiss	ons	nous	ouvr	ons
	vous	sort	ez	vous	finiss	ez	vous	ouvr	ez
	ils/elles	sort	ent	ils/elles	finiss	ent	ils/elles	ouvr	ent
imparfait	je	sortais		je	finissais		j'	ouvrais	
futur simple	je	sortirai		je	finirai		j'	ouvrirai	
conditionnel	je	sortirais		je	finirais		j'	ouvrirais	
subjonctif	que je	sorte		que je	finisse		que j'	ouvre	
passé simple	je	sortis		je	finis		j'	ouvris	
passé composé	je	suis sorti/e		j'	ai fini		j'	ai ouvert	
plus-que-parfait	j'	étais sorti/e		j'	avais fini		j'	avais ouvert	
impératif		Sors !			Finis !			Ouvre !	
		Sortons !			Finissons !			Ouvrons !	
		Sortez !			Finissez !			Ouvrez !	
		▶ dormir, mentir, ⓔ partir, sentir, ⓔ se sentir, servir, s'en sortir			▶ agir, choisir, définir, ⓔ se divertir, garantir, grandir, guérir, réagir, réfléchir, remplir, ⓔ se répartir, ⓔ se réunir, réussir, salir, trahir			▶ découvrir, offrir, souffrir	

Les verbes irréguliers | Die unregelmäßigen Verben

infinitif		accueillir		ê s'asseoir		ê aller
présent	j'	accueille	je	m' assois	je	vais
	tu	accueilles	tu	t' assois	tu	vas
	il/elle/on	accueille	il/elle/on	s' assoit	il/elle/on	va
	nous	accueillons	nous	nous asseyons	nous	allons
	vous	accueillez	vous	vous asseyez	vous	allez
	ils/elles	accueillent	ils/elles	s' assoient	ils/elles	vont
imparfait	j'	accueillais	je	m' asseyais	j'	allais
futur simple	j'	accueillerai	je	m' assoirai	j'	irai
conditionnel	j'	accueillerais	je	m' assoirais	j'	irais
subjonctif	que j'	accueille	que je	m' assoie	! que j'	aille
			! que nous	nous assoyons	que nous	allions
passé simple	j'	accueillis	je	m' assis	j'	allai
passé composé	j'	ai accueilli	je	me suis assis/e	je	suis allé/e
impératif		Accueille !		Assieds-toi !		Va !
		Accueillons !		Asseyons-nous !		Allons !
		Accueillez !		Asseyez-vous !		Allez !

infinitif		ê se battre		boire		connaître
présent	je	me bats	je	bois	je	connais
	tu	te bats	tu	bois	tu	connais
	il/elle/on	se bat	il/elle/on	boit	il/elle/on	connaît
	nous	nous battons	nous	buvons	nous	connaissons
	vous	vous battez	vous	buvez	vous	connaissez
	ils/elles	se battent	ils/elles	boivent	ils/elles	connaissent
imparfait	je	me battais	je	buvais	je	connaissais
futur simple	je	me battrai	je	boirai	je	connaîtrai
conditionnel	je	me battrais	je	boirais	je	connaîtrais
subjonctif	que je	me batte	que je	boive	que je	connaisse
			! que nous	buvions		
passé simple	je	me battis	je	bus	je	connus
passé composé	je	me suis battu/e	j'	ai bu	j'	ai connu
impératif		Bats-toi !		Bois !		Connais !
		Battons-nous !		Buvons !		Connaissons !
		Battez-vous !		Buvez !		Connaissez !

► apparaître, disparaître, ê paraître, reconnaître

infinitif		construire		convaincre		courir
présent	je	construis	je	convaincs	je	cours
	tu	construis	tu	convaincs	tu	cours
	il/elle/on	construit	il/elle/on	convainc	il/elle/on	court
	nous	construisons	nous	convainquons	nous	courons
	vous	construisez	vous	convainquez	vous	courez
	ils/elles	construisent	ils/elles	convainquent	ils/elles	courent
imparfait	je	construisais	je	convainquais	je	courais
futur simple	je	construirai	je	convaincrai	❗je	courrai
conditionnel	je	construirais	je	convaincrais	❗je	courrais
subjonctif	que je	construise	que je	convainque	que je	coure
passé simple	je	construisis	je	convainquis	je	courus
passé composé	j'	ai construit	j'	ai convaincu	j'	ai couru
impératif		Construis !		Convainc !		Cours !
		Construisons !		Convainquons !		Courons !
		Construisez !		Convainquez !		Courez !
		▶conduire, produire, séduire, traduire				

infinitif		croire		devoir		dire
présent	je	crois	je	dois	je	dis
	tu	crois	tu	dois	tu	dis
	il/elle/on	croit	il/elle/on	doit	il/elle/on	dit
	nous	croyons	nous	devons	nous	disons
	vous	croyez	vous	devez	vous	dites
	ils/elles	croient	ils/elles	doivent	ils/elles	disent
imparfait	je	croyais	je	devais	je	disais
futur simple	je	croirai	❗je	devrai	je	dirai
conditionnel	je	croirais	❗je	devrais	je	dirais
subjonctif	que je	croie	que je	doive	que je	dise
	❗que nous	croyions	❗que nous	devions		
passé simple	je	crus	je	dus	je	dis
passé composé	j'	ai cru	j'	ai dû	j'	ai dit
impératif		Crois !				Dis ! Disons !
		Croyons !				Dites !
		Croyez !				▶interdire
						❗vous interdisez

Choisissez des verbes à l'infinitif, jouez aux dés et conjuguez les verbes.

Exemple : *pouvoir* ⚂ ⚃ nous avons pu

⚀	*imparfait*	⚀	je/j'
⚁	*passé composé*	⚁	tu
⚂	*présent*	⚂	il/elle/on
⚃	*subjonctif*	⚃	nous
⚄	*conditionnel*	⚄	vous
⚅	*futur simple*	⚅	ils/elles

MÉDIAS
Mit einer Zufallsgenerator-App können Sie nicht nur würfeln, sondern dort auch die Verben eintragen, die Sie üben wollen.

infinitif		écrire		envoyer		exclure
présent	j'	écris	j'	envoie	j'	exclus
	tu	écris	tu	envoies	tu	exclus
	il/elle/on	écrit	il/elle/on	envoie	il/elle/on	exclut
	nous	écrivons	nous	envoyons	nous	excluons
	vous	écrivez	vous	envoyez	vous	excluez
	ils/elles	écrivent	ils/elles	envoient	ils/elles	excluent
imparfait	j'	écrivais	j'	envoyais	j'	excluais
futur simple	j'	écrirai	(!) j'	enverrai	j'	exclurai
conditionnel	j'	écrirais	(!) j'	enverrais	j'	exclurais
subjonctif	que j'	écrive	que j'	envoie	que j'	exclue
			(!) que nous	envoyions		
passé simple	j'	écrivis	j'	envoyai	j'	exclus
passé composé	j'	ai écrit	j'	ai envoyé	j'	ai exclu
impératif		Écris ! Écrivons ! Écrivez !		Envoie ! Envoyons ! Envoyez !		Exclus ! Excluons ! Excluez !
		▶décrire		▶renvoyer		▶conclure

infinitif		faire		falloir		lire
présent	je	fais			je	lis
	tu	fais			tu	lis
	il/elle/on	fait	il	faut	il/elle/on	lit
	nous	faisons			nous	lisons
	vous	faites			vous	lisez
	ils/elles	font			ils/elles	lisent
imparfait	je	faisais	(!) il	fallait	je	lisais
futur simple	(!) je	ferai	(!) il	faudra	je	lirai
conditionnel	(!) je	ferais	(!) il	faudrait	je	lirais
subjonctif	(!) que je	fasse	(!) qu'il	faille	que je	lise
passé simple	je	fis	il	fallut	je	lus
passé composé	j'	ai fait	(!) il	a fallu	j'	ai lu
impératif		Fais ! Faisons ! Faites !				Lis ! Lisons ! Lisez !

Expressions suivies de l'infinitif | Verben und Ausdrücke mit Infinitivergänzungen

☒		à	
adorer + *inf.*	oser + *inf.*	aider qn **à** + *inf.*	pousser qn **à** + *inf.*
aimer + *inf.*	pouvoir + *inf.*	apprendre **à** + *inf.*	réussir **à** + *inf.*
avoir failli + *inf.*	préférer + *inf.*	arriver **à** + *inf.*	servir (à qn) **à** + *inf.*
détester + *inf.*	savoir + *inf.*	autoriser qn **à** + *inf.*	avoir du mal **à** + *inf.*
devoir + *inf.*	vouloir + *inf.*	commencer **à** + *inf.*	avoir tendance **à** + *inf.*
faire + *inf.*	venir + *inf.*	continuer **à** + *inf.*	être le/la seul/e **à** + *inf.*
il faut + *inf.*		encourager qn **à** + *inf.*	être prêt **à** + *inf.*
laisser + *inf.*		motiver qn **à** + *inf.*	
		obliger qn **à** + *inf.*	

infinitif		mettre		mourir			se plaindre
présent	je	mets	je	meurs	je	me	plains
	tu	mets	tu	meurs	tu	te	plains
	il/elle/on	met	il/elle/on	meurt	il/elle/on	se	plaint
	nous	mettons	nous	mourons	nous	nous	plaignons
	vous	mettez	vous	mourez	vous	vous	plaignez
	ils/elles	mettent	ils/elles	meurent	ils/elles	se	plaignent
imparfait	je	mettais	je	mourais	je	me	plaignais
futur simple	je	mettrai	❗ je	mourrai	je	me	plaindrai
conditionnel	je	mettrais	❗ je	mourrais	je	me	plaindrais
subjonctif	que je	mette	que je	meure	que je	me	plaigne
passé simple	je	mis	je	mourus	je	me	plaignis
passé composé	j'	ai mis	je	suis mort/e	je	me suis	plaint/e
impératif		Mets ! Mettons ! Mettez !		Meurs ! Mourons ! Mourez !		Plains-toi ! Plaignons-nous ! Plaignez-vous !	
		► permettre, promettre, transmettre				► craindre, éteindre, rejoindre	

infinitif		plaire		pleuvoir		pouvoir		prendre
présent	je	plais			je	peux	je	prends
	tu	plais			tu	peux	tu	prends
	il/elle/on	plaît	il	pleut	il/elle/on	peut	il/elle/on	prend
	nous	plaisons			nous	pouvons	nous	prenons
	vous	plaisez			vous	pouvez	vous	prenez
	ils/elles	plaisent			ils/elles	peuvent	ils/elles	prennent
imparfait	je	plaisais	❗ il	pleuvait	je	pouvais	je	prenais
futur simple	je	plairai	❗ il	pleuvra	❗ je	pourrai	je	prendrai
conditionnel	je	plairais	❗ il	pleuvrait	❗ je	pourrais	je	prendrais
subjonctif	que je	plaise	❗ qu'il	pleuve	❗ que je	puisse	que je	prenne
							❗ que nous	prenions
passé simple	je	plus	il	plut	je	pus	je	pris
passé composé	j'	ai plu	❗ il	a plu	j'	ai pu	j'	ai pris
impératif		► se taire ❗ il se tait						Prends ! Prenons ! Prenez !
								► apprendre, comprendre, surprendre

Expressions suivies de l'infinitif | Verben und Ausdrücke mit Infinitivergänzungen

de			
accuser qn **de** + *inf.*	éviter **de** + *inf.*	avoir besoin **de** + *inf.*	c'est sympa/__ **de** + *inf.*
accepter **de** + *inf.*	interdire (à qn) **de** + *inf.*	avoir envie/hâte **de** + *inf.*	c'est impoli **de** + *inf.*
arrêter **de** + *inf.*	oublier **de** + *inf.*	avoir peur/honte **de** + *inf.*	donner envie à qn **de** + *inf.*
choisir **de** + *inf.*	permettre (à qn) **de** + *inf.*	avoir la chance **de** + *inf.*	être capable **de** + *inf.*
convaincre (qn) **de** + *inf.*	promettre (à qn) **de** + *inf.*	avoir l'habitude **de** + *inf.*	être triste/__ **de** + *inf.*
décider **de** + *inf.*	proposer (à qn) **de** + *inf.*	avoir le droit/temps **de** + *inf.*	être obligé/e **de** + *inf.*
demander (à qn) **de** + *inf.*	refuser **de** + *inf.*	avoir des chances **de** + *inf.*	être en train **de** + *inf.*
dire (à qn) **de** + *inf.*	rêver **de** + *inf.*	avoir pour but **de** + *inf.*	faire semblant **de** + *inf.*
empêcher qn **de** + *inf.*	risquer **de** + *inf.*		il suffit **de** + *inf.*
essayer **de** + *inf.*	venir **de** + *inf.*		

infinitif		**recevoir**		**rire**		**savoir**
présent	je	reçois	je	ris	je	sais
	tu	reçois	tu	ris	tu	sais
	il/elle/on	reçoit	il/elle/on	rit	il/elle/on	sait
	nous	recevons	nous	rions	nous	savons
	vous	recevez	vous	riez	vous	savez
	ils/elles	reçoivent	ils/elles	rient	ils/elles	savent
imparfait	je	recevais	je	riais	je	savais
futur simple	je	recevrai	je	rirai	(!) je	saurai
conditionnel	je	recevrais	je	rirais	(!) je	saurais
subjonctif	que je	reçoive	que je	rie	(!) que je	sache
passé simple	je	reçus	je	ris	je	sus
passé composé	j'	ai reçu	j'	ai ri	j'	ai su
impératif		Reçois ! Recevons ! Recevez !		Ris ! Rions ! Riez !		Sache ! Sachons ! Sachez !
				►sourire		

infinitif		**suffire**		**suivre**		(ê) **venir**
présent			je	suis	je	viens
			tu	suis	tu	viens
	il	suffit	il/elle/on	suit	il/elle/on	vient
			nous	suivons	nous	venons
			vous	suivez	vous	venez
			ils/elles	suivent	ils/elles	viennent
imparfait	il	suffisait	je	suivais	je	venais
futur simple	il	suffira	je	suivrai	(!) je	viendrai
conditionnel	il	suffirait	je	suivrais	(!) je	viendrais
subjonctif	qu'il	suffise	que je	suive	que je	vienne
					(!) que nous	venions
passé simple	il	suffit	je	suivis	je	vins
passé composé	il	a suffi	j'	ai suivi	je	suis venu/e
impératif				Suis ! Suivons ! Suivez !		Viens ! Venons ! Venez !
						►appartenir, (ê) devenir, prévenir, (ê) se souvenir, soutenir, tenir

infinitif		**vivre**		**voir**		**vouloir**
présent	je	vis	je	vois	je	veux
	tu	vis	tu	vois	tu	veux
	il/elle/on	vit	il/elle/on	voit	il/elle/on	veut
	nous	vivons	nous	voyons	nous	voulons
	vous	vivez	vous	voyez	vous	voulez
	ils/elles	vivent	ils/elles	voient	ils/elles	veulent
imparfait	je	vivais	je	voyais	je	voulais
futur simple	je	vivrai	(!) je	verrai	(!) je	voudrai
conditionnel	je	vivrais	(!) je	verrais	(!) je	voudrais
subjonctif	que je	vive	que je	voie	(!) que je	veuille
			(!) que nous	voyions	que nous	voulions
passé simple	je	vécus	je	vis	je	voulus
passé composé	j'	ai vécu	j'	ai vu	j'	ai voulu
impératif		Vis ! Vivons ! Vivez !		Vois ! Voyons ! Voyez !		

Les verbes avec objet indirect | Die Verben mit indirektem Objekt

indirektes Objekt mit *à*			
s'abonner **à** qc	etw. abonnieren	jouer **à** qc	(ein Spiel) spielen
s'adapter **à** qc	sich etw. anpassen	manquer **à** qn	jdm fehlen
appartenir **à** qn/qc	jdm/etw. gehören	mentir **à** qn	jdn anlügen
apporter qc **à** qn	jdm etw. mitbringen	mettre la pression **à** qn	jdn unter Druck setzen
arriver **à** qn	jdm passieren	montrer qc **à** qn	jdm etw. zeigen
associer qn/qc **à** qc	jdn/etw. mit etw. verbinden	offrir qc **à** qn	jdm etw. schenken/anbieten
avouer qc **à** qn	jdm etw. zugeben	pardonner qc **à** qn	jdm etw. verzeihen
cacher qc **à** qn	etw. vor jdm verstecken	parler **à** qn	mit jdm sprechen
comparer qn/qc **à** qn/qc	jdn./etw. mit jdm/etw. vergleichen	participer **à** qc	an etw. teilnehmen
confier qc **à** qn	jdm etw. anvertrauen	passer le ballon **à** qn	jdm den Ball zuspielen
correspondre **à** qc	etw. entsprechen	penser **à** qc/qn	an jdn/etw. denken
demander qc **à** qn	jdn etw. fragen	plaire **à** qn	jdm gefallen
dire qc **à** qn	jdm etw. sagen	poser une question **à** qn	jdm eine Frage stellen
distribuer qc **à** qn	etw. an jdn verteilen	prendre qc **à** qn	jdm etw. wegnehmen
donner qc **à** qn	jdm etw. geben	prêter qc **à** qn	jdm etw. leihen
échapper **à** qn/qc	jdm/etw. entkommen	promettre qc **à** qn	jdm etw. versprechen
écrire qc **à** qn	jdm etw. schreiben	prouver qc **à** qn	jdm etw. beweisen
emprunter qc **à** qn	jdm etw. ausleihen	rapporter qc **à** qn	jdm etw. zurückbringen
enlever qc **à** qn	jdm etw. wegnehmen	réfléchir **à** qc	über etw. nachdenken
envoyer qc **à** qn	jdm etw. schicken/senden	rembourser qc **à** qn	jdm etw. zurückzahlen
être accro **à** qc	nach etw. süchtig sein	rendre qc **à** qn	jdm etw. zurückgeben
expliquer qc **à** qn	jdm etw. erklären	répondre **à** qn	jdm antworten
faire attention **à** qn	auf etw. achten	ressembler **à** qn/qc	jdm/etw. ähneln
faire confiance **à** qn	jdm vertrauen	servir **à** qn	jdm nützen/dienen
faire plaisir **à** qn	jdn freuen	téléphoner **à** qn	jdn anrufen
faire peur **à** qn	jdm Angst machen	traduire qc **à** qn	jdm etw. übersetzen
garantir qc **à** qc	jdm etw. garantieren	transmettre qc **à** qn	etw. an jdn weitergeben
indiquer qc **à** qn	jdm etw. angeben/zeigen	vendre qc **à** qn	jdm etw. verkaufen
s'intéresser **à** qn/qc	sich für jdn/etw. interessieren		

indirektes Objekt mit *de*			
attendre qc **de** qn/qc	etw. von jdm/etw. erwarten	se moquer **de** qn/qc	sich über jdn/etw. lustig machen
attirer l'attention **de** qn	jdm auffallen	s'occuper **de** qn/qc	sich um jdn/etw. kümmern
avoir besoin **de** qn/qc	jdn/etw. brauchen	parler **de** qn/qc	über jdn/etw. sprechen
avoir envie **de** qc	Lust auf etw. haben	se plaindre **de** qn/qc	sich über jdn/etw. beklagen
avoir honte **de** qc	sich für etw. schämen	profiter **de** qc	etw. nutzen/ausnutzen
dater **de** qc	aus etw. stammen	rêver **de** qn/qc	von jdm/etw. träumen
dépendre **de** qn/qc	von jdm/etw. abhängen	servir à qn **de** qc	jdm als etw. dienen
se désabonner **de** qc	etw. abbestellen	se servir **de** qc	etw. verwenden
discuter **de** qc	über etw. reden	souffrir **de** qc	an/unter etw. leiden
être fan **de** qn/qc	Fan von jdm/etw. sein	se souvenir **de** qn/qc	sich an jdn/etw. erinnern
faire partie **de** qc	zu etw. gehören, Teil von etw. sein	sortir **de** qc	aus etw. herauskommen
jouer **de** qc	(ein Instrument) spielen	vivre **de** qc	von etw. leben

Das Inhaltsverzeichnis der Methoden-Seiten finden Sie auf S. 7.

Hör- und Hör-Sehverstehen | Compréhension orale et audiovisuelle

1 Vor dem Hören | Avant l'écoute

- Lesen Sie die Aufgabenstellung und machen Sie sich klar, was Ihr Ziel ist: Sollen Sie lediglich grob verstehen, worum es geht (= Globalverstehen), bestimmte Informationen suchen (= Selektivverstehen) oder alles verstehen (= Detailverstehen)? Je nach Ziel müssen unterschiedliche Hörverfahren angewendet werden.
- Stellen Sie Vermutungen über den Inhalt an, z. B. ausgehend von der Art des Hörtextes (Sprachnachricht, Durchsage, Radiosendung usw.), vom Titel, von Fotos oder vom Kontext.
- Vergegenwärtigen Sie sich, was Sie bereits über das Thema wissen und notieren Sie dies stichpunktartig.
- Bereiten Sie ein Raster mit den Fragen vor, die für die Aufgabenstellung relevant sind, um sich während des Hörens leichter Notizen machen zu können.

2 Während des Hörens | Pendant l'écoute

Die französische Umgangssprache (*le français familier*) unterscheidet sich stark von der Standardsprache (*le français standard*). Stellen Sie sich, wenn Muttersprachler/innen sprechen, ein auf:

- **„verschluckte" Laute:**
  tu as raison → t'as raison • il → i • je suis → chuis
- **kein Verneinungs-*ne*:**
  elle ne mange pas → elle mange pas
  il n'a vu personne → il a vu personne
- **Abkürzungen:**
  le cinéma → le ciné
- **Sprachspiele (z. B. *verlan*):**
  bizarre → zarbi
- **eigene Begriffe:** ▶ Liste des mots, p. 178
  l'ami → le pote
- **Füllwörter:**
  ben, euh...

In vielen Wiedergabe-Apps können Sie Aufnahmen auch langsamer abspielen.

Achten Sie beim mehrmaligen Hören besonders auf Konnektoren (*si, parce que, donc, ensuite* ...), da diese verraten, ob das Folgende z. B. eine Bedingung, eine Begründung, eine Schlussfolgerung oder eine chronologische Schilderung ist, und Ihnen so helfen, die inhaltliche Gliederung des Textes nachzuvollziehen.

3 Globalverstehen | Compréhension globale

ZIEL Sich einen allgemeinen Überblick über den Inhalt zu verschaffen (Sprecher, Textsorte, Themen)

VORGEHEN
- Erfassen Sie die Hauptinformationen des Textes: Wer spricht? Wann/Wo? Worüber?
- Lassen Sie Einzelheiten außer Acht.
- Fassen Sie nach dem Hören die Hauptinformationen des Textes stichpunktartig zusammen.

TIPP Achten Sie beim Hören auch auf den Klang der Stimmen und auf Hintergrundgeräusche. Sie geben Ihnen zusätzliche Informationen über Orte, Personen, Stimmungen und Situationen. Auch der Tonfall der Gesprächspartner/innen liefert Ihnen Informationen über die Art und den Verlauf eines Gesprächs.

ÜBUNG **Vous écoutez la radio. Une nouvelle émission commence. Écoutez et exposez brièvement de quoi il s'agit : locuteur(s)[1], type de texte, thème(s).**

1 **le/la locuteur/-trice** der/die Sprecher/in

4 Selektivverstehen | Compréhension sélective

ZIEL Bestimmte Informationen finden (z. B. Zahl der Arbeitssuchenden im Monat Mai)

VORGEHEN
- Lesen Sie die Aufgabenstellung genau und machen Sie sich Notizen: Welche Informationen sollen Sie finden? Welche Begriffe könnten wichtig sein (Schlüsselwörter)?
- Achten Sie beim Hören auf Schlüsselwörter oder -sätze und blenden Sie den Rest aus.
- Konzentrieren Sie sich ab dem zweiten Hördurchgang auf den unmittelbaren Kontext der Schlüsselwörter und -sätze, um Einzelheiten zu erfahren.

5 Detailverstehen | Compréhension détaillée

ZIEL Alles verstehen (z. B. die Chronologie der Ereignisse, die zu einer Reform geführt haben)

VORGEHEN Anders als im Gespräch mit einem realen Gesprächspartner (in dem gezielte Rückfragen zum Schließen der Verständnislücken möglich sind), sind im Unterricht zwei oder mehr Hördurchgänge nötig, um ein detailliertes Textverständnis zu erreichen:
- Beginnen Sie mit dem Globalverstehen (z. B. um welche Reform es geht).
- Konzentrieren Sie sich in einem weiteren Hördurchgang auf wichtige Einzelheiten. Machen Sie sich Notizen, um kein relevantes Detail zu vergessen, und lassen Sie eine Lücke, wo Sie etwas nicht verstanden haben.

6 Hör-Sehverstehen | Compréhension audiovisuelle

Beim Hör-Sehverstehen gelten die gleichen Prinzipien wie beim Hörverstehen. ▶ p. 152–153/1–5
Bilder und Filmmusik liefern zusätzliche Informationen zum Gesagten bzw. verstärken es. ▶ Filme, p. 167/31

Sprechen | Production orale

7 Einen Vortrag halten | Faire un exposé

1. **Informationen sammeln und sinnvoll gliedern**
   - Sammeln Sie, was Sie zum Thema wissen: Lesen Sie die Materialien, die Ihnen für Ihren Vortrag zur Verfügung stehen oder die Sie recherchiert haben, und markieren Sie die wichtigsten Inhalte.
   - Finden Sie einen roten Faden für Ihren Vortrag und entwerfen Sie Ihre Gliederung. Ordnen Sie Ihre Inhalte in die Gliederung ein. Fehlen noch Informationen? Recherchieren Sie sie gezielt. ▶ p. 173/39

2. **Den Vortrag ausarbeiten und einüben**
   Formulieren Sie jetzt den Text Ihres Vortrags:
   - Verwenden Sie schon beim Schreiben strukturierende Ausdrücke (s. Kasten unten).
   - Arbeiten Sie mit Beispielen und Vergleichen. So werden Ihre Informationen besser verständlich.
   - Notieren Sie die wichtigsten Stichwörter aus Ihrem Text auf einen Stichwortzettel.
   - Bereiten Sie Definitionen für die Begriffe vor, die Sie Ihrem Publikum vor dem Vortrag erklären sollten.
   - Veranschaulichen Sie die Inhalte Ihres Vortrags, z. B. in einer digitalen Präsentation.
   - Üben Sie Ihren Vortrag mit Ihrem Stichwortzettel als Gedächtnisstütze ein. Prüfen Sie dabei, ob Sie die vorgegebene Zeit einhalten.

Pour structurer votre exposé, utilisez :

au début	Aujourd'hui, je vais vous présenter __ / je vais vous parler de __. J'ai choisi ce thème parce que __.
pour annoncer le plan	Au début de mon exposé, je vais vous donner des informations générales sur __. Après, __. / Ensuite, __. Pour finir, __.
pendant l'exposé	Je commence par __. Maintenant, je passe au point suivant : __. Pour finir, __.
à la fin	Merci de votre attention ! Est-ce que vous avez des questions ?

8 Eine Rückmeldung geben | Donner un retour

Bewerten Sie Vorträge und Dialoge bzw. Rollenspiele gegenseitig. Besprechen Sie gemeinsam mit Ihrem Lehrer / Ihrer Lehrerin, was Sie bewerten wollen. Sie können zum Beispiel den Inhalt, die sprachliche Richtigkeit und die Einhaltung der Vortragsregeln bewerten. Legen Sie die Kriterien vorher fest und schreiben Sie sie auf.

Pour évaluer un exposé, utilisez :
J'ai bien aimé / Je n'ai pas trop aimé ton exposé / ta présentation.
J'ai bien aimé / Je n'ai pas trop aimé ta manière de présenter.
J'ai tout compris. / Je n'ai pas bien compris.
C'était intéressant / Ce n'était pas toujours très intéressant parce que __.
Tu (n')as (pas) parlé de __. / Tu as aussi donné des informations sur __.
Tu (n')as (pas souvent) utilisé les expressions pour structurer un exposé.
Tu as donné des exemples. / Tu n'as pas donné assez d'exemples.
Tu (n')as (pas) expliqué les mots que nous ne comprenons pas.
La prochaine fois, parle moins vite / parle plus fort / __.

TIPP Fangen Sie bei Ihrer Rückmeldung immer mit dem an, was gut war, und verbinden Sie Kritik mit konkreten Verbesserungsvorschlägen.

9 Eine Diskussion führen | Mener une discussion

Zu einer guten Diskussion gehören gute Argumente und eine strukturierte Gesprächsführung. Sammeln Sie vorab Argumente für den Standpunkt, den Sie vertreten wollen/sollen, und formulieren Sie sie aus. In der Diskussion selbst können Sie die untenstehenden Redewendungen und Ausdrücke verwenden.

TIPP Notieren Sie diese Redemittel, nach Sprechabsichten geordnet, auf einen Sprechfächer, den Sie in der Diskussion benutzen können. ▶ Webcode, S. 1

Sie möchten

- **Ihre Meinung sagen:**
  Je pense/trouve/crois que __.
  Je ne pense/crois pas que (+ *subj.*) __.
  Je sais / Je suis sûr/e que __.
  À mon avis, __.
  Je suis pour/contre __.
  L'avantage, / L'inconvénient, c'est que __.
  Le vrai problème, / Le plus important, c'est __.
- **Argumente anführen:**
  Comme __.
  __ parce que __.
  De plus, __.
  __ non seulement __, mais aussi[1] __.
  Donc, / Par conséquent[2], __.
  Pour finir, / En résumé[3], on peut dire que __.
- **Rückfragen stellen / das Gespräch aufrecht erhalten** ▶ p. 155/10
- **etwas richtigstellen:**
  Ce n'est pas ce que je voulais dire.
  En fait, __. / Je voulais dire que __.
- **Ihre Ablehnung ausdrücken:**
  Je ne suis pas (du tout) d'accord (avec toi).
  Ah, non. / Ce n'est pas vrai. / C'est faux.
  N'importe quoi ! / Tu exagères !
  Si ! / Si, justement !
- **Ihre Zustimmung ausdrücken:**
  Je suis d'accord avec toi/lui/__.
  Tu as raison. / Exactement. / C'est ça.
- **nach jemandes Meinung fragen** ▶ p. 155/10
- **etwas bekräftigen:**
  Mais oui !
  C'est une question de __.
- **etwas bewerten:**
  Je trouve ça important/__.
  Ce n'est pas du tout réaliste/__.
- **etwas einwenden:**
  Je n'en suis pas sûr/e. / Je ne sais pas.
  Ça dépend (de __).
  D'un autre côté, __.
  Il ne faut pas oublier que __.
  Il ne suffit pas de __, il faut aussi __.
- **die Diskussion kommentieren:**
  Ce n'est pas une raison[4] / un argument.
  On ne peut pas comparer[5] __ et __.
  Il ne faut pas généraliser[6].
  Ce n'est pas la question.
- **Zeit gewinnen** ▶ p. 155/10
- **ausreden:**
  Je n'ai pas fini. / Attends.
  Laisse-moi parler / terminer ma phrase.

1 **non seulement... mais aussi** nicht nur ... sondern auch 2 **par conséquent** donc 3 **en résumé** zusammenfassend
4 **la raison** der Grund 5 **comparer qc et qc** etw. mit etw. vergleichen 6 **généraliser** verallgemeinern

10 Ein Gespräch aufrechterhalten | Entretenir une conversation

Wenn ein Gespräch ins Stocken gerät, können Sie es mit bestimmten Redewendungen und Ausdrücken wieder ins Laufen bringen.

TIPP Je nachdem, ob Sie sich an Gleichaltrige oder Erwachsene, Freunde oder Unbekannte wenden – verwenden Sie das passende Sprachregister (*français standard* oder *familier*) und duzen oder siezen Sie Ihre/n Gesprächspartner/in.

Sie möchten

- **sicherstellen, dass Sie jemanden verstehen:**
  Pardon ? Qu'est-ce que tu as dit ?
  Tu peux répéter, s'il te plaît ?
  Tu peux parler moins vite, s'il te plaît ?
  Qu'est-ce que tu veux dire ?
  Alors, tu penses vraiment que… ?
  …, c'est ça ?
- **sicherstellen, dass jemand Sie versteht:**
  Tu vois ce que je veux dire ?
- **Zeit gewinnen, um Ihre Gedanken zu sortieren:**
  euh… / ben…
  tu sais…
- **jemanden nach seiner Meinung fragen:**
  Tu ne trouves pas ?
  Qu'est-ce que tu en penses ?
- **jemanden zum Weiterreden ermuntern:**
  C'est vrai ? / Tu es sûr/e ?
  Vas-y, raconte !

Leseverstehen | Compréhension écrite

11 Vor dem Lesen | Avant la lecture

- Machen Sie sich klar, was das Ziel der Aufgabenstellung ist: Sollen Sie lediglich grob verstehen, worum es geht (= Globalverstehen), bestimmte Informationen suchen (= Selektivverstehen) oder „alles" verstehen (= Detailverstehen)? Je nach Ziel müssen unterschiedliche Leseverfahren angewendet werden.
- Stellen Sie Vermutungen über den Inhalt an (z. B. ausgehend von Textsorte, Titel, Fotos oder Kontext).

12 Globalverstehen | Compréhension globale

ZIEL Sich einen allgemeinen Überblick über den Inhalt eines Textes zu verschaffen (z. B. im Falle eines Zeitungsartikels den Anlass und das Thema des Artikels).

VORGEHEN
- Identifizieren Sie die Textsorte (Magazinartikel, Blog, Romanauszug usw.).
- Erfassen Sie die Hauptinformationen des Textes: Wer schreibt? Wann/Wo? Worüber? Lassen Sie dabei Einzelheiten außer Acht.
- Fassen Sie die Hauptinformationen in wenigen Stichwörtern oder Sätzen zusammen.

13 Selektivverstehen | Compréhension sélective

ZIEL Bestimmte Informationen finden (z. B. Öffnungszeiten auf einer Webseite oder Informationen zu einer bestimmten Figur in einem Romanauszug)

VORGEHEN
- Lesen Sie die Aufgabenstellung genau: Welche Informationen sollen Sie finden? Welche Begriffe könnten im Zusammenhang mit diesen Informationen fallen (Schlüsselwörter)?
- Überfliegen Sie den Text und „scannen" Sie ihn dabei nur nach diesen Informationen bzw. Schlüsselwörtern ab. Alles andere können Sie überlesen.
- Konzentrieren Sie sich dann auf den unmittelbaren Kontext der Schlüsselwörter und -sätze, um wichtige Einzelheiten zu erfahren.
- Notieren Sie sich sofort, was Sie herausgefunden haben.

ÜBUNG

Lesen Sie die Aufgabenstellung, S. 67/3a. Sammeln Sie für jede der erfragten Informationen mögliche Schlüsselwörter, nach denen Sie den Text *Quand « info » devient « intox »* (S. 66–67) absuchen können.

14 Detailverstehen | Compréhension détaillée

ZIEL Alles verstehen (z. B. argumentative Texte, Gedichte)

VORGEHEN
- Beginnen Sie mit dem Globalverstehen. ▶ p. 155/12
- Nutzen Sie Ihr Globalverständnis, um den Text in Sinnabschnitte zu gliedern. Notieren Sie zu jedem Sinnabschnitt ein oder mehrere Stichwörter, die deutlich machen, worum es geht.
- Beantworten Sie für jeden Sinnabschnitt stichpunktartig die „W"-Fragen, z. B. in Form einer Tabelle.
- Versuchen Sie, in den wichtigsten Textabschnitten alle Wörter zu erschließen. ▶ Worterschließungsstrategien, p. 170/34 ▶ Mit dem Wörterbuch arbeiten, p. 171/37
- Lesen Sie auch „zwischen den Zeilen", um Informationen oder Aussagen zu finden, die nicht ausdrücklich im Text stehen, z. B.: *« Nous avons peur de perdre notre liberté. »*
  → Aussage zwischen den Zeilen: *liberté = valeur positive et importante*

Schreiben | Production écrite

15 Vor dem Schreiben | Avant l'écriture

- Analysieren Sie die Aufgabenstellung:
  - Welche Textsorte wird von Ihnen verlangt? Sollen Sie eine E-Mail, einen Tagebucheintrag, einen inneren Monolog oder die Fortsetzung einer Erzählung schreiben? Was ist typisch für diese Textsorte?
  - Worum soll es im Text inhaltlich gehen? Was gibt die Aufgabenstellung vor?
  - Wie sollen Sie vorgehen? Achten Sie auf die Operatoren. ▶ Operatorenliste, p. 214–215
  - An welchen Adressaten richtet sich der Text? Je nachdem, ob Sie sich an Gleichaltrige oder Erwachsene, Freunde oder Unbekannte wenden – verwenden Sie das passende Sprachregister (*français standard* oder familier) und duzen oder siezen Sie.
- Sammeln Sie Ideen zum Thema und zu den Aspekten der Aufgabenstellung:
  - Formulieren Sie am besten gleich auf Französisch. Notieren Sie Stichpunkte.
  - Nützlichen Themenwortschatz finden Sie im *Vocabulaire thématique*. ▶ Webcode, S. 1
    TIPP Wenn Sie zu zweit oder als Gruppe zusammenarbeiten, nutzen Sie Online-Pads zum Sammeln von Ideen. Darin können alle gleichzeitig schreiben und jede/r schreibt automatisch in einer anderen Farbe, sodass man immer weiß, wer was geschrieben hat.
- Planen Sie den Aufbau des Textes:
  - Nutzen Sie, wenn möglich, andere Texte als Modelltext und analysieren Sie deren Aufbau.
  - Gliedern Sie Ihre Stichpunkte in einer Mindmap oder einem Organigramm. ▶ p. 170/35

Typische Merkmale eines Tagebucheintrags
Inhalt
- Gefühle (Freude, Ängste, Hoffnungen ...)
- Bewertungen, Kommentare
- Fragen, z. B. nach Gründen, Möglichkeiten
- Überlegen und Planen, Durchdenken von Handlungsalternativen

Form
- in der Ich-Form
- eher umgangssprachlich
- Wiederholungen
- Satzzeichen (für Gefühle und Pausen)

Typische Merkmale eines inneren Monologs
Inhalt
- Gefühle (Freude, Ängste, Hoffnungen...)
- Bewertungen, Kommentare
- Fragen, z. B. nach Gründen, Möglichkeiten
- Überlegen und Planen

Form
- vorwiegend im Präsens
- in der Ich-Form
- eher umgangssprachlich
- auch abgebrochene Sätze
- Wiederholungen
- Satzzeichen (für Gefühle und Pausen)

16 Während des Schreibens | Pendant l'écriture

1. **Einen Textentwurf schreiben**
   Schreiben Sie einen Textentwurf. Gehen Sie dabei von den Ergebnissen Ihrer Vorbereitung (▶ p. 156/15) aus und achten Sie vor allem auf den inhaltlichen Aufbau. Korrigieren Sie Ihre Gliederung, wenn Sie beim Schreiben merken, dass Ihr Text noch keinen roten Faden hat bzw. dass es manchen logischen Übergängen noch an Stichhaltigkeit fehlt. Künstliche Intelligenz nutzen ▶ p. 172/38

2. **Seinen Text klar gliedern**
   Zu einer klaren Gliederung gehören die Einteilung in Absätze und die Verwendung von Konnektoren (Zeitangaben und logische Bindewörter der Aufzählung, des Gegensatzes, des Grunds und der Folge).

d'abord • ensuite • après • tout à coup • plus tard • et puis • finalement • le matin • l'après-midi • le soir • tôt • tard • à 15 h 25 • de 11 heures à midi • quand • pendant • aujourd'hui • demain • hier • parfois • souvent • toujours

et • ou • alors • en plus • et puis • d'ailleurs

mais • par contre • quand même • d'un côté... de l'autre côté • en fait • pourtant • malgré • alors que

parce que • à cause de • du coup • grâce à • c'est pourquoi • alors • comme (= *da, weil*)

3. **Den Ausdruck verbessern**
   Gestalten Sie Ihren Text so, dass er für Ihre Leser/innen abwechslungsreich ist. Verwenden Sie:
   - Modelltexte: Suchen Sie in Texten der gleichen Textsorte bzw. zum gleichen Thema nach Wendungen (Anreden, Grußformeln, Fachwörter, gute Formulierungen usw.), die Sie wiederverwenden können.
   - Adjektive: *J'appartiens à une génération de jeunes, **motivés, indépendants** et **engagés**.*
   - Adverbien: *Elle a cherché sa clé partout, **vraiment** partout, mais elle ne l'a pas retrouvée, **malheureusement**.*
   - satzvereinfachende Konstruktionen mit Infinitiven (▶ Grammaire, p. 125/8 + 9) oder mit dem *gérondif* (▶ Grammaire, p. 126/10), um komplizierte und fehlerträchtige Nebensätze zu vermeiden: *Comment faire **pour attirer** son attention **sans avoir l'air** idiot ? / Elle lit toujours **en marchant**.*
   - Pronomen: *Rachid a revu Djamila et **lui** a offert la mobylette **avec laquelle** il avait fait le tour du Maroc.*
   - Synonyme: Z. B. statt *dire* zu wiederholen *demander, raconter, répondre* usw. verwenden (je nach Kontext).

4. **Fehler vermeiden**
   Sie wissen, welches Tempus oder welchen Modus Sie verwenden sollen, haben aber vergessen, wie die entsprechende Verbform gebildet wird? Verwenden Sie schon beim Schreiben den *Pense-bête* (▶ p. 217).

17 Nach dem Schreiben | Après l'écriture

Lesen Sie Ihren Text gründlich durch und achten Sie dabei auf folgende Punkte:

Inhalt	Sprache/Ausdruck
✔ Aufgabenstellung erfüllt? ✔ sinnvolle Gliederung (Aufbau, Absätze usw.)?	✔ passendes Register (Standard-Französisch oder Umgangssprache)? ✔ sprachlich gut gegliedert (Konnektoren)? ✔ abwechslungsreich (Wiederholungen vermieden)? ✔ sprachlich korrekt (Grammatik und Rechtschreibung)? Fehlerfahnder ▶ Webcode, S. 1

TIPP Überarbeiten Sie Texte gemeinsam, damit sie inhaltlich und sprachlich besser werden. Am besten so:
- Jede/r aus der Gruppe achtet nur auf einen der oben genannten Punkte.
- Sie arbeiten zusammen in einem digitalen Dokument.

18 Einen offiziellen Brief schreiben | Écrire une lettre officielle

Ein offizieller Brief ist nach einem bestimmten Muster aufgebaut: Er enthält verschiedene „Bausteine“ (z. B. Absender, Empfänger, Anrede, Schlussformel), für die es typische Formulierungen bzw. Darstellungsweisen gibt. Hier ein Bewerbungsschreiben (*lettre de motivation*) als Beispiel:

Absender	Luisa Meier Wilhelmstraße 12 72072 Tübingen Allemagne
Empfänger	AixTech Monsieur/Madame Durand 10, rue de la Fontaine F-13100 Aix-en-Provence
Datum	Tübingen, le 9 janvier 2024
Anliegen/ Betreff	Objet: (Stage d'été dans votre entreprise)
Anrede	Madame/Monsieur, (wenn Sie die Person nicht kennen) Madame la Directrice / Monsieur le Directeur, (wenn Sie die Funktion der Person kennen) Chère madame / Cher monsieur, (wenn Sie die Person schon kennen)
Einleitung	Je viens de lire votre annonce du (5 janvier) au sujet[1] (du stage / de votre job d'été). Merci pour (votre lettre).
Bewerbung	Je voudrais poser ma candidature comme (stagiaire[2] dans votre entreprise).
Vorstellung (Ausbildung, Abschlüsse, Erfahrung)	J'ai (16 ans) et j'ai passé mon brevet (des collèges) (cette année). J'ai déjà une bonne expérience (en informatique). J'ai fait un stage (d'informatique) de (deux semaines) en (troisième) et j'ai trouvé cette expérience (très enrichissante[3]). J'aime (communiquer et travailler en équipe). Le domaine de travail de votre entreprise m'intéresse beaucoup. Je suis bon(ne) en maths et en langues. Ma langue maternelle[4] est (l'allemand). Je parle aussi (français) et (anglais) au niveau (B1).
Hobbys	De plus, j'adore (les sports d'équipe). / Je joue (du piano) depuis (trois) ans.
Berufswunsch	J'aimerais devenir (ingénieur(e) en informatique).
Schluss	Dans l'attente de votre réponse, (+ Schlussformel *Je vous prie d'agréer …*) J'espère pouvoir bientôt faire votre connaissance. (+ Schlussformel)
Schlussformel	Je vous prie d'agréer l'expression de mes salutations distinguées. (sehr förmlich) Respectueuses / Meilleures salutations, (förmlich) Cordialement, (wenn Sie die Person besser kennen) (Luisa Meier)
Anlagen	Pièce(s) jointe(s): CV, Brevet des collèges, Diplôme: DELF B1

1 au sujet de bezüglich **2 le/la stagiaire** der Praktikant / die Praktikantin
3 enrichissant/e *adj.* bereichernd **4 la langue maternelle** die Muttersprache

19 Einen Lebenslauf erstellen | Écrire un CV

Nom : Geldert
Prénom : Felix
Adresse : Hemminger Bogen 24, D-04416 Markkleeberg (Allemagne)
Numéro de téléphone : +49 162 2089465
E-mail : felix_geldert@nomail.de
Date et lieu de naissance : né le 2 juin 2007 à Leipzig

Projet professionnel :	travailler dans la publicité
Formation :	2023 : brevet des collèges (« Mittlerer Schulabschluss ») Lycée Kant à Leipzig-Connewitz
Expérience professionnelle :	octobre 2022 : stage en entreprise Garage « Autopark Borsdorf », près de Leipzig depuis juin 2022 : distribution de prospectus
Langues :	allemand (langue maternelle) anglais (Niveau B1) français (Niveau A2)
Connaissances en informatique :	Word, Powerpoint, Picasa
Hobbys :	photographie, VTT, lecture de biographies

20 Kreative Texte schreiben | Écriture créative

Für das kreative Schreiben gelten die allgemeinen Hinweise zum Schreiben (► p. 156–157/15–17).
Vor dem kreativen Schreiben sollten Sie sich sehr genau mit der Textgrundlage beschäftigt haben.
Nutzen Sie Ihre Erkenntnisse und entwickeln Sie die Handlung weiter unter Beibehaltung

- des Erzählers,
- des Problems bzw. der angelegten Handlung,
- der Hauptfiguren mit ihren Eigenschaften und Erlebnissen,
- der Erzählzeit.

21 Ein *résumé* schreiben | Écrire un résumé

Im *résumé* geht es darum, so kurz wie möglich über die zentralen Informationen eines Textes zu berichten. Markieren Sie die Haupt- und Nebeninformationen im Text und berücksichtigen Sie nur diese. Nutzen Sie dann zum Schreiben und Überprüfen Ihres *résumé* die Checkliste.

✓ Einleitungssatz (Textsorte, Titel, Autor/in, Quelle, Thema)
✓ im Präsens
✓ in der 3. Person
✓ deutlich kürzer als der Originaltext (max. ein Drittel)
✓ keine wörtliche Rede, keine Zitate, sondern Umschreibungen
✓ nur Fakten, keine persönliche Meinung
✓ nur wichtige Informationen
✓ der Reihenfolge des Textes folgen

TIPP Lesen Sie die Aufgabenstellung genau und unterscheiden Sie zwischen einem Teil-*résumé* zu einem oder mehreren Aspekten des Textes (= aspektbezogenes *résumé*) und der Zusammenfassung des gesamten Textes.

ÜBUNG **Lesen Sie die Aufgabenstellungen und geben Sie an, welche Art von *résumé* von Ihnen verlangt wird.**

1. Lisez l'article de journal, puis résumez-le.
2. Lisez l'article de magazine, puis exposez brièvement ce qu'est une « intox ».
3. Résumez le problème du personnage principal de chaque saison de la série et présentez son conflit.
4. Lisez l'extrait de roman, puis faites-en un résumé.

22 Eine Stellungnahme schreiben | Écrire un commentaire personnel

1. Vorbereitung
- Notieren Sie Stichpunkte zu dem in der Aufgabenstellung gegebenen Thema.
- Notieren Sie (z. B. in einem Organigramm ▶ p. 170/35) die unterschiedlichen Standpunkte und Argumente, die es zu diesem Thema gibt. Ergänzen Sie Ihr Organigramm mit Beispielen und Fakten.
- Bilden Sie sich Ihren eigenen Standpunkt und markieren Sie diejenigen Argumente, Beispiele und Fakten, die Ihren Standpunkt stützen.

2. Schreiben
- Schreiben Sie im Präsens.
- Benennen Sie in einem Einleitungssatz das Thema.
- Legen Sie die verschiedenen Standpunkte und die dazugehörigen Argumente dar. Wägen Sie die Argumente gegeneinander ab. Führen Sie, wenn möglich, konkrete Beispiele an.
- Stellen Sie dann Ihren eigenen Standpunkt dar und begründen Sie ihn.
- Machen Sie immer deutlich, ob Sie die Meinung einer anderen Person wiedergeben oder Ihre eigene.
- Fassen Sie in einem Schlusssatz Ihren Standpunkt zusammen.

Einleiten:
Il s'agit de savoir si __.
Seine Gedanken gliedern:
D'abord, / Pour commencer, / Premièrement[1], __.
Ensuite, / Deuxièmement[2], __.
non seulement..., mais aussi[3]
Il faut ajouter[4] que __.
Enfin, / Pour finir, / Pour terminer, __.
Gedanken abwägen:
d'un côté..., de l'autre côté...
Il est vrai que / Il faut dire que __.
Pourtant, / Mais, / Au contraire, __.
D'ailleurs, __.
Modelltext ▶ Webcode. S. 1

Seinen Standpunkt formulieren:
À mon avis, __.
Je pense/crois que __.
Je ne pense/crois pas que (+ *subj.*) __.
Je suis sûr(e)/certain(e) que __.
Je ne suis pas du tout d'accord avec __.
J'ai l'impression que __. / Il me semble[5] que __.
Schlussfolgerungen ziehen:
Donc, / Par conséquent[6], / C'est pourquoi __.
C'est pour cela que __.
C'est la raison[7] pour laquelle __.
On voit donc que __.
J'en tire la conclusion[8] que __.
Pour conclure, on pourrait dire que __.

1 **premièrement** erstens 2 **deuxièmement** zweitens 3 **non seulement ... mais aussi** nicht nur ... sondern auch
4 **ajouter qc** etw. hinzufügen 5 **il me semble** mir scheint 6 **par conséquent** donc 7 **la raison** der Grund
8 **tirer une conclusion** einen Schluss ziehen

23 Eine Figurencharakterisierung schreiben | Faire le portrait d'un personnage

1. Analyse
- Suchen Sie den Text nach Informationen zur Figur ab und notieren Sie diese: Äußeres, Familie, Verhalten, Wünsche usw. Dazu müssen Sie auch zwischen den Zeilen lesen, da nicht alle Informationen zu einer Figur ausdrücklich im Text stehen.
- Belegen Sie die Informationen: Notieren Sie zu jeder Information die dazugehörige Textstelle.
- Werten Sie die Informationen aus: Wie kann man sie deuten? Was sagen sie über die Figur aus? Vorsicht bei Aussagen, die von anderen Figuren stammen! Diese sind subjektiv und müssen zunächst auf Stichhaltigkeit geprüft werden, durch den Abgleich mit anderen Informationen.

2. Schreiben
- Formulieren Sie Ihren Text. Nutzen Sie dabei die Redemittel (s. Kasten), den Modelltext sowie das *Vocabulaire thématique.* ▶ Webcode, S. 1
- Belegen Sie Ihre Aussagen mit Zitaten aus dem Ausgangstext, aber gehen Sie dabei sparsam vor. Es geht nicht darum, so viele Zitate wie möglich aneinanderzureihen. ▶ Zitieren, p. 170/36

<table>
<tr><th colspan="3">FAIRE LE PORTRAIT D'UN PERSONNAGE</th></tr>
<tr><td>Introduction</td><td colspan="2">Le roman/film/court métrage « __ » de __ raconte l'histoire de __ : __</td></tr>
<tr><td colspan="2">Description</td><td>Analyse/Conclusion</td></tr>
<tr><td>Informations générales</td><td>Il/Elle s'appelle __ et a (environ) __ ans.
Il/Elle vit à/en/chez __ .
Il/Elle a un frère / __.
On ne sait pas où / si __.</td><td rowspan="3">Cela veut dire que __.
Cela montre que __.
C'est pourquoi on peut dire que __.
On se rend compte[1] que __.
Pour cela, on peut supposer[2] que __.
Peut-être que __.
En conclusion, __.

1 se rendre compte que... merken, dass ...
2 supposer qc etw. vermuten</td></tr>
<tr><td>Portrait physique</td><td>Il/Elle a __.
Il/Elle est __.
Il/Elle porte __.
On n'apprend rien sur __.</td></tr>
<tr><td>Portrait moral / Comportement</td><td>Il/Elle aime / s'intéresse à __.
Il/Elle refuse de / choisit de __.
Il/Elle dit/pense __.
Il/Elle __.
Pour lui/elle, __.
On apprend que __.</td></tr>
</table>

Éléments	Texte modèle
introduction	Le père de Sarah est un des protagonistes du film « Belle gueule » d'Emma Benestan.
informations générales	On ne sait pas comment il s'appelle. Il a environ 45 ans et vit seul avec sa fille Sarah, qui a 16 ans. On n'apprend rien sur ce qui s'est passé avec la mère de Sarah. Sarah et son père habitent dans une ville ou un village au bord de la mer, en France.
portrait physique / infos générales	Il est grand et mince, il a les cheveux bruns et courts et il porte des vêtements assez normaux, qui n'ont pas l'air d'avoir coûté beaucoup d'argent. Il travaille comme vendeur de beignets à la plage et
interprétation	on peut supposer qu'il gagne peu d'argent parce qu'on comprend que Sarah et lui ne peuvent pas s'acheter à manger ce qu'ils veulent et qu'il ne peut pas lui donner dix euros.
portrait moral	On sent qu'il a beaucoup de responsabilité. Ce qui l'occupe surtout, c'est de gagner assez d'argent pour vivre. C'est un père gentil, qui est proche de sa fille.
interprétation	On le voit à la manière dont ils se parlent quand il font la cuisine ensemble.
portrait moral	Et quand le chef de l'entreprise accuse Sarah de mentir, la met dehors et la pousse, il la défend et refuse de travailler plus longtemps dans l'entreprise.
interprétation	Cela montre qu'il est courageux parce qu'il accepte de perdre son travail pour la défendre.
portrait moral	Il est intelligent parce qu'il a très bien compris que Sarah a honte de vendre des beignets et l'appelle « Madame la princesse ». Peut-être qu'il a aussi compris que Sarah avait menti.
comportement	Mais il devient agressif et oblige Sarah à descendre de la voiture et à rentrer à pied.
interprétation	Cela montre qu'il est blessé parce que sa fille lui dit qu'elle aimerait avoir une vie normale.
comportement	Alors que Sarah ne rentre pas et va faire la fête, il attend qu'elle revienne à la maison.
interprétation	Cela veut dire que la situation le fait souffrir et qu'il a besoin de parler à Sarah.
comportement	Quand Sarah rentre tard dans la nuit et lui demande pardon, il lui demande pourquoi elle se comporte comme ça, mais il lui pardonne et lui dit de ne pas s'inquiéter pour le travail.
interprétation	Cela montre qu'il aime sa fille plus que tout, qu'il est prêt à accepter beaucoup de choses pour ne pas la perdre, qu'il ne se laisse pas décourager et qu'il sait se battre.
conclusion	En conclusion, malgré sa vie difficile, le père de Sarah est un homme fier et indépendant. En plus, il a un grand cœur et ce qui compte le plus pour lui, c'est la relation avec sa fille.

Sprachmittlung | Médiation

24 Die wesentlichen Informationen weitergeben | Transmettre les informations essentielles

Die Grundregeln beim Sprachmitteln von Gesprächen oder schriftlichen Texten lauten:

- Analysieren Sie die Aufgabenstellung und klären Sie folgende Fragen:
  - Welche Textsorte wird von Ihnen erwartet? Welche Textsortenmerkmale müssen Sie berücksichtigen?
  - Wer ist der Adressat, an den Sie sich wenden sollen? Was erfahren Sie über ihn/sie (Alter, Geschlecht, Wohnort, Interessen, Vorhaben usw.)? Wie müssen Sie ihn/sie ansprechen (mit „du" oder „Sie", vereinfacht oder nicht, knapp oder umfassend, umgangssprachlich oder standardsprachlich usw.)?
  - Was ist die Situation / der Anlass?
- Lesen Sie den Ausgangstext und finden Sie darin alle Informationen, die für Ihren Adressaten in dieser Situation wichtig sind. Notieren Sie sie stichpunktartig.
- Berücksichtigen Sie kulturelle Unterschiede (z. B. Dinge, die es in der anderen Kultur nicht gibt oder dort anders sind, Humor ...) und erklären Sie diese, wenn sie für das Verstehen des Sachverhalts wesentlich sind.
- Formulieren Sie Ihren Text:
  - Leiten Sie Ihren Text ein, indem Sie die Situation / den Anlass in Erinnerung rufen, z. B. « *Tu m'as demandé si je connaissais un sport extrême qui pourrait te plaire.* »
  - Übersetzen Sie nicht Wort für Wort oder Satz für Satz. Lassen Sie alles weg, was nicht mit der Situation oder dem Anlass zu tun hat.
  - Wenn Ihnen das passende Wort fehlt, umschreiben Sie es. ▶ Wörter umschreiben, p. 169/33

ÜBUNG

1 Hören Sie sich das Gespräch zwischen Maxime und Mme Laval an. Nehmen Sie dann die Rolle von Maxime ein (einem jungen Franzosen, dessen Mutter Deutsche ist). Rufen Sie Ihre Mutter an (auf Deutsch): Erzählen Sie ihr kurz, was passiert ist, und teilen Sie ihr mit, was sie wissen sollte.

2 Erklären Sie den jeweils angegebenen Personen die folgenden Begriffe:

1. Aurélien, 17 ans, Cameroun, fan de foot : *Fußball-Europa-Meisterschaft – FIFA – FC Bayern München*
2. Marie-Pierre, France, 73 ans, fan de littérature et de photos : *Instagram – Pinterest – Fanfiction*
3. Joëlle, 23 ans, Sénégal, étudiante qui rêve de s'installer en Allemagne : *Aufenthaltsgenehmigung – Arbeitserlaubnis – Uni-Immatrikulation*
4. Daniel, 17 ans, France, élève de première : *Abiturprüfung – Abistreich*

Textanalyse und Kommentar | Analyse et commentaire de textes

Texte sind z. B. Sachtexte, narrative Texte, lyrische Texte, aber auch Filme, Bilder und Statistiken. Da jede Textsorte über eigene Gestaltungsmittel und Wirkungsabsichten verfügt, erfordern die verschiedenen Textsorten in der Erarbeitung unterschiedliche Herangehensweisen.

25 Sachtexte | Le texte non littéraire

Die meisten Texte, mit denen wir es im täglichen Leben zu tun haben, sind Sachtexte (z. B. Zeitungsartikel, Interviews, Blogs, Essays). Häufig lohnt es sich, auf die Gestaltung des Textes zu achten, um sich einen ersten Eindruck von seinem Inhalt zu machen.
Ihre schriftliche Textanalyse sollten Sie folgendermaßen aufbauen:

- Einleitung: Nennung von Textsorte, Autor/in, Titel und kurze Darstellung von Thema und Anlass
- Inhaltsangabe ▶ Ein *résumé* schreiben, p. 159/21
- Analyse der beabsichtigten Wirkung (*l'intention* f.): Soll der Text informieren (*informer*), erklären (*expliquer*) oder Stellung nehmen und überzeugen (*prendre position et convaincre*)?
- Bewertung des Standpunktes (*le point de vue de l'auteur/e*) und der Argumentation
▶ Eine Stellungnahme schreiben, p. 160/22

26 Narrative Texte | Le texte narratif

Zu den narrativen Texten (= Erzähltexten) zählen z. B. folgende Gattungen (*les genres* m. pl.): *le roman* (der Roman), *le récit* (die Erzählung), *la nouvelle* (die Novelle, die Kurzgeschichte), *le conte* (das Märchen, die Erzählung). Wichtige Aspekte in narrativen Texten sind:

l'action *f.*	les personnages *m. pl.*	le temps	le lieu	la perspective narrative
die Handlung	die Figuren	die Zeit	der Ort	die Erzählperspektive

Ihre schriftliche Textanalyse sollten Sie folgendendermaßen aufbauen:

1. Allgemeine Informationen zum Text:
- Werk, Gattung, Autor/in (und evtl. Epoche)

Cet extrait[1] est tiré[2] Il s'agit d'un extrait	du roman de la nouvelle __	« __ » de l'auteur/e	français /e ivoirien/ne __	__.

2. Überblick über den Inhalt des Textes:
- zentrales Thema und Situation
- Zeit und Ort
- handelnde Personen und ihre Beziehung zueinander
- Erzählperspektive

Cet extrait	a pour thème parle de	(l'amitié entre deux garçons) / __.
L'action L'histoire	se déroule[3] a lieu	(au 20e siècle / pendant la Seconde Guerre mondiale / __). (à Paris / __).

Le personnage principal est / Les personnages principaux sont __.
Les personnages secondaires sont __.

Il s'agit d'un récit	à la 1ère personne[4]. à la 3e personne[5].

Le narrateur / La narratrice[6] est __.

L'histoire est racontée du point de vue[7]	de __. d'un narrateur omniscient[8].

3. Analyse:
- in Form einer Figurencharakterisierung (▶ p. 160/23) oder zu einzelnen, vorgegebenen Aspekten
- dabei formale und stilistische Besonderheiten, die im Zusammenhang mit dem Inhalt und der Aussage des Textes stehen, untersuchen sowie ihre Wirkung und Funktion beschreiben

Au sens propre[9], « __ », c'est __. / Au sens figuré[9], le mot « __ » veut dire « __ » .
Les différences de (langage) soulignent[10] le contraste entre __ et __.
L'utilisation du (conditionnel) montre le caractère (virtuel) de (cette scène).

La métaphore de (la glace)	renforce l'ambiance / l'effet de (violence). exprime[11] (l'indifférence du personnage).

4. Schluss

1 un extrait ein Auszug **2 être tiré/e de qc** aus etw. stammen **3 se dérouler** spielen **4 le récit à la 1ère personne** die Ich-Erzählung **5 le récit à la 3e personne** die auktoriale Erzählung **6 le/la narrateur/-trice** der/die Erzähler/in **7 le point de vue** der Blickwinkel, die Perspektive **8 omniscient/e** *adj.* allwissend **9 au sens propre/figuré** im wörtlichen / im übertragenen Sinn **10 souligner qc** etw. unterstreichen **11 exprimer qc** etw. ausdrücken

27 Lyrische Texte: Gedichte, Lieder, Slams | Le poème, la chanson, le slam

Ihre schriftliche Textanalyse sollten Sie folgendermaßen aufbauen:

1. Untersuchen Sie den Text inhaltlich (Thema, lyrisches Ich, Adressat, Handlung, Stimmung).
2. Untersuchen Sie den formalen Aufbau des Textes (Strophen, Verse, Reime, Rhythmus).
3. Analysieren Sie die in der Aufgabenstellung geforderten Aspekte.
4. Stellen Sie im Schlussteil auf der Grundlage Ihrer Analyse Vermutungen zur Aussage/Wirkungsabsicht des Werkes an.
5. *im Falle eines Liedes*: Untersuchen Sie die Wirkung der Musik im Verhältnis zum Text.

1. Inhalt

- Was ist das Thema?
- Was erfahren Sie über das lyrische Ich?
- Richtet sich das Gedicht an jemanden? An wen?
- Was passiert? Wie ist die Grundstimmung?

Le poème[1] / Le slam La chanson	parle de __. décrit __.
Le thème du poème/__ est __.	
Le « je » lyrique[2]	s'adresse[3] à __. exprime[4] __.
L'ambiance est calme[5]/triste/__.	

2. formaler Aufbau

- Strophen
- Verse
- Reime
- Rhythmus

Le poème Le slam La chanson	est composé/e[6] de (quatre) strophes de (quatre) vers. n'a pas de strophes.
Il y a des rimes[7]. / Il n'y a pas de rimes.	
Le rythme est rapide / est lent[8] / fait penser à __.	

3. Analyse ► p. 163/26.3

4. Schluss

- Vermutungen zur Aussage/Wirkungsabsicht des Werkes

En résumé,	ce poème ce slam cette chanson	veut montrer (qu'il faut apprécier la nature). exprime (l'idée que le travail est une perte de temps). critique (les clichés) et veut nous faire réfléchir à (notre attitude). a un message (d'espoir) et nous laisse une impression (positive).

5. *im Falle eines Liedes*: Wirkung der Musik im Verhältnis zum Text

- Verstärkt sie die Textaussage oder entsteht ein Kontrast zwischen Musik und Text?
- Wie ist die Wirkung?

Il y a une correspondance[9] / un contraste entre la musique et les paroles.	
Le caractère de la musique	renforce[10]/souligne[11] le message des paroles. s'oppose[12] à ce que les paroles expriment.
Cela crée un effet d'humour / d'ironie / __.	

1 **le poème** das Gedicht 2 **le « je » lyrique** das lyrische Ich 3 **s'adresser à qn** sich an jdn wenden
4 **exprimer qc** etw. ausdrücken 5 **calme** *adj. m./f.* ruhig 6 **être composé/e de qc** aus etw. bestehen
7 **la rime** der Reim 8 **lent/e** *adj.* ≠ rapide 9 **la correspondance** die Übereinstimmung
10 **renforcer qc** etw. verstärken 11 **souligner qc** etw. unterstreichen 12 **s'opposer à qc** im Gegensatz zu etw. stehen

28 Stilmittel | Les moyens stylistiques / Les procédés d'écriture

Stilmittel stehen nicht für sich allein, sondern tragen zur Bedeutung des Textes bei, z. B. indem sie die Bedeutung der Worte verstärken oder den Worten eine zusätzliche Bedeutung hinzufügen.

Nom et explication	Exemple d'analyse	Exemples
l'allitération *f.* = *die Alliteration* Wiederholung eines konsonantischen Lauts, am Anfang mehrerer Wörter bzw. Silben	L'allitération (en « s ») fait penser au bruit (d'un serpent) et crée un effet (d'agressivité).	Tu es **s**ûr et **c**ertain que **c**'est **s**ous **c**et arbre qu'il faut attendre ?
la répétition = *die Wiederholung* Wiederholung einzelner oder mehrerer Wörter bzw. Satzteile	La répétition souligne un mot et renforce sa signification.	**Soir, soir, soir,** tu es le moment de l'espoir.
le parallélisme = *der Parallelismus* Wiederholung gleicher Strukturen (z. B. wenn zwei aufeinanderfolgende Sätze, Satzteile oder Verse denselben Aufbau haben)	Le parallélisme crée un effet de régularité ou d'insistance. Il peut aussi renforcer une ressemblance ou un contraste.	**Adores-tu** les avions ? **Aimes-tu** les bateaux ? **Préfères-tu** rester là ou **Acceptes-tu** de venir avec moi ?
l'énumération *f.* = *die Aufzählung* Aufzählung verschiedener Begriffe, z. B. als Häufung oder als Steigerung	L'énumération permet d'insister sur des éléments, de les exagérer ou de donner des détails.	Ces enfants-là ne joueront jamais **au tennis, au badminton, au golf**.
la question rhétorique = *die rhetorische Frage* Scheinfrage, die keine Antwort erwartet, da diese dem Sprecher bereits bekannt ist	La question rhétorique aide à convaincre le lecteur / la lectrice parce qu'elle utilise des idées sur lesquelles il/elle est déjà d'accord.	Et si c'est une professeure ? Est-ce qu'elle devra, elle aussi, aller travailler ailleurs ? Est-ce qu'on va juste se dire « Tant pis pour eux » ?
la personnification = *die Personifizierung* Vermenschlichung von Tieren oder Gegenständlichem	La personnification fait agir des choses qui en fait n'agissent pas et fait comprendre la place que prend une chose ou la relation qu'on a avec elle.	Quand elle s'est levée, **le soleil** lui **a dit** bonjour.
la comparaison = *der Vergleich* Bedeutungsannäherung, die ausdrücklich stattfindet, durch den Gebrauch von *comme* oder von *ressembler à qc*	La comparaison explique une idée ou un mot par une image pour stimuler l'imagination du lecteur / de la lectrice.	J'ai lutté **comme un lion**.
la métaphore = *die Metapher* Bedeutungsübertragung eines Wortes oder einer Wortgruppe in einen anderen Bedeutungszusammenhang als den eigentlichen	La métaphore associe une nouvelle image à un mot ou à une idée et surprend et/ou fait réfléchir le lecteur / la lectrice.	Ne refusez pas **les roses de la vie** !

29 Bilder | L'image

Ihre schriftliche Bildanalyse sollten Sie folgendermaßen aufbauen:

1. Beschreibung des Bildes

Il s'agit	d'une photo / d'un tableau / __. d'une publicité pour __.

La photo / Le tableau s'appelle « __ ».
Il/Elle date du 19e siècle / de 1904 / __.
Il/Elle montre/représente[1] __.
Le slogan, c'est « __ ».

Au premier plan, / À l'arrière-plan, À gauche, / À droite, / Au centre, En haut / En bas, Devant / Derrière / À côté (de) __, En dessous de __, / Au-dessus de __, Ici/Là,	on voit __. il y a __.

On ne voit pas __.
On dirait que __.
Peut-être que __.

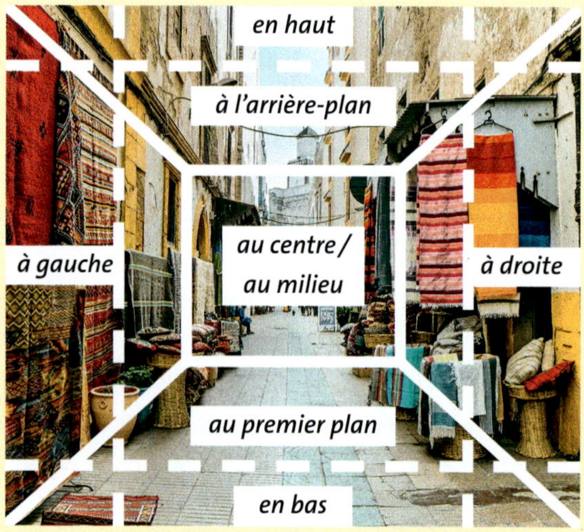

1 **représenter qc** etw. darstellen

2. Wirkung des Bildes auf den Betrachter

La photo L'image La publicité	a quelque chose de __ / est __. (me) fait penser à __. associe __ à __ / suggère[1] que __.
La couleur __ __	évoque[2] __. est un symbole de __.

1 **suggérer que...** nahe legen, dass ... ; jdm etw. weismachen 2 **évoquer qc** an etw. erinnern

3. Aussage des Bildes / Kommentar

La photo L'image	montre que veut nous faire réfléchir à critique	__.

Le message de cette publicité, c'est __.
À mon avis, __.
Je trouve/pense que __.

30 Karikaturen | La caricature

Ihre schriftliche Karikaturanalyse sollten Sie folgendermaßen aufbauen:

1. Stellen Sie die Karikatur kurz vor (Titel, Zeichner, Erscheinungsort und -datum)
2. Beschreiben und analysieren Sie die Karikatur.
3. Bestimmen Sie die Aussage der Karikatur.
4. Kommentieren Sie die Aussage.

Michel Cambon, Tandem, Jeune Europe, 09.05.2023

Hier finden Sie die Beispiel-Analyse der Karikatur von S.166. ▶ Webcode, S.1

1. Einleitung / kurze Vorstellung des Dokuments:
Titel, Zeichner/in, Erscheinungsort, Erscheinungsdatum

Ce document est une caricature intitulée[1] « (Tandem) » de (Michel Cambon).
Elle est parue[2] le (9 mai 2023) dans (le journal / le magazine) « (Jeune Europe) ».
Son sujet[3] est (la coopération franco-allemande en Europe).

2. Bildbeschreibung und Analyse:

- Wer/Was ist zu sehen? ▶ Bilder, p.166/29
  TIPP Beschreiben Sie das Bild sehr genau, wie für jemanden, der es nicht sieht.
- Wofür stehen die abgebildeten Personen, Gegenstände und/oder Handlungen?
- Wie sind sie dargestellt und welche Wirkung wird damit erzielt?
- Gibt es weitere Symbole?
  Karikaturen behandelt meistens aktuelle Ereignisse. Auf welches Ereignis nimmt die Zeichnung Bezug?
  TIPP Informieren Sie sich über die Zeit, aus der die Karikatur stammt.
  evtl.: Worin besteht der Witz der Zeichnung?

On voit __.
Il s'agit de __.
On le/la/les reconnaît[4] à __.

Peut-être que On peut supposer[5] que Probablement,	représente[6] __. symbolise __.
—	suggère/nt[7] que __. fait/font allusion[8] à __.

3. Aussage der Karikatur:

La caricature	montre met en relief[9] critique se moque de	__.

4. Kommentar:

- Inwieweit trifft die Aussage der Karikatur zu?
- Berührt der/die Zeichner/in ein wichtiges gesellschaftliches oder politisches Problem?

Aujourd'hui, nous pouvons dire que __.
À mon avis, __.
Je me demande si __.

1 **intitulé/e** qui s'appelle 2 **est paru/e** ist erschienen, wurde veröffentlicht 3 **le sujet** das Thema
4 **reconnaître qn (à qc)** jdn (an etw.) erkennen 5 **supposer que** vermuten, dass 6 **représenter qc** etw. darstellen
7 **suggérer que** nahe legen, dass 8 **faire allusion à qc** auf etw. anspielen 9 **mettre en relief qc** etw. hervorheben

31 Filme | Le film

Beim Film unterscheidet man unter anderem folgende Gattungen (*les genres*): *la comédie, le drame, le film d'action, le film de science-fiction, le documentaire*. Alle Filmgenres haben eines gemeinsam: Es ist nicht nur wichtig, was dargestellt wird, sondern auch wie es dargestellt wird.

TIPP Nutzen Sie zur Analyse einer Filmsequenz die Analysetabelle hinter Webcode. ▶ Webcode. S.1

Ihre schriftliche Filmanalyse sollten Sie folgendermaßen aufbauen:

1. Handlung (*l'action*):

- Aus welchem Film stammt die Szene/Sequenz?
- Worum geht es? Was passiert?

Cette scène/séquence est tirée[1] du film « __ », réalisé par __ en __.
Dans cette scène/séquence, __.

1 **être tiré/e de qc** aus etw. stammen

2. Bild (*la caméra*): Kameraeinstellung (*le cadrage / plan*) und Kameraführung (*le mouvement de la caméra*):

– *le cadrage / les plans:*

le plan d'ensemble

le plan de demi-ensemble

le plan moyen

le plan américain / rapproché

le gros plan

le très gros plan

– *les mouvements de la caméra:*

le panoramique

le travelling

le champ-contre-champ

l'angle *m.* normal

la plongée

la contre-plongée

3. Ton (*le son / la bande sonore*): Dialoge, Musik, Hintergrundgeräusche:

– Gibt es einen Dialog (und wenn ja, welche Art von Dialog? zwischen wem und wem? zu welchem Thema? mit welcher Stimmung?)? Spricht eine Off-Stimme (*une voix off*)?
– Wird Musik gespielt (und wenn ja, zu welchem Zeitpunkt? welche Art von Musik: Stil? Text? Stimmung?)?
– Hört man (Neben-)Geräusche (*des bruitages* m. pl.)?

4. Wirkung/Aussage:

– Wie ist die Stimmung (*l'ambiance f. / l'atmosphère f.*)?
– Wie stehen die Handlung und die filmischen Gestaltungsmittel zueinander (Kameraeinstellung, Ton)?
– Welche Wirkung hat die Szene auf den/die Zuschauer/in?

L'ambiance / L'atmosphère est...

euphorique.
idyllique.
romantique.
joyeuse[1].

triste.
tendue[2].
dramatique.
tragique.

mystérieuse.
onirique[3].

solennelle[4].

comique.
grotesque.

Le gros plan	montre(nt) les sentiments[6] de __.
Le plan large	crée(nt) une atmosphère __.
Les images	donne(nt) l'impression que __.
La musique	souligne(nt)[7] le contraste entre __ et __.
Les bruitages[5]	renforce(nt)[8] l'ambiance / l'effet __.

Cette scène/séquence	montre critique	__. que __. comment __.

1 **joyeux/-euse** *adj.* fröhlich 2 **tendu/e** *adj.* angespannt 3 **onirique** *adj. m./f.* de rêve 4 **solennel/le** *adj.* feierlich 5 **le bruitage** das Geräusch 6 **le sentiment** das Gefühl 7 **souligner qc** etw. unterstreichen 8 **renforcer qc** etw. verstärken

32 Statistiken und Grafiken | La statistique et l'infographie

Ihre Analyse einer Statistik oder Infografik sollten Sie folgendermaßen aufbauen:

1. Thema, Zeitraum, Quelle

Ce tableau[1] Ce diagramme Cette infographie	est une statistique de (2022) sur montre	(le temps passé en ligne). (l'évolution du nombre d'enfants par femme entre 1900 et 2022).

2. Informationen

La moitié / Plus de la moitié La plupart / La majorité (Presque/Environ) un tiers / deux tiers Un quart / Trois quarts (Quarante) pour cent Une minorité	des Français / __ des jeunes des plus de (15) ans des moins de (18) ans des (13) à (20) ans	trouvent / pensent que __. croient que __. possèdent[2] __. préfèrent __. sont pour / contre __. __.

Il y a une (grande) différence entre (2017) et (2023).

Il y a plus/moins/autant de	personnes qui __ __	que de	personnes qui __. __.

Le nombre de	personnes qui __ __	a baissé[3]/augmenté[4] entre __ et __. est resté constant entre __ et __.

3. Zusammenfassung

En conclusion, En résumé,	on peut dire que (les Français passent plus de la moitié de leur vie éveillée en ligne).

1 **le tableau** die Tabelle 2 **posséder qc** etw. besitzen 3 **baisser** sinken 4 **augmenter** steigen

Arbeitstechniken | Techniques de travail

33 Wörter umschreiben | Paraphraser des mots

Wenn Ihnen beim Sprechen ein wichtiges Wort fehlt, können Sie diese Strategien nutzen, um zu umschreiben, was Sie meinen:

Strategie	Beispiele
Erläutern Sie das Wort mit Hilfe eines Relativsatzes.	– ein Anlegesteg → *l'endroit où on monte dans un bateau* – unsichtbar → *quelque chose qu'on ne peut pas voir* – ein Geigenbogen → *l'objet avec lequel on joue du violon*
Beschreiben Sie seine Verwendung (mit *pour + inf.*).	– eine Taschenlampe → *une lampe pour faire une balade, la nuit*
Erklären Sie das Wort mit einem Wort aus der gleichen Familie.	– eine Beschreibung → *C'est quand on décrit quelque chose.*
Vergleichen Sie es mit etwas anderem, das Sie ausdrücken können.	– ein Busch → *C'est une plante qui est un peu comme un arbre, mais plus petite.*
Erklären Sie über Beispiele.	– Komiker → *Ce sont des gens comme Natoo et Gad Elmaleh.*

34 Worterschließungsstrategien | Déduire le sens des mots

- Kenntnisse aus anderen Sprachen nutzen (Achtung *faux amis*!)
- Wörter über Wortfamilien erschließen: gemeinsamer Wortstamm, andere Wortart, Vor- und Nachsilben …
- Wörter über den Kontext erschließen („Verstehensinseln“)

TIPP Wenn Sie Zweifel haben und annehmen, dass das Wort entscheidend für Ihr Textverständnis ist, schlagen Sie es im Wörterbuch nach. ▶ Mit dem Wörterbuch arbeiten, p. 171/37

Vorsilben | Les préfixes *m. pl.*
- Gegenteil: *im(possible), in(fatigable), dé(conseiller)*
- Wiederholung: *re(partir), ré(intégrer), se r(habiller)*
- höherer Grad: *sur(chargé), extra(ordinaire), ultra(secret), hyper(actif)*

Nachsilben | Les suffixes *m. pl.*
- Personen:
  -teur/-trice (un présentateur / une présentatrice), -ier/-ière (un couturier / une couturière), -ien/-ienne (un comédien / une comédienne), -iste (un/une journaliste), -eur/-euse (un menteur / une menteuse)
- Gegenstände, Sachverhalte und abstrakte Begriffe (Substantive):
  -ade f. (la promenade), -age m. (le chauffage), -té f. (la rivalité), -ment m. (le ciment), -tion f. (la révolution)
- Eigenschaften (Adjektive):
  -al/-ale (amical/-ale), -eux/-euse (amoureux/-euse), -ant/-ante (fatigant/-ante), -iste (réaliste), -able (confortable), -ible (flexible)

35 Mit einem Organigramm arbeiten | Travailler avec un organigramme

In Organigrammen kann die Beziehung zwischen Gedanken sichtbar gemacht werden. Man kann sie sowohl bei der Erarbeitung von Textinhalten als auch als Vorbereitung zum Schreiben von eigenen Texten nutzen. Im Gegensatz zum Assoziogramm ist ein Organigramm zwingend hierarchisch gegliedert.
- Notieren Sie das Schlüsselwort oder den Schlüsselsatz oben oder in der Mitte.
- Fügen Sie andere Wörter oder Ausdrücke hinzu, die mit dem Schlüsselwort in Verbindung stehen.
- Stellen Sie logische Zusammenhänge her, indem Sie Begriffe durch Linien verbinden und mit Symbolen versehen.
- Verwenden Sie Farben, um wichtige Aspekte hervorzuheben.

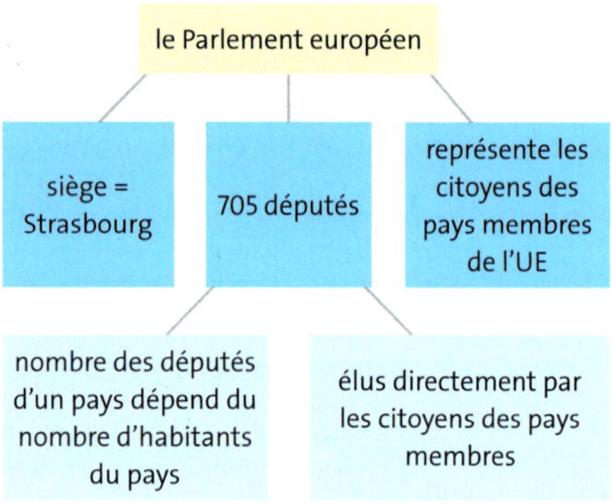

36 Zitieren | Citer le texte

Bei der Analyse eines Textes müssen Sie Ihre Aussagen belegen, indem Sie sich (direkt oder indirekt) auf den Text beziehen.
Ein **direktes Zitat** gibt den Originaltext wörtlich wieder und muss als solches erkennbar sein durch die Verwendung von:
- (französischen) Anführungszeichen, damit Zitatanfang und Zitatende klar erkennbar sind → « … »
- dem Zitat angefügte Klammern mit Angabe der Textzeile und gegebenenfalls der Seite → *(p. …, l. …) / (l. …)*
  « les moments-clés de l'Histoire franco-allemande » (p. 46, l. 18–19).
- eckigen Klammern, wenn Wörter hinzugefügt oder weggelassen werden → *[…]*
  Thierno écrit qu' « [il fera] tout ce qu'il faudra pour [s'] adapter » (p. 83, l. 18).

Auch **indirekte Zitate,** also eine Wiedergabe mit anderen Worten, müssen Sie als solche kennzeichnen:
D'après l'auteur/e de l'article / Soprano, les réseaux sociaux prennent trop de place dans notre vie (p. 58, l. 35–39).
L'article affirme que le Paris de la série « Emily in Paris » est trop peu multiculturel pour être réaliste (p. 70, l. 14–20).

37 Mit dem Wörterbuch arbeiten | Travailler avec le dictionnaire

Machen Sie sich mit Ihrem Wörterbuch vertraut. Eine Liste der verwendeten Symbole und Abkürzungen, grammatische Übersichten, Verbkonjugationstabellen sowie Hinweise zur Aussprache befinden sich üblicherweise am Anfang oder im Anhang des Wörterbuches.

1. Das französisch-deutsche Wörterbuch

- Schlagen Sie das französische Wort unter seiner Grundform nach (d. h. Verben im Infinitiv, Nomen im Singular und Adjektive in der maskulinen Singularform).
- Lesen Sie die Hinweise zum Gebrauch des Wortes und suchen Sie die Bedeutung heraus, die zum Textzusammenhang passt.
- Sie haben das gesuchte Wort oder den gesuchten Ausdruck nicht im Wörterbuch gefunden? Wandeln Sie Ihre Suche ab:

Problem	Strategie	Beispiel	Vorgehensweise
zusammengesetzte Wörter	– ohne Vorsilbe suchen – als andere Wortart suchen	*la déconnexion* – unter *déconnexion* nichts gefunden	ohne Vorsilbe *dé-* suchen (*connexion* = „Verbindung“) → „Trennen“, „Ausloggen“
zusammengesetztes Substantiv mit *de*	– die Bestandteile des Substantivs einzeln nachschlagen – zu einem deutschen Wort zusammensetzen	*l'agent d'assurances* – unter *agent* nichts gefunden	*agent* (= „Angestellter“) und *assurance* (= „Versicherungen“) nachschlagen → „Angestellter“ + „Versicherungen“ = „Versicherungsangestellter“
zusammengesetzter Ausdruck	– unter den anderen Wörtern des Ausdrucks nachschlagen	*rendre justice à qn* – unter *rendre* nichts gefunden	unter *justice* nachschlagen → „jdm gerecht werden“

2. Das deutsch-französische Wörterbuch

- Lesen Sie immer den gesamten Eintrag. Hat das deutsche Wort verschiedene Bedeutungen oder Bedeutungsnuancen, finden Sie die Bedeutung, die zu dem passt, was Sie ausdrücken wollen.
  TIPP Versuchen Sie nicht, zusammengesetzte Ausdrücke zu übersetzen, indem Sie sie aus einzeln übersetzten Wörtern „zusammenbauen“, sondern versuchen Sie sie als Ganzes zu finden, indem Sie unter den Bestandteilen des Ausdrucks nachschlagen. Z. B. heißt „jemanden auf andere Gedanken bringen“ nicht ~~apporter quelqu'un sur d'autres idées~~, sondern *changer les idées à quelqu'un* und diesen Ausdruck findet man als Ganzes, wenn man unter „andere“, „Gedanken“ oder „bringen“ nachschlägt.
- Berücksichtigen Sie die Hinweise zur Aussprache sowie die Angaben zur grammatischen Verwendung, z. B. ob ein Verb mit direktem (*qn/qc*) und/oder indirektem (***à*** *qn/qc*) Objekt verwendet wird.
- Prüfen Sie Ihre Übersetzung, indem Sie sie im französisch-deutschen Wörterbuch nachschlagen.

Auch wenn sie sich mit der Übersetzung von Redewendungen und Wortspielen noch schwer tun, Übersetzungsprogramme (z. B. Google Übersetzer oder DeepL) werden immer besser und sind in manchen Situationen sehr hilfreich. Aber: Diese Programme können das Sprachenlernen nicht ersetzen. Denn durch das selbstständige Sprechen und Schreiben einer Fremdsprache lernen Sie andere Einstellungen und Werte kennen (z. B. was in der anderen Kultur höflich ist) und überprüfen dadurch Ihre eigenen Denk- und Handlungsgewohnheiten – Sie lernen also fürs Leben!

ÜBUNG

1. **Finden Sie im Wörterbuch die deutsche Entsprechung der folgenden Wörter und Ausdrücke:**
   la voiture d'occasion • faire face à qn • la boîte d'allumettes • la réapparition • rendre l'âme • l'inefficacité
2. **Finden Sie im Wörterbuch die französische Entsprechung der folgenden Begriffe:**
   eine Forderung stellen • in Kraft treten • auf etwas Wert legen • die Flinte ins Korn werfen

3. Das einsprachige Wörterbuch

Hier finden Sie eine Vielzahl von Informationen: die Schreibweise eines Wortes, seine Aussprache, seine grammatischen Eigenschaften, mögliche Kontexte, typische Wendungen. Beachten Sie Folgendes, um das einsprachige Wörterbuch sinnvoll zu nutzen:

- Wenn Sie die Bedeutung eines Wortes in einem bestimmten Kontext suchen, lesen Sie sich alle Einträge zu einem Wort durch, auch die Beispiele typischer Wendungen.
- Überprüfen Sie grammatische Eigenschaften eines Wortes (z. B. ob ein Verb eine bestimmte Präposition erfordert, ob es unregelmäßige Formen hat, usw.).
- Viele Wörterbücher enthalten auch Wörter mit gleichem Wortstamm, Synonyme und Antonyme, die Sie nutzen können, um abwechslungsreicher zu formulieren.

genre:
m. = masculin
f. = féminin

syn. = synonyme
contr. = contraire

catégorie grammaticale:
v. intr. = verbe intransitif
v. trans. = verbe transitif

n. = nom/substantif
adj. = adjectif
adv. = adverbe
prép. = préposition

lutte [lyt] n. f. 1. Effort fait par une personne, combat mené par un individu ou un groupe pour venir à bout d'un rival, d'un obstacle, d'un danger ou pour résister à une attaque: *La lutte contre un adversaire* (syn.: CONFLIT AVEC; contr.: ACCORD). – 2. Sport consistant à essayer de renverser et de maintenir à terre un adversaire. – 3. Opposition de deux ou plusieurs choses: *Des luttes d'intérêts* (syn.: CONFLIT) ◆ **lutter** [lyte] v. intr. Entrer en lutte avec quelqu'un ou quelque chose: *Les deux boxeurs ont lutté avec acharnement* (syn.: SE BATTRE). *Cesser de lutter* (syn.: RÉSISTER) ◆ **lutteur, lutteuse** n. 1. Personne qui pratique le sport de la lutte – 2. Personne qui fait preuve d'ardeur, de ténacité, d'énergie: *Tempérament de lutteur.*

Folgendes können Sie tun, um mit weniger Aufwand Wortschatz zu lernen, zu festigen und zu erweitern:

- Lernen Sie neue Wörter in zusammenhängenden Wendungen, z. B. Verben mit passenden Ergänzungen.
- Bringen Sie neue Wörter mit Wörtern, die Sie schon kennen, in eine inhaltliche Verbindung und lernen Sie sie zusammen, z. B. Synonyme, (Wörter mit gleicher oder ähnlicher Bedeutung), Antonyme (Gegenteile), Wörtern aus derselben Wortfamilie (z. B. Verb und Nomen) oder Ober- und Unterbegriffen.
- Fast die Hälfte des englischen Wortschatzes stammt aus dem Französischen! Lernen Sie daher verwandte Wörter beider Sprachen zusammen. Aber markieren Sie dabei Unterschiede in der Schreibung.
- Lernen Sie gewisse Regelmäßigkeiten, z. B. Endungen, die typisch für weibliche oder männliche Nomen sind. Typisch weibliche Endungen: *-tion, -ette, -ie, -ure, -ce, -té, -ade, -ine, -euse.* Typisch männliche Endungen: *-ent, -eau, -age, -in, -ier, -eur.*

38 Künstliche Intelligenz (KI) nutzen | Se servir de l'intelligence artificielle (IA)

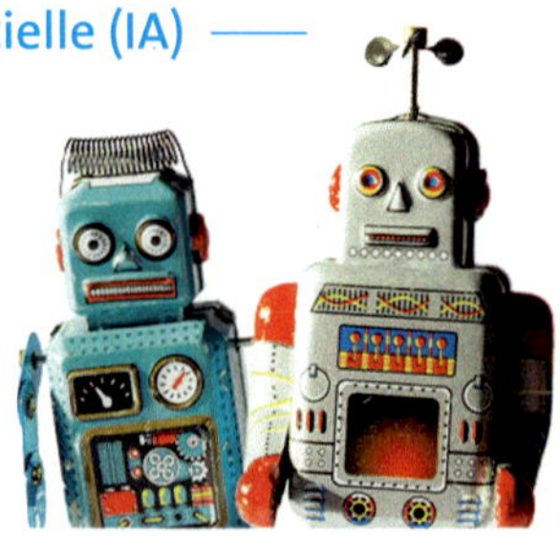

Nutzen Sie Text-KIs auf sinnvolle Art und Weise:

- Geben Sie Ihre Aufgabe ein sowie weitere Anforderungen (= die Ergebnisse Ihrer Vorbereitung). Die Text-KI liefert Ihnen dann eine Grundlage, mit der Sie weiterarbeiten können.
- Lassen Sie die Text-KI mehrmals dieselbe Aufgabe bearbeiten. Da die Text-KI eine Aufgabe nie gleich löst, können Sie die so enstehenden Text-Varianten nach gelungenen Elementen absuchen.

TIPP Verlassen Sie sich nicht auf die von den Text-KIs genannten Fakten, sondern überprüfen Sie sie durch eine Recherche (► p. 173/40). Text-KIs sind keine Nachschlagewerke und es kommt vor, dass sie Fakten, die ihnen zur Erledigung der Aufgabe günstig erscheinen, einfach „erfinden“. Prüfen Sie den Text auch auf Stereotype, da Text-KIs diese in ihren Textdatenbanken vorfinden und reproduzieren.

TIPP Um die Qualität eines KI-generierten Textes einzuschätzen, braucht es Erfahrung mit Texten. Diese gewinnen Sie vor allem, indem Sie selbst Texte schreiben. Nutzen Sie die KI daher nicht für jede Aufgabe.

39 Im Internet recherchieren | Faire une recherche sur Internet

1. Gute Suchanfragen formulieren

Das Internet steckt voller Informationen. Hier ein paar Tipps, wie Sie treffsicher recherchieren können:

- Überlegen Sie sich gute Suchbegriffe für Ihr Thema. Je weiter Sie Ihre Suche einschränken, desto schneller finden Sie brauchbare Informationen.
- Suchen Sie verlässliche Fakten auf offiziellen Webseiten (z. B. Webseiten, deren URL auf .fr, oder .org endet).

MK: Wenn das Wort „Anzeige" oder „Ad" vor einem Suchergebnis steht, handelt es sich um eine Seite, die der Suchmaschine Geld bezahlt hat, um in den Suchergebnissen ganz oben zu erscheinen.

Wenn Sie spezifische Informationen suchen, helfen Ihnen folgende Tricks:

Was Sie suchen: Sie kennen die französische Nachrichtenseite *1jour1actu* und möchten dort Informationen zu Ski-Goldmedaillen-Gewinnern recherchieren, aber nicht zu Perrine Laffont.

Was Sie eingeben: site:www.1jour1actu.com "médaille d'or" ski -"Perrine Laffont"

Warum? site: sucht nur auf der genannten Seite;
" " sucht die exakte Wortfolge
-"Perrine Laffont" schließt Ergebnisse mit diesem Begriff aus

TIPP Behalten Sie den Überblick: Speichern Sie Ihre Top-Seiten als (thematisch geordnete) Lesezeichen ab.

2. Sich auf französischsprachigen Webseiten zurechtfinden

Die Navigationsleiste einer Webseite dient dazu, schnell an die gewünschten Informationen zu kommen. Daher ist es sinnvoll, typische französische Rubrikennamen zu kennen (z. B. *accueil*, *actualité*, *infos pratiques*, *histoire*, *ressources*) und zu wissen, was sich dahinter verbirgt.

3. Quellen angeben

Wenn Sie Informationen für einen Vortrag verwenden, müssen Sie Ihre Quellen angeben, also woher Sie diese Informationen haben. Und da z. B. Wikipedia-Artikel oft überarbeitet werden, sollten Sie bei Webseiten neben der URL auch den Zeitpunkt angeben, zu dem Sie sie abgerufen haben (Datum und Uhrzeit).

40 Eine digitale Präsentation erstellen | Créer une présentation numérique

Bei einer digitalen Präsentation (PowerPoint, Prezi usw.) kommt es, neben dem Inhalt, auf zwei Dinge an:
- eine gute Darstellung,
- dass Sie Bilder, Musik und Videos verwenden, ohne Urheberrechte zu verletzen.

Die Merkmale einer guten Folie:
- große, gut lesbare Schrift (≥ 16pt)
- Farbkontrast (Hintergrund/Schrift)
- in Stichpunkten gegliedert
- nur wenige Stichpunkte (max. 3 bis 5)
- nur Hauptinformationen
- nur Stichwörter, keine ganzen Sätze
- keine ablenkenden Animationen

So verwenden Sie Medien richtig:
- Geben Sie zu jedem Medium (Bild, Musik, Video) die Quelle bzw. den Urheber an. Für eine Präsentation im schulischen Rahmen brauchen Sie kein Einverständnis des Urhebers.
- Sie dürfen Musik und Videos in der Regel nicht herunterladen, sondern nur verlinken und streamen.
- Teilen Sie Ihre Präsentation nur über die Schul- oder Klassenplattform. Sonst gelten andere rechtliche Regeln.

TIPP Wenn Sie in PowerPoint arbeiten, nutzen Sie die Notizen-Funktion. Ihre Notizen können Sie zum Vortragen ausdrucken: > Datei > Drucken > Einstellungen > Ganzseitige Folien > Notizenseiten.

L'alphabet phonétique | Die Lautschrift

Les consonnes | Die Konsonanten

[b] banane, table, alphabet
[d] danse, ordinateur
[f] photo, préférer
[g] grand, guitare
[k] classe, chocolat, pratique
[l] la, ville
[m] mardi, aimer, film, comme
[n] non, anniversaire
[ŋ] camping
[ɲ] montagne, Allemagne
[p] parc, réponse
[ʀ] rue, livre
[s] *scharfes „s" wie in* Kuss: ça, merci, salut, passer
[z] *summendes „s" (tritt nur zwischen zwei Vokalen, als Bindungs* -s *bzw.* -x *oder in der Schreibung „z" auf) wie in* rasen: chaise, les‿enfants, six‿heures, zéro
[ʃ] „sch" *wie in* Tasche: chercher, chat
[ʒ] *wie in* Garage: étagère, jouer
[t] tableau, toilette
[v] vélo, avril, élève

Les voyelles | Die Vokale

[a] *kurzes „a" wie in* Ball: ami, fan
[ɑ] *langes „a" wie in* Bahn: ne ... pas, gâteau
[ɛ] *offenes „e" wie in* Ende: mais, recette, c'est, père
[e] *geschlossenes „e" wie in* See: école, rentrée
[ə] *stummes „e" wie in* Kabel: le, de, regarder
[i] idée, lit
[o] *geschlossenes „o" wie in* Floh: trop, aussi, bureau
[ɔ] *offenes „o" wie in* doch: sport, organiser
[ø] *geschlossenes „ö" wie in* böse: jeudi, Monsieur
[œ] *offenes „ö" wie in* öffnen: heure, sœur
[u] „u" *wie in* Mut: où, bonjour, sous
[y] „ü" *wie in* müde: nul, musée, minute

Les semi-voyelles | Die Gleitlaute

[ɥ] cuisine, minuit
[j] surveillant, famille, cahier
[w] moi, histoire, oui

Les voyelles nasales | Die nasalierten Vokale

[ɑ̃] cantine, chambre, ensemble
[ɔ̃] raconter, pardon, comportement
[ɛ̃] un, lapin, faim, copain, plein

Les signes dans la phrase | Die Zeichen im Satz

la majuscule · l'apostrophe *f.* · la virgule · le point d'exclamation · l'accent circonflexe *m.* · les deux-points · la minuscule · le « c » cédille · le point

Samedi, c'est l'anniversaire de Clément! Il fait une fête et il invite ses amis: deux garçons et trois filles.
Mercredi après-midi, les copains achètent des cadeaux. Louna achète le livre « Joyeux anniversaire »,
Zoé regarde une BD – elle est super, mais trop chère. Et moi? (Je n'ai pas encore d'idée...)

le trait d'union · l'accent aigu *m.* · le tiret · l'accent grave *m.* · les parenthèses *f. pl.* · le point d'interrogation · les guillemets *m. pl.* · les points de suspension

Liste des mots | Wortliste

Symbole und Abkürzungen

= Wort mit ähnlicher Bedeutung
≠ Gegenteil des Wortes
→ Wort, das zur gleichen Wortfamilie gehört
🇬🇧 englisches Wort, das dem französischen Wort ähnlich ist
ⓔ Verb, das in den zusammengesetzten Zeiten (*passé composé* usw.) mit *être* gebildet wird
▶◀ Lernwortschatz aus den Hör- und Hör-Sehtexten

m.	*masculin*/maskulin (männlich)
f.	*féminin*/feminin (weiblich)
sg.	*singulier*/Singular (Einzahl)
pl.	*pluriel*/Plural (Mehrzahl)
qc/etw.	*quelque chose* / etwas
qn/jd/jdn/jdm	*quelqu'un*/jemand/jemanden/jemandem
adj.	*adjectif*/Adjektiv
adv.	*adverbe*/Adverb
fam.	*familier*/umgangssprachlich
inf.	*infinitif*/Infinitiv
inv.	*invariable*/unveränderlich
subj.	*subjonctif*

Die *Liste des mots* baut auf dem Wortschatz der Bände *À plus! 1–4* auf. Sie enthält nicht alle unbekannten Wörter der Dossiers 1–4, sondern lediglich diejenigen Wörter und Ausdrücke, die zum Grund- und Aufbauwortschatz gehören.

Dossier 1 | Auftaktseite

le **bonheur** [ləbɔnœʀ]	das Glück	→ heureux/-euse

Albert Schweitzer *(1875–1965) deutsch-französischer Arzt, Philosoph, Theologe und Musiker. 1952 erhielt Schweitzer für sein humanitäres Engagement den Friedensnobelpreis.*

Dossier 1 | Mots en contexte

le **physique** [ləfizik]	das Aussehen, das Äußere	**Le physique** des gens nous influence.
la **taille** [latɑj]	die Größe, *auch:* die Kleidergröße	Ils ont la même **taille**.
mince [mɛ̃s] *m./f. adj.*	schlank, schmal	Ils sont **minces** tous les deux.
gros/grosse [gʀo/gʀos] *adj.*	dick, *auch:* groß *vorangestellt*	Elle mange beaucoup, mais elle n'est pas **grosse**.
clair/e [klɛʀ] *adj.*	hell *Farbe*	≠ foncé/e dunkel
mat/e [ma/mat] *adj.*	olivfarben *mediterraner Hauttyp*	Dans ma famille, nous avons la peau **mate**.
roux/rousse [ʀu/ʀus] *adj.*	rothaarig	Tu vois la fille **rousse**, là-bas ?
blond/e [blɔ̃/blɔ̃d] *adj.*	blond	À sa naissance, Léa était **blonde**.
châtain/e [ʃatɛ̃/ʃatɛn] *adj.*	braun *Haare*	→ la châtaigne die Kastanie
brun/e [bʀɛ̃/bʀyn] *adj.*	dunkelbraun *Haare*	Noa a les cheveux courts et **bruns**.
mi-long / mi-longue [milɔ̃/milɔ̃g] *adj.*	halblang	Ça te va bien, les cheveux **mi-longs** !
marron [maʀɔ̃] *adj. inv.*	braun	→ le marron die Marone
gris/e [gʀi/gʀiz] *adj.*	grau	(UK) grey
la **moustache** [lamustaʃ]	der Schnurrbart	**La moustache** de Paul est impressionnante.
la **barbe** [labaʀb]	der Bart	Elle lui va bien, sa **barbe** de trois jours !
le **voile** [ləvwal]	das Kopftuch	Dans les écoles en France, il est interdit de porter **le voile**.

la laïcité [lalaisite] die Laizität *religiöse Neutralität des Staates. In Frankreich sind Staat und Kirche seit 1905 gesetzlich getrennt. Diese Trennung ist im Artikel 1 der Verfassung der 5. Republik von 1958 verankert, der Frankreich zu einer „unteilbaren, laizistischen, demokratischen und sozialen Republik" erklärt. Das Prinzip der „laïcité" besagt, dass Religion Privatsache ist und somit in öffentlichen Einrichtungen keinen Platz hat. Konkret bedeutet das, dass – anders als in Deutschland – in öffentlichen Schulen kein Religionsunterricht angeboten wird. Zudem ist es – anders als in Deutschland – in öffentlichen Einrichtungen (und somit auch an Schulen) verboten, „auffällige religiöse Zeichen" zu tragen, wie z. B. das muslimische Kopftuch, die jüdische Kippa, auffällige christliche Kreuze oder Sikh-Turbane. Diese Auslegung der „laïcité" ist nicht unumstritten, da Christen sich als einzige Religionsgruppe für „unauffällige" religiöse Zeichen entscheiden können (z. B. für eine Kette mit Kreuzanhänger unter der Kleidung), und somit, in den Augen der Kritiker, eine religiöse Diskriminierung stattfindet.*

le **tee-shirt** [lətiʃœʀt]	das T-Shirt	Ce **tee-shirt** est trop court.
branché/e [bʀɑ̃ʃe] *adj. fam.*	angesagt	Il y a un café **branché** près d'ici.

chic [ʃik] *adj. inv.*	schick, vornehm	Célia porte des chaussures très **chic**.
alternatif/-ive [altɛʀnatif/altɛʀnativ] *adj.*	alternativ	Alexandre a un look **alternatif**.
le regard [ləʀəgaʀ]	der Blick	→ regarder
doux/douce [du/dus] *adj.*	sanft, süß	→ l'eau douce das Süßwasser
vif/vive [vif/viv] *adj.*	lebhaft, *hier*: wach	→ vivre, la vie
sourire [suʀiʀ]	lächeln *wird wie* rire *konjugiert* ▶ Verbes, p. 150	**Souriez** pour la photo, s'il vous plaît ! → rire
sembler [sɑ̃ble]	scheinen	Ça va ? Tu ne **sembles** pas content.
malheureux/-euse [maløʀø/maløʀøz] *adj.*	unglücklich	Tu sais pourquoi Bilal est **malheureux** ? ≠ heureux/-euse → malheureusement
en forme [ɑ̃fɔʀm]	in Form, fit	→ la forme
gentil/le [ʒɑ̃ti/ʒɑ̃tij] *adj.*	nett, freundlich, lieb	Esteban est très **gentil**.
méchant/e [meʃɑ̃/meʃɑ̃t] *adj.*	böse, boshaft	≠ gentil/le

Dossier 1 | Partie A

A.1 « Moi, toi, nous » – le questionnaire

le dieu / ! les dieux [lədjø/ledjø]	der Gott	Il existe des religions où il y a plusieurs **dieux**.
faire semblant de + *inf.* [fɛʀsɑ̃blɑ̃də]	vortäuschen etw. zu tun	J'**ai fait semblant** de dormir.
cacher qc (à qn) [kaʃe(a)]	etw. (vor jdm) verstecken, etw. (vor jdm) verheimlichen	Garance **a caché** son nouveau tee-shirt à sa sœur.

A.2 Qui sommes-nous ?

la case [lakaz]	das Kästchen, das Feld *hier:* die Schublade	On nous met dans **des cases**. C'est nul !
définir qn/qc [definiʀ]	jdn/etw. definieren *wird wie* finir *konjugiert* ▶ Verbes, p. 145	🇬🇧 to define
le fils unique / la fille unique / l'enfant unique [ləfisynik/lafijynik/lɑ̃fɑ̃ynik]	das Einzelkind *auf Dt. ohne Präzisierung*	Wanda n'a pas de frères et sœurs, elle est **fille unique**.
correspondre à qc [kɔʀɛspɔ̃dʀa]	etw. entsprechen *wird wie* attendre *konjugiert* ▶ Verbes, p. 145	→ le/la corres(pondant/e)
le stéréotype [ləsteʀeotip]	das Stereotyp	= le cliché
être (bien/mal) habillé/e [ɛtʀ(bjɛ̃/mal)abije]	(gut/schlecht) angezogen sein	Arto est toujours bien **habillé**. → s'habiller sich anziehen
le/la bourge [lə/labuʀʒ] *fam.*	*Mitglied des Bürgertums, eher wohlhabend und konservativ*	
juger qn [ʒyʒe]	über jdn urteilen	Ne le **juge** pas, tu ne sais rien sur lui.
au lieu de [oljødə] + *inf.*	statt	**Au lieu de** te moquer, tu pourrais m'aider !
enfermer qn/qc [ɑ̃fɛʀme]	einsperren, *hier:* einengen	→ fermer

pourtant [puʀtɑ̃]	dennoch, trotzdem	J'ai un nom de famille anglais. **Pourtant**, je suis française.
soi-même [swamɛm]	selbst	Il faut tout faire **soi-même**.

! Die Verstärkung mit *-même(s)* wird an das Subjekt des Satzes angepasst und an die unverbundenen Personalpronomen angehängt.

Au camping, je prépare mes repas **moi-même**.
tu prépares tes repas **toi-même**.
il prépare ses repas **lui-même**.
elle prépare ses repas **elle-même**.
on prépare ses repas **soi-même**.

Au camping, nous préparons nos repas **nous-mêmes**.
vous préparez vos repas **vous-mêmes**.
ils préparent leurs repas **eux-mêmes**.
elles préparent leurs repas **elles-mêmes**.

servir (à qc / + *inf.*) [sɛʀviʀ(a)]	zu etw. dienen *wird wie* sortir *konjugiert* ▶ Verbes, p. 145	– Ça **sert à** quoi, ce truc ? – À rien !
affirmer (qc) [afiʀme]	(etw.) behaupten, (etw.) betonen	Il **affirme** qu'il était malade hier.
une **identité** [ynidɑ̃tite]	eine Identität	🇬🇧 identity
▶ **couramment** [kuʀamɑ̃] *adv.*	fließend	Alicia parle **couramment** anglais.
les jumeaux/jumelles [leʒymo/leʒymɛl] *m./f. pl.*	die Zwillinge	Mon frère et moi, nous sommes **jumeaux**.
salir qc [saliʀ]	etw. schmutzig machen *wird wie* finir *konjugiert* ▶ Verbes, p. 145	C'est toi qui **as** tout **sali** ? ≠ nettoyer, laver
une **étiquette** [ynetikɛt]	ein Etikett, *hier:* ein Stempel	Je n'aime pas cette **étiquette**.
positif/-ive [pozitif/pozitiv] *adj.*	positiv	🇬🇧 positive
négatif/-ive [negatif/negativ] *adj.*	negativ	🇬🇧 negative
la **cité** [lasite]	die Hochhaus-Siedlung	J'habite dans **la cité**, et toi ?
juste [ʒyst] *adv.*	(einfach) nur, bloß	Attends ! Je veux **juste** te dire un truc. = seulement 🇬🇧 just ◀

Langue et culture régionales [lɑ̃gekyltyʀʀeʒjɔnal] *Wahlfach an französischen Schulen. In einigen Regionen Frankreichs kann die Regionalsprache und deren Kultur erlernt werden, z. B. Baskisch, Bretonisch, Katalanisch oder Korsisch.* ▶ Photos
le Fest-noz [ləfɛstnoz] *traditionelles bretonisches Fest mit Musik und Tanz, das ursprünglich nachts stattfand (breton.* noz = *frz.* nuit*)*

Pour découvrir à quoi ressemble un fest-noz, trouvez des vidéos sur Internet !

A.3 Le langage des jeunes

le langage [ləlɑ̃gaʒ]	die Sprache, die Ausdrucksweise	→ la langue 🇬🇧 language
familier/-ière [familje/familjɛʀ] *adj.*	umgangssprachlich	→ la famille

Im gesprochenen Französisch hört man häufig diese umgangssprachlichen Ausdrücke:

en français familier	en français standard	en français familier	en français standard
les fringues *f. pl.*	les vêtements *m. pl.*	avoir la trouille	avoir peur
les sous *m. pl.*	l'argent *m.*	avoir la flemme	ne pas avoir envie
le pote	le copain	pas terrible	pas génial
le flic	le policier	Putain !	Zut !
le/la gosse	l'enfant *m./f.*	J'en ai marre !	J'en ai assez !
se casser	partir	Lâche-moi !	Laisse-moi !
filer qc à qn	donner qc à qn	Je m'en fous.	Ça m'est égal.
se ramener	venir	Ça me saoûle !	Ça m'énerve !
faire marcher qn	se moquer de qn	Laisse tomber !	Ne t'en occupe plus !

exclure qn [eksklyʀ]	jdn ausschließen ► Verbes, p. 148	→ être exclu/e (de qc) 🇬🇧 to exclude
j'exclus • tu exclus • il/elle/on exclut • nous excluons • vous excluez • ils/elles excluent		
ⓔ s'inquiéter [sɛ̃kjete]	sich Sorgen machen	On a assez de temps. Ne **t'inquiète** pas.
gérer qc [ʒeʀe]	mit etw. umgehen, etw. managen	Mon père ne sait pas bien **gérer** son argent.
la traduction [latʀadyksjɔ̃]	die Übersetzung	Il fait des **traductions** vers l'anglais.
le/la pote [lə/lapɔt] *fam.*	der/die Kumpel/in	Mes **potes** et moi, on est inséparables.
une affiche [ynafiʃ]	ein Plakat	J'adore **les affiches** de cinéma.
la honte [laɔ̃t]	die Scham, die Schande	→ avoir honte (de qc) sich (für etw.) schämen
le mec [ləmɛk] *fam.*	der Typ, der Kerl	C'est qui, ce **mec** ?
lequel/laquelle/lesquels/lesquelles [ləkɛl/lakɛl/lekɛl/lekɛl]	welcher/welche/welches *Fragepronomen* ► Grammaire, p. 138/26	– Je n'ai pas compris cette phrase... – Laquelle ?
le code [ləkɔd]	der Code	Tu connais **le code** pour entrer ?
à l'envers [alɑ̃vɛʀ(a)]	umgekehrt, falsch herum	Tu as mis ton tee-shirt **à l'envers** !
enlever qc (à qn) [ɑ̃lve(a)]	(jdm) etw. wegnehmen	**Enlève** tes affaires de là, s'il te plaît.
faire plaisir (à qn) [fɛʀpleziʀ(a)]	(jdn) freuen, (jdm) eine Freude bereiten	
jaloux/jalouse (de qn/qc) [ʒalu/ʒaluz(də)] *adj.*	eifersüchtig, neidisch	🇬🇧 jealous
confondre qn/qc [kɔ̃fɔ̃dʀ]	jdn/etw. verwechseln *wird wie* attendre *konjugiert* ► Verbes, p. 145	Oh, pardon, **j'ai confondu** l'anglais avec l'allemand !
trahir qn [tʀaiʀ]	jdn verraten *wird wie* finir *konjugiert* ► Verbes, p. 145	Kevin **a trahi** Alice, alors elle ne lui fait plus confiance.

Dossier 1 | Partie B

B.1 Une génération engagée ?

ⓔ se battre [səbatʀ]	kämpfen ► Verbes, p. 146	Ils se sont **battus** pour la liberté.
je me bats • tu te bats • il/elle/on se bat • nous nous battons • vous vous battez • ils/elles se battent		
la cause [lakoz]	der Grund, der Zweck, die Sache	→ à cause de cause
la raison [laʀɛzɔ̃]	der Grund, die Ursache	reason

! Die Nomen *la raison* und *la cause* haben beide verschiedene Bedeutungen. In manchen Fällen entsprechen sie beide dem deutschen Nomen „Grund".

se battre pour une cause (= für eine **Sache** kämpfen)	Il s'est battu pour cette cause pendant toute sa vie.
défendre une cause (= sich für eine **Sache** einsetzen)	Je défends la cause de l'égalité hommes-femmes.
pour la bonne cause (= für einen guten **Zweck**)	Ils organisent le concert pour la bonne cause.
être la cause de (= der **Grund** für … sein)	Quelles sont les causes principales de migration ?
pour des raisons (= aus … **Gründen**)	Ils font ça pour des raisons économiques.
la raison (= der **Grund**)	Il ne m'a pas donné de raisons.
avoir ses raisons (= seine/ihre **Gründe** haben)	Il ne m'écrit pas, mais je suis sûr qu'il a ses raisons.
avoir raison (= **Recht** haben)	Il veut toujours avoir raison.

consommer qc [kɔ̃sɔme]	etw. konsumieren, etw. verbrauchen	→ le/la consommateur/-trice to consume
la manif(estation) [lamanifɛstasjɔ̃]	die Demo(nstration)	Tu viens à la **manifestation** contre la guerre ?
le/la bénévole [lə/labenevɔl]	der/die Freiwillige, der/die ehrenamtliche Mitarbeiter/in	Il travaille comme **bénévole** dans une association.
une association [ynasɔsjasjɔ̃]	ein Verein	Nous avons fondé une **association**. → associer qc à qc association
le point commun [ləpwɛ̃kɔmɛ̃]	die Gemeinsamkeit	Vous avez quels **points communs**, toi et lui ?
les pompiers [lepɔ̃pje] *m. pl.*	die Feuerwehr	Vite, il faut appeler **les pompiers** !
le danger [lədɑ̃ʒe]	die Gefahr	→ dangereux/-euse danger
théorique [teɔʀik] *m./f. adj.*	theoretisch	Tes arguments sont trop **théoriques**.
pratique [pʀatik] *m./f. adj.*	praktisch	≠ théorique practical
le feu / ! les feux [ləfø/lefø]	das Feuer, der Brand	→ le feu rouge die (rote) Ampel
violent/e [vjɔlɑ̃/vjɔlɑ̃t] *adj.*	heftig, gewalttätig	violent
la violence [lavjɔlɑ̃s]	die Gewalt, die Heftigkeit	→ violent/e violence
regretter qc [ʀəgʀete]	etw. bedauern	to regret
agir [aʒiʀ]	handeln *wird wie* finir *konjugiert* ► Verbes, p. 145	Arrête de parler et **agis** !
la discrimination [ladiskʀiminasjɔ̃]	die Diskriminierung, die Benachteiligung	discrimination
le corps [ləkɔʀ]	der Körper	Après le sport, tout mon **corps** me fait mal.
choquer qn [ʃɔke]	jdn schockieren	→ le choc

souffrir (de qc) [sufʀiʀ(də)]	(an/unter etw.) leiden *wird wie* ouvrir *konjugiert* ▶ Verbes, p. 145	Il s'est senti très seul et il en **a souffert**. → la souffrance das Leid 🇬🇧 to suffer
Ça (ne) vaut (pas) la peine. [sa(nə)vo(pa)lapɛn]	Das lohnt sich (nicht).	**Ça ne vaut pas la peine** de sonner chez Zoé. Elle n'est pas là.
la nourriture [lanuʀityʀ]	die Nahrung, die Lebensmittel	→ (se) nourrir (sich) ernähren
distribuer qc (à qn) [distʀibɥe(a)]	etw. (an jdn) verteilen, (jdm) etw. austeilen	Le professeur **distribue** les feuilles. 🇬🇧 to distribute
le/la SDF (sans domicile fixe) [lə/laɛsdeɛf]	der/die Obdachlose	→ le domicile der Wohnort, der Wohnsitz
le lendemain [ləlɑ̃dəmɛ̃]	der nächste Tag, am nächsten Tag	J'arrive le soir et je repars le **lendemain**. → demain
motiver qn (à + *inf.*) [mɔtive]	jdn motivieren (etw. zu tun)	→ motivant/e

les Restos du cœur [leʀɛstodykœʀ] *1985 von dem französischen Star-Komiker Coluche gegründete Initiative, die Lebensmittel und Kleidung an Bedürftige verteilt. Viele französische Prominente unterstützen die Arbeit des Vereins, indem sie zusammen – unter dem Namen „Les Enfoirés" – jedes Jahr ein neues Lied zum Thema Armut veröffentlichen und riesige Benefizkonzerte geben.* ▶ Photo

B.2 Ne transformez pas ma situation en handicap

transformer qn/qc (en qc) [tʀɑ̃sfɔʀme(ɑ̃)]	jdn/etw. (in etw.) verwandeln, jdn/etw. verändern	🇬🇧 to transform
le handicap [ləɑ̃dikap]	die Behinderung, die Einschränkung	→ handicapé/e
la devise [ladəviz]	die Devise, das Motto	Tu te souviens de **la devise** du Québec ?
la marche [lamaʀʃ]	die (Treppen-)Stufe	→ marcher
s'asseoir [saswaʀ]	sich (hin-)setzen ▶ Verbes, p. 146	→ être **assis/e**
je m'assois • tu t'assois • il/elle/on s'assoit • nous nous asseyons • vous vous asseyez • ils/elles s'assoient		
d'après qn/qc [dapʀɛ]	laut jdm/etw., jds Meinung nach	**D'après** le chanteur Stromae, il faut danser.
la définition [ladefinisjɔ̃]	die Definition	C'est quoi, **la définition** de l'amitié ?
quotidien/ne [kɔtidjɛ̃/kɔtidjɛn] *adj.*	alltäglich	→ le quotidien der Alltag
installer qc [ɛ̃stale]	etw. (auf-)bauen, etw. einrichten	J'ai **installé** mon nouveau portable.
le mien / la mienne [ləmjɛ̃/lamjɛn]	meine/r ▶ Grammaire, p. 123/6	Rends-moi ce stylo, c'est **le mien**.
un accident [ɛ̃aksidɑ̃] *m.*	ein Unfall	🇬🇧 accident
Tant pis ! [tɑ̃pi]	Pech gehabt.	≠ Tant mieux ! Umso besser.
se concentrer (sur qc) [səkɔ̃sɑ̃tʀe(syʀ)]	sich (auf etw.) konzentrieren	**Concentrez**-vous ! 🇬🇧 to concentrate
l'essentiel [lesɑ̃sjɛl] *m.*	das Wesentliche	**L'essentiel**, c'est ce qui compte vraiment.
responsable (de qn/qc) [ʀɛspɔ̃sabl(də)] *m./f. adj.*	(für jdn/etw.) verantwortlich, *auch:* verantwortungsbewusst	Les élèves sont **responsables** de ce projet. → la responsabilité 🇬🇧 responsible

convaincre qn (de + *inf.***)** [kɔ̃vɛ̃kʀ(də)]	jdn (davon) überzeugen (etw. zu tun) ▶ Verbes, p. 147	to convince
je convaincs • tu convaincs • il/elle/on convainc • nous convainquons • vous convainquez • ils/elles convainquent		
respecter qn/qc [ʀɛspɛkte]	jdn/etw. respektieren	to respect
il est temps que [ilɛtɑ̃kə] + *subj.*	es ist/wird Zeit, dass	**Il est temps qu'**on fasse quelque chose !
faire un effort / des efforts [fɛʀɛ̃efɔʀ/fɛʀdezefɔʀ]	sich bemühen, sich anstrengen	**Fais des efforts**, essaie encore une fois !
le **modèle** [ləmodɛl]	das Vorbild	Notre lycée est un **modèle** pour les autres.

Jean Jaurès [ʒɑ̃ʒoʀɛs] *(1859–1914) französischer Politiker und Pazifist. Jaurès gehörte der Sozialistischen Partei Frankreichs an. Wegen seines Engagements gegen die Aufrüstung zum Ersten Weltkrieg wurde er von einem Nationalisten ermordet.* ▶ Photo
Liberté, Égalité, Fraternité [libɛʀteegalitefʀatɛʀnite] Freiheit, Gleichheit, Brüderlichkeit *Der Wahlspruch Frankreichs geht auf die Zeit der Aufklärung und der Französischen Revolution zurück. Er ist seit 1958 auch in der französischen Verfassung verankert.*

Dossier 1 | Partie C

C.1 Les ami(e)s – Petite typologie

l'**amour** [lamuʀ] *m.*	die Liebe	→ amoureux/-euse
confier qc à qn [kɔ̃fjea]	jdm etw. anvertrauen	→ faire confiance à qn
les **peines de cœur** [lepɛndəkœʀ]	der Liebeskummer	pain
le doute [lədut]	der Zweifel	→ douter zweifeln doubt
le **fou rire** [ləfuʀiʀ]	der Lachanfall	→ fou/folle
pardonner qc à qn [paʀdɔnea]	jdm etw. verzeihen	→ pardon
à fond [afɔ̃]	voll und ganz	Je soutiens mes amis **à fond.**

C.2 « SKAM FRANCE » : une boîte à outils pour les problèmes de la vie

la **boîte** [labwat]	die Schachtel, die Dose, die Kiste *auch:* der Club	On est allés en **boîte** et on a dansé toute la nuit.
toucher qn/qc [tuʃe]	jdn/etw. berühren, jdn bewegen	Cette musique me **touche** beaucoup. → touchant/e to touch
la **confiance en soi** [lakɔ̃fjɑ̃sɑ̃swa]	das Selbstvertrauen	Marylou manque de **confiance en soi.** → faire confiance à qn, confier qc à qn
non seulement..., mais [nɔ̃sœlmɑ̃…mɛ]	nicht nur ..., sondern	**Non seulement** il est beau, **mais** en plus il est gentil.
le **coup de cœur** [ləkudəkœʀ]	der Favorit, das Highlight, die Empfehlung	→ le cœur

Das Nomen *le coup* wird in verschiedenen Ausdrücken verwendet:

tout à coup	(= plötzlich)	le coup de cœur	(= der Favorit, die Empfehlung)
du coup	(= deshalb, daher)	le coup de foudre	(= Liebe auf den ersten Blick)
d'un coup	(= auf einmal, auf einen Schlag)	le coup d'œil	(= der Blick)

signifier qc [siɲifje]	etw. bedeuten	→ la signification die Bedeutung
draguer qn [dʀage] *fam.*	jdn anmachen	Tu as vu comme Léa **a dragué** Ali ?
le/la **petit/e ami/e** [lə/lapətitami]	der/die (feste) Freund/in	Tu as **une petite amie** en ce moment ?
excellent/e [ɛkselɑ̃/ɛkselɑ̃t] *adj.*	hervorragend, ausgezeichnet	≠ nul/le
le **milieu** [ləmiljø]	das Umfeld, *auch:* die Mitte	Ma famille vient d'**un milieu** assez pauvre.
se débrouiller [sədebʀuje]	zurechtkommen	→ débrouillard/e
à l'extérieur [alɛksteʀjœʀ]	außen, draußen	Les toilettes se trouvent **à l'extérieur**.
à l'intérieur [alɛ̃teʀjœʀ]	innen, drinnen	≠ à l'extérieur
sourd/e [suʀ/suʀd] *adj.*	taub, schwerhörig	Mets le son moins fort, tu vas devenir **sourd**.
le **signe** [ləsiɲ]	das Zeichen	🇬🇧 sign

C.3 Suzane : « La flemme »

prévenir qn [pʀevniʀ]	jdm Bescheid sagen *wird wie* venir *konjugiert* ► Verbes, p. 150	Pourquoi tu n'as **prévenu** personne ?
promettre (qc à qn / de + *inf.*) [pʀɔmɛtʀ(a/də)]	(jdm) versprechen (etw. zu tun) *wird wie* mettre *konjugiert* ► Verbes, p. 149	Tu m'**as promis de** venir. 🇬🇧 to promise

C.4 « Belle gueule », un court métrage d'Emma Benestan

le **court métrage** [ləkuʀmetʀaʒ]	der Kurzfilm	→ court/e
le **beignet** [ləbɛɲɛ]	*frittiertes süßes Gebäck*	
la **fête foraine** [lafɛtfɔʀɛn]	der Jahrmarkt	→ (faire) la fête, fêter qc

Dossier 2 | Auftaktseite

une **étoile** [ynetwal] *f.*	ein Stern	La nuit, on peut regarder **les étoiles**.
le **passeport** [ləpaspɔʀ]	der (Reise-)Pass	→ passer 🇬🇧 passport
la **tolérance** [latɔleʀɑ̃s]	die Toleranz	**La tolérance**, c'est d'accepter les différences.
la **démocratie** [lademəkʀasi]	die Demokratie	🇬🇧 democracy
la **valeur** [lavalœʀ]	der Wert	On n'a pas les mêmes **valeurs**. 🇬🇧 value

Les valeurs de l'UE d'après le Traité de Lisbonne

le respect	l'égalité *f.*	la justice
la liberté	le pluralisme	la solidarité
la démocratie	la tolérance	

Der Vertrag von Lissabon ist 2009 in Kraft getreten und beinhaltet Reformen, die auf EU-Ebene für mehr Demokratie, mehr Transparenz und mehr Effektivität sorgen sollen.

commun/e [kɔmɛ̃/kɔmyn] *adj.*	gemeinsam	🇬🇧 common
la **protection** [lapʀɔtɛksjɔ̃]	der Schutz	→ protéger 🇬🇧 protection
l'étranger [letʀɑ̃ʒe] *m.*	das Ausland	Mon oncle vit à **l'étranger**. → étranger/étrangère fremd
le **programme** [ləpʀɔgʀam]	das Programm	→ programmer 🇬🇧 programme

Dossier 2 | Mots en contexte

le citoyen / la citoyenne [ləsitwajɛ̃/lasitwajɛn]	der/die Bürger/in	citizen
directement [diʀɛktəmɑ̃] *adv.*	direkt	Tu veux aller **directement** à la gare ou tu veux d'abord prendre un café ?
le quotidien [ləkɔtidjɛ̃]	der Alltag, *auch:* die Tageszeitung	Ma famille, mes amis, l'école, les devoirs, c'est mon **quotidien**. → quotidien/ne
le robinet [ləʀɔbinɛ]	der Wasserhahn	– Tu veux de l'eau minérale ? – Non, je préfère l'eau du **robinet**.
garantir qc (à qn) [gaʀɑ̃tiʀ(a)]	(jdm) etw. garantieren *wird wie finir konjugiert* ▶ Verbes, p. 145	Je vous **garantis** que ça va marcher. to guarantee
limiter qc [limite]	etw. beschränken, etw. begrenzen	**Limite** le temps que tu passes en ligne.
la quantité [lakɑ̃tite]	die Menge	Limite **la quantité** de sucre dans ton café.
le pesticide [ləpɛstisid]	das Pestizid, das Schädlings-bekämpfungsmittel	**Les pesticides** sont utiles pour l'agriculture, mais mauvais pour l'environnement.
il existe [ilɛgzist]	es gibt, es existiert	En France, **il existe** plus de 1 200 sortes de fromages. = il y a → exister
à partir de [apaʀtiʀdə]	ab, von ... an	Le café est ouvert **à partir de** 9 heures.
nombreux/-euses [nɔ̃bʀø/nɔ̃bʀøz] *adj.*	zahlreich/e	Ses fans sur Internet sont **nombreux**. → le nombre
certains/certaines [sɛʀtɛ̃/sɛʀtɛn]	gewisse, manche, bestimmte ▶ Grammaire, p. 120/1	**Certains** jours, j'ai du mal à me lever. certain
éviter de + *inf.* [evitedə]	vermeiden etw. zu tun	Sarah **évite de** prendre l'avion pour protéger la planète.
les déchets [ledeʃɛ] *m. pl.*	der Abfall, der Müll	Il y a différentes poubelles pour **les déchets**.
climatiquement neutre [klimatikmɑ̃nøtʀ] *m./f. adj.*	klimaneutral	Ce bâtiment est **climatiquement neutre**.
faciliter qc [fasilite]	ermöglichen, leicht machen	→ facile
un accès [ɛ̃naksɛ]	ein Zugang	access
les données personnelles [ledɔnepɛʀsɔnɛl] *f. pl.*	die persönlichen Daten	Je n'ai pas TikTok. J'essaie de protéger mes **données personnelles**.
le forfait [ləfɔʀfɛ]	die Pauschale, der Handytarif	Tu devrais changer de **forfait**, il est trop cher.
un État membre [ɛ̃netamɑ̃bʀ]	ein Mitgliedsstaat	member state
subventionner qc [sybvɑ̃sjɔne]	etw. bezuschussen, etw. subventionieren	La ville **subventionne** notre club de sport.
quelques [kɛlk] *m./f. pl.*	einige, ein paar ▶ Grammaire, p. 120/1	Lisa a passé **quelques** jours à Lyon.
le lieu / ! les lieux [ləljø/leljø]	der Ort, die Stätte	→ avoir lieu
public/publique [pyblik] *adj.*	öffentlich, staatlich	Mon lycée est un lycée **public**. public

les moins de (15) ans [lemwɛ̃dəkɛ̃zɑ̃]	die unter (15-)Jährigen	**Les moins de 12 ans** ne peuvent pas faire ce parcours.

Les tranches d'âge

15 — 30

les moins de 15 ans | les 15 à 30 ans | les plus de 30 ans

► Weitere Ausdrücke zur Analyse von Statistiken ► Méthodes, p. 169/32

le compte [ləkɔ̃t]	das (Benutzer-)Konto	→ compter
une **autorisation** [ynotoʀizasjɔ̃]	eine Erlaubnis, eine Genehmigung	Vous avez **l'autorisation** de vos parents ?
privé/e [pʀive] *adj.*	privat	≠ public/publique 🇬🇧 private
le **moteur de recherche** [ləmɔtœʀdəʀəʃɛʀʃ]	die Suchmaschine	Tu utilises quel **moteur de recherche** ? → chercher
effacer qc [efase]	etw. löschen, etw. (weg-)wischen	Mila **a effacé** les messages d'Éthan.
la **rencontre** [laʀɑ̃kɔ̃tʀ]	das Treffen, die Begegnung	→ rencontrer qn
un **évènement** [ɛ̃nevɛnmɑ̃]	ein Ereignis, eine Veranstaltung	C'est **un évènement** historique ! 🇬🇧 event
culturel/le [kyltyʀɛl] *adj.*	kulturell	J'aimerais travailler dans le domaine **culturel**. → la culture 🇬🇧 cultural
la **diffusion** [ladifyzjɔ̃]	die Ausstrahlung, die (TV-) Übertragung	J'ai regardé **la diffusion** du Tour de France.
attendre qc (de qn/qc) [atɑ̃dʀ(də)]	etw. (von jdm/etw.) erwarten ► Verbes, p. 145	Le professeur **attend** plus d'efforts de ses élèves.
réaliser qc [ʀealize]	*hier:* etw. durchführen	→ réaliste
une **enquête** [ynɑ̃kɛt]	eine Umfrage, eine Ermittlung	Les élèves font **une enquête** à l'école.
auprès de [opʀɛdə]	bei, unter	Renseignez-vous **auprès de** vos profs.
la **liberté d'expression** [labiʀtedɛkspʀesjɔ̃]	die Meinungsfreiheit	Il faut défendre la **liberté d'expression**. → libre
l'égalité [legalite] *f.*	die Gleichberechtigung	≠ l'inégalité
le **genre** [ləʒɑ̃ʀ]	*hier:* das Gender	
la **lutte** [lalyt]	der Kampf	→ lutter
la **pauvreté** [lapovʀəte]	die Armut	→ pauvre 🇬🇧 poverty

le Pacte Vert pour l'Europe [ləpaktvɛʀpuʀlœʀɔp] das europäische Klimaschutzgesetz *2021 vom Europäischen Parlament und dem EU-Rat verabschiedetes Gesetz. Ziel ist die Europäische Union bis 2050 als ersten „Kontinent" klimaneutral zu machen.*
Erasmus+ [eʀasmysplys] *Das EU-Programm fördert seit 1987 (bis 2014 unter dem Namen „Erasmus-Programm") den Austausch zwischen europäischen Bildungseinrichtungen. Bei Student/innen sind Erasmus-Auslandssemester sehr beliebt, und das Programm gilt als großer europäischer Erfolg.*
e-Twinning [itwiniŋ] *2005 ins Leben gerufenes Programm, das den teilnehmenden Schulen eine Vernetzung über das Internet erleichtert*
le Concours Eurovision de la chanson [ləkɔ̃kuʀøvizjɔ̃dəlaʃɑ̃sɔ̃] der Eurovision Song Contest (ESC)

Dossier 2 | Partie A

A.1 12 000 kilomètres à vélo sur les routes d'Europe

malgré [malgʀe]	trotz	**Malgré** la pluie, j'ai fait une balade.
un **obstacle** [ɛ̃nɔpstakl]	ein Hindernis	
le **résumé** [ləʀezyme]	die Zusammenfassung, die Inhaltsangabe, das Resümee	Faites **un résumé** de l'histoire.
le **chiffre** [ləʃifʀə]	die Zahl, die Ziffer	Ça s'écrit en **chiffres** arabes ou romains ?
la **frontière** [lafʀɔ̃tjɛʀ]	die (Staats-) Grenze	Strasbourg se trouve près de **la frontière**.
la **panne** [lapan]	die Panne	→ en panne defekt
la **dispute** [ladispyt]	der Streit	→ se disputer (avec qn)
la **tente** [latɑ̃t]	das Zelt	On dort sous **la tente** ? Schlafen wir im Zelt? 🇬🇧 tent
au nord de [onɔʀdə]	nördlich von	→ dans le nord de

! Unterscheiden Sie:

dans le nord de	im Norden von
dans le sud de	im Süden von
dans l'est de	im Osten von
dans l'ouest de	im Westen von
au nord de	nördlich von
au sud de	südlich von
à l'est de	östlich von
à l'ouest de	westlich von

en tout [ɑ̃tu]	insgesamt	
la **vache** [lavaʃ]	die Kuh	
simplement [sɛ̃pləmɑ̃] *adv.*	einfach, nur	→ simple *adj.* einfach 🇬🇧 simply
facilement [fasilmɑ̃] *adv.*	leicht	Karim a **facilement** appris l'anglais.

Im Französischen haben Adjektiv und Adverb bei gleicher Bedeutung unterschiedliche Formen:

Adjektiv	Adverb
simple (= einfach)	simplement (= einfach)
facile (= leicht)	facilement (= leicht)
typique (= typisch)	typiquement (= typischerweise)
sérieux/-euse (= ernsthaft)	sérieusement (= ernsthaft)
heureux/-euse (= glücklich)	heureusement (= glücklicherweise)
gentil/le (= nett)	gentiment (= netterweise)
différent/e (= unterschiedlich)	différemment (= unterschiedlich)

In manchen Fällen haben Adjektiv und Adverb eine unterschiedliche Bedeutung:

seul/e (= allein, einsam)	≠ seulement (= nur)
juste (= gerecht; *auch:* richtig)	≠ justement (= genau)
vrai/e (= wahr)	≠ vraiment (= wirklich)

faire connaissance (avec qn) [fɛʀkɔnɛsɑ̃s]	jdn kennenlernen, (mit jdm) Bekanntschaft machen	Vous **avez** déjà **fait connaissance**? → connaître
la **pluie** [laplɥi]	der Regen	Ils courent sous **la pluie.** Sie laufen im Regen. → il pleut

gros/grosse [gʀo/gʀos] *adj.*	groß, dick *vorangestellt*	Luc prend un **gros** morceau du gâteau.
[e] se casser qc [səkase]	sich etw. brechen	Mia **s'est cassé** la jambe. → casser qc
mouillé/e [muje] *adj.*	nass, durchnässt	≠ sec/sèche
la jambe [laʒɑ̃b]	das Bein	J'ai mal aux **jambes**, j'ai fait trop de vélo.
la nourriture [lanuʀityʀ]	die Nahrung, die Lebensmittel	Vous aviez assez de **nourriture** ?
la diversité [ladivɛʀsite]	die Vielfalt	Il faut s'engager pour **la diversité**. 🇬🇧 diversity

A.2 Les chantiers internationaux de jeunes

le chantier [ləʃɑ̃tje]	die Baustelle, *hier:* das Workcamp	Tu as déjà participé à un **chantier** ?
international/-ale/-aux/-ales [ɛ̃tɛʀnasjɔnal/ɛ̃tɛʀnasjɔno/ɛ̃tɛʀnasjɔnal] *adj.*	international	Notre classe est très **internationale**. 🇬🇧 international
le/la bénévole [lə/labenevɔl]	der/die Freiwillige, der/die ehrenamtliche Mitarbeiter/in	Les **bénévoles** travaillent sans gagner d'argent.
transformer qn/qc (en qc) [tʀɑ̃sfɔʀme(ɑ̃)]	jdn/etw. (in etw.) verwandeln, jdn/etw. verändern	🇬🇧 to transform
le participant / la participante [ləpaʀtisipɑ̃/lapaʀtisipɑ̃t]	der/die Teilnehmer/in	L'atelier a plu aux **participants**. → participer à qc
soi-même [swamɛm]	(sich) selbst	Übersicht ▶ Liste des mots, p. 177
la nationalité [lanasjɔnalite]	die Staatsbürgerschaft, die Staatsangehörigkeit, die Nationalität	Ava aimerait avoir **la nationalité** française. → national/e
une organisation [ynɔʀganizasjɔ̃]	eine Organisation	→ organiser, s'organiser
le rythme [ləʀitm]	der Rhythmus	Chaque élève travaille à son **rythme**. 🇬🇧 rhythm
restaurer qc [ʀɛstɔʀe]	etw. restaurieren	On **restaure** un vieux château.
magnifique [maɲifik] *m./f. adj.*	wunderschön	Tu as vu le paysage ? Il est **magnifique** ! 🇬🇧 magnificent
la tâche [lataʃ]	die Aufgabe, die Arbeit	C'est **une tâche** difficile.
le/la responsable [lə/laʀɛspɔ̃sabl]	der/die Verantwortliche	Qui est **le** ou **la responsable** de ce projet ? → la responsabilité
en effet [ɑ̃nefɛ] *adv.*	in der Tat	– C'est joli, non ? – **En effet**, c'est très beau.
à tour de rôle [atuʀdəʀol] *adv.*	abwechselnd	On a préparé les repas **à tour de rôle**.
les uns..., les autres [lezɛ̃…lezotʀ]	die einen ..., die anderen	**Les uns** s'amusaient, **les autres** dormaient.
alors que [alɔʀkə]	obwohl, während	Pourquoi est-ce qu'il pleure **alors qu'**il devrait être content ?
une huile [ynɥil]	ein Öl	Avec les olives, on peut faire de **l'huile**.
car [kaʀ]	denn	= parce que
enrichissant/e [ɑ̃ʀiʃisɑ̃/ɑ̃ʀiʃisɑ̃t] *adj.*	bereichernd	Notre voyage à Aix a été très **enrichissant**. → riche

améliorer qc [ameljɔʀe]	etw. verbessern	Il faut agir vite pour **améliorer** la situation.
dépenser qc [depɑ̃se]	etw. ausgeben	Tu **dépenses** combien par mois?
la solidarité [lasɔlidaʀite]	die Solidarität	L'amitié est une relation de **solidarité**.
traduire qc (à qn) [tʀadɥiʀ(a)]	(jdm) etw. übersetzen *wird wie* construire *konjugiert* ▶ Verbes, p. 147	Tu veux que je te **traduise** ce qu'il a dit ?
conclure qc (de qc) [kɔ̃klyʀ(də)]	abschließend sagen, (aus etw.) etw. schließen *wird wie* exclure *konjugiert* ▶ Verbes, p. 148	Vous dormez en cours depuis le début de l'année, j'**en conclus** que l'histoire-géo ne vous intéresse pas.
je conclus • tu conclus • il/elle/on conclut • nous concluons • vous concluez • ils/elles concluent		
sinon [sinɔ̃]	sonst	Et **sinon**, vous avez fait quoi hier ?

A.3 Un an à l'étranger

	le volontariat [ləvɔlɔ̃taʀja]	der Freiwilligendienst	Ça me plairait de faire un **volontariat**.
▶	pratique [pʀatik] *m./f. adj.*	praktisch	Une tablette, c'est **pratique**.
	évoluer [evɔlɥe]	sich (weiter-)entwickeln	Son niveau en anglais n'a pas **évolué**.
	le changement [ləʃɑ̃ʒmɑ̃]	die (Ver-)Änderung	Il ne faut pas avoir peur du **changement**. → changer 🇬🇧 change
	concret/concrète [kɔ̃kʀɛ/kɔ̃kʀɛt] *adj.*	konkret	Il nous faut des informations **concrètes**.
	le bois [ləbwa]	das Holz, *auch:* der Wald	Mon lit et ma table sont en **bois**.
	le permis [ləpɛʀmi]	die Erlaubnis, die Genehmigung, der Schein	Idir a passé son **permis** de conduire ! → permettre
	ⓕ se débrouiller [sədebʀuje]	zurechtkommen	→ débrouillard/e
	petit à petit [pətiapəti]	nach und nach, langsam	**Petit à petit**, ils sont devenus amis.
	hésiter (à + *inf.*) [ezite(a)]	zögern (etw. zu tun)	N'**hésite** pas à me poser des questions ! 🇬🇧 to hesitate
	sûrement [syʀmɑ̃] *adv.*	sicher(lich), bestimmt	Antoine a **sûrement** perdu mon livre ! Zut ! → sûr/e
	la difficulté [ladifikylte]	die Schwierigkeit	→ difficile 🇬🇧 difficulty
	simple [sɛ̃pl] *m./f. adj.*	einfach, leicht	→ simplement 🇬🇧 simple
	ⓕ s'y faire [sifɛʀ]	sich daran gewöhnen, sich damit abfinden	Le monde du travail n'est pas toujours agréable. Il faut **t'y faire** ! ◀

la classe prépa(ratoire) [laklaspʀepa(ʀatwaʀ)] *In Frankreichs Hochschulsystem gibt es – anders als in Deutschland – neben den Universitäten auch eine Reihe von staatlichen Elite-Hochschulen (grandes écoles). Diese sind hoch angesehen und gelten als Ausbildungsstätte der Führungselite in Staat, Militär, Wirtschaft, Wissenschaft und Kultur. Die Aufnahmeprüfungen der „grandes écoles" sind sehr anspruchsvoll. Daher bieten Frankreichs beste Gymnasien „Vorbereitungsklassen" (classes préparatoires) an, in denen sich Abiturient/innen – nach erfolgreicher Bewerbung – 2 bis 3 Jahre intensiv auf die Prüfung vorbereiten können. Die meisten – und besten – dieser „prépas" befinden sich in Paris.*

le VEFA (volontariat écologique franco-allemand) das DFÖJ (Deutsch-französisches ökologisches Jahr)
2009 gegründetes Austauschprogramm für 17- bis 25-Jährige

le VCFA (volontariat culturel franco-allemand) der DFFD-Kultur (Deutsch-französischer Freiwilligendienst Kultur)
2006 gegründetes Austauschprogramm für 18- bis 25-Jährige

A.4 Ensemble, on va plus loin

la **coopération** [lakɔɔpeʀasjɔ̃]	die Kooperation, die Zusammenarbeit	Il existe une **coopération** entre ces deux entreprises.
coopérer [kɔɔpeʀe]	kooperieren, zusammenarbeiten	Elles **coopèrent** depuis plusieurs années. to cooperate
la **politique** [lapɔlitik]	die Politik	politics
politique [pɔlitik] *m./f. adj.*	politisch	La situation **politique** est difficile.
jumelé/e [ʒymle] *adj.*	Partner-	La ville de Ludwigsburg est **jumelée** avec Montbéliard depuis 1950.
la **création** [lakʀeasjɔ̃]	die Schaffung, die Gründung	→ créer, créatif/-ive
direct/e [diʀɛkt] *adj.*	direkt, *hier:* ohne Umsteigen	Elle ne te mentira pas. Elle est très **directe**. → directement
l'**économie** [lekɔnɔmi] *f.*	die Wirtschaft	economy
la **puissance** [lapɥisɑ̃s]	die Macht	→ puissant/e
le/la **partenaire** [lə/lapaʀtənɛʀ]	der/die Partner/in	L'entreprise a **des partenaires** en Suisse.
vice versa [visvɛʀsa]	umgekehrt	
la **sécurité** [lasekyʀite]	die Sicherheit	security
rejoindre qn / + *Ort* [ʀəʒwɛ̃dʀ]	sich jdm anschließen, nachkommen, nach … gelangen *wird wie* se plaindre *konjugiert* ► Verbes, p. 149	Ne m'attendez pas. Je vous **rejoins**, d'accord ?
se développer [sədevlɔpe]	sich entwickeln	Notre quartier **se développe** bien.

le Traité de l'Élysée [lətʀetedəlelize] der Élysée-Vertrag *Am 22.01.1963 unterzeichneten der französische Präsident Charles de Gaulle und der deutsche Bundeskanzler Konrad Adenauer im Pariser Élysée-Palast einen Vertrag. Darin verpflichten sich die früheren Erbfeinde und Kriegsgegner Frankreich und Deutschland zu Freundschaft und politischer Zusammenarbeit.* ► Photo

l'Abibac [labibak] das Abibac *deutsch-französisches Abitur, das sowohl in Deutschland als auch in Frankreich als Hochschulreife anerkannt wird*

l'UOFA (Unité opérationnelle franco-allemande) die DFEE (deutsch-französische Einsatzeinheit) *2019 gegründete Einsatztruppe aus Mitgliedern der deutschen Bundespolizei und der französischen Gendarmerie, die bei Großveranstaltungen und bei Einsätzen im deutsch-französischen Grenzgebiet zusammenarbeitet* ► le Traité d'Aix-la-Chapelle, p. 190

le Triangle de Weimar [lətʀijɑ̃glədəvajmaʀ] das Weimarer Dreieck *ein im Jahr 1991 gegründetes Gesprächsformat, das dem Austausch zwischen Deutschland, Frankreich und Polen dient – mit dem Ziel, die Politik der drei Länder miteinander abzustimmen und die europäische Integration nach Osten hin zu stärken*

Dossier 2 | Partie B

B.1 Les grands rendez-vous européens

le/la **(télé-)spectateur/-trice** [lə(tele)spɛktatœʀ/la(tele)spɛktatʀis]	der/die (Fernseh-)Zuschauer/in	→ le spectacle

B.2 Le Tour de France, un évènement français qui passionne l'Europe

passionner qn [pasjone]	jdn begeistern	→ la passion
une étape [ynetap]	eine Etappe	La prochaine **étape** de mon voyage sera Paris.
parmi [paʀmi]	unter, von	Est-ce qu'il y a un médecin **parmi** vous?
la montre [lamɔ̃tʀ]	die (Armband-)Uhr	→ montrer qc
le coureur / la coureuse [ləkuʀœʀ/lakuʀøz]	der/die Läufer/in, *hier:* der/die Fahrer/in	→ courir, la course
le suspense [ləsyspɛns]	die Spannung	suspense
le virage [ləviʀaʒ]	die Kurve	La route est célèbre pour **ses virages**.
l'arrivée [laʀive] *f.*	die Ankunft, *auch:* das Ziel *bei einer Rennstrecke*	→ arriver arrival
le maillot [ləmajo]	das Trikot	**Les maillots** de mon équipe sont bleus.
le/la gagnant/e [ləgaɲɑ̃/lagaɲɑ̃t]	der/die Sieger/in	→ gagner
le dopage [lədopaʒ]	das Doping	Il faut lutter contre **le dopage**.
suivre qn/qc [sɥivʀ]	jdm/etw. folgen, jdn/etw. verfolgen ▶ Verbes, p. 150	Affaire à suivre Fortsetzung folgt
je suis • tu suis • il/elle/on suit • nous suivons • vous suivez • ils/elles suivent		
la signature [lasiɲatyʀ]	die Unterschrift, die Unterzeichnung	signature
le rapprochement [ləʀapʀɔʃmɑ̃]	die Annäherung	Un **rapprochement** est toujours possible. → rapprocher qn
l'ouverture [luvɛʀtyʀ] *f.*	die (Er-)Öffnung	→ ouvrir

Eddy Merckx *Édouard Louis Joseph Baron Merckx (*1945), ehemaliger belgischer Radrennfahrer. Mit je fünf Siegen der Tour de France und des Giro d'Italia gilt Eddy Merckx als erfolgreichster Radrennfahrer der Radsportgeschichte* ▶ Photo
le Traité de Maastricht [lətʀetedəmastʀixt] *Mit dem 1992 im niederländischen Maastricht unterzeichneten Vertrag wurde die Europäische Union begründet. Darin geregelt waren unter anderem eine gemeinsame Außen- und Sicherheitspolitik sowie die Einführung einer gemeinsamen Währung, dem Euro.*
le Tunnel sous la Manche [lətynɛlsulamɑ̃ʃ] der Eurotunnel *Der 1994 eröffnete, 50 km lange Eisenbahntunnel unter dem Ärmelkanal verbindet Großbritannien mit Frankreich bzw. Kontinentaleuropa. Jährlich nutzen ihn 20 Mio. Passagiere.*
le débarquement des Alliés [ledebaʀkəmɑ̃dezalje] die Landung der Alliierten *Ab dem 6. Juni 1944 landeten amerikanische und britische Truppen an den Stränden der Normandie und drängten Hitlers Armee nach und nach aus Frankreich zurück. Dieser Moment gilt neben dem Angriff von Pearl Harbor und der Schlacht bei Stalingrad als einer der Wendepunkte des Zweiten Weltkriegs.*

B.3 Ces lieux qui symbolisent l'Europe

le style [ləstil]	der Stil	style
un/une architecte [ɛ̃/ynaʀʃitɛkt]	ein/e Architekt/in	Ma mère est **architecte**.
le miroir [ləmiʀwaʀ]	der Spiegel	mirror
large [laʀʒ] *adj.*	breit	Ma chambre fait 5 m de long et 4 m de **large**.

le visiteur / la visiteuse [ləvizitœʀ/lavizitøz]	der/die Besucher/in	Combien y a-t-il de **visiteurs** par an ? → visiter
recevoir qn [ʀəsəvwaʀ]	jdn empfangen ▶ Verbes, p. 150	= accueillir qn 🇬🇧 to receive
je reçois • tu reçois • il/elle/on reçoit • nous recevons • vous recevez • ils/elles reçoivent		
le **rapport** [ləʀapɔʀ]	der Zusammenhang, *auch:* das Verhältnis	Ce que tu dis n'a aucun **rapport** avec notre thème.
le **moment-clé** [ləmɔmɑ̃kle]	der Schlüsselmoment	Pour toi, c'est quand, **le moment-clé** du film ? → la clé, le moment
la **victoire** [laviktwaʀ]	der Sieg	🇬🇧 victory
la **guerre** [lagɛʀ]	der Krieg	≠ la paix
symbolique [sɛ̃bɔlik] *m./f. adj.*	symbolisch	Le roi a fait un geste **symbolique**. → le symbole
la **revanche** [laʀəvɑ̃ʃ]	die Revanche, die Rache	Il n'aime pas perdre, alors il a pris sa **revanche**.
déclarer qc [deklaʀe]	etw. erklären, etw. verkünden	🇬🇧 to declare
un/une **ennemi/e** [ɛ̃/ynɛnmi]	ein/e Feind/in	Je ne suis pas ton **ennemi**. ≠ un/e ami/e 🇬🇧 enemy

Dates-clés de l'Histoire franco-allemande

1870–1871	Guerre entre la France et les États allemands – victoire des États allemands et fondation de l'Empire allemand
1914–1918	Première Guerre mondiale (en France, on l'appelle « la Grande Guerre », et le jour de la capitulation allemande, le 11 novembre, est encore aujourd'hui un jour férié en France) – Traité de Versailles
1939–1945	Seconde Guerre mondiale (le jour de la capitulation allemande, le 8 mai, est encore aujourd'hui un jour férié en France)
1962	« Messe pour la paix » dans la cathédrale de Reims en présence du chancelier allemand Konrad Adenauer et du président français Charles de Gaulle
1963	Traité de l'Élysée appelé aussi « le traité de l'amitié franco-allemande » – création de l'OFAJ
1984	À Verdun, le chancelier allemand Helmut Kohl et le président français François Mitterrand rendent hommage aux soldats morts pendant les deux guerres mondiales. ▶ Photo
1991	création de la chaîne de télévision franco-allemande « Arte »
1992	Traité de Maastricht : création de l'Union européenne
2019	Traité d'Aix-la-Chapelle, qui réaffirme et complète le Traité de l'Élysée de 1963
…	À suivre !

Dossier 2 | Partie C

C.1 L'Union européenne : les dates-clés

la **date** [ladat]	das Datum	→ dater de 🇬🇧 date
intérieur/e [ɛ̃teʀjœʀ] *adj.*	Innen-, innerlich	Allons dans la cour **intérieure**.
extérieur/e [ɛksteʀjœʀ] *adj.*	Außen-, äußerlich	≠ intérieur/e
la **marchandise** [lamaʀʃɑ̃diz]	die (Handels-)Ware	→ le marché 🇬🇧 merchandise

le Rideau de Fer [ləʀidodəfɛʀ] der Eiserne Vorhang *ideologische und physische Grenze zwischen West- und Osteuropa während des Kalten Krieges (1947–1989). Den Begriff hat der ehemalige britische Premierminister Sir Winston Chruchill geprägt. Heute gehören die Gebiete entlang des ehemaligen Grenzverlaufs (wo die Natur jahrzehntelang sich selbst überlassen war) zu einem riesigen europäischen Naturschutzprojekt, dem „Grünen Band Europa". Es reicht über 12 500 km vom Eismeer im Norden Norwegens bis zum Schwarzen Meer an der Grenze zur Türkei und verläuft dabei entlang von 24 europäischen Staaten, von denen 16 Mitglieder der Europäischen Union sind.* ▶ Photo

C.2 Une photo qui a fait le tour du monde

le/la **migrant/e** [ləmigʀɑ̃/lamigʀɑ̃t]	der/die Migrant/in, der/die Flüchtende	On a accueilli une famille de **migrants** chez nous.

Migration in Europa

- Von 1800 bis 1945 wanderten mehr Menschen aus Europa aus als ein, vor allem nach Amerika.
- Nach dem Zweiten Weltkrieg und bis Ende der 1950er Jahre kam es vor allem zu Migration innerhalb Europas, von Geflüchteten und Vertriebenen in der Folge des Krieges.
- Bis Anfang der 1970er Jahre wanderten erstmals mehr Menschen nach Europa ein als aus, oft um (im Rahmen von Abkommen) beim Wiederaufbau zu helfen. Während Deutschland Gastarbeiter aus der Türkei anwarb, wählten Menschen aus dem Maghreb und dem subsaharischen Afrika (aufgrund der kolonialen Geschichte ihrer Länder und der damit verbundenen Kenntnis der französischen Sprache) bevorzugt Frankreich und Belgien als Auswanderungsland.
- Nach dem Ende der Gastarbeiterprogramme Anfang der 1970er Jahre blieben viele Menschen in dem Land, in dem sie Arbeit gefunden hatten, und ihre Familien zogen nach. Und weil in den kapitalistisch geprägten Staaten Europas in vielen Bereichen Arbeitskräfte gesucht wurden, wanderten zahlreiche Menschen auf Arbeitssuche ein – aus Nordafrika, Asien und Osteuropa.
- Ab Mitte der 1990er Jahre: Dank der EU-Erweiterung im Osten und dem Recht auf Freizügigkeit (dem Recht jedes EU-Bürgers, sich frei in der EU zu bewegen) übersiedelten viele Menschen aus Mittel- und Osteuropa nach West- und Südeuropa.
- Seit Anfang der 2010er Jahre sind vor allem Armut, politische Unruhen und Kriege Auslöser für die Flucht zahlreicher Menschen nach Europa (aus Zentralafrika, aus Lateinamerika, aus Nordafrika, aus dem Nahen Osten und aus der Ukraine).

C.3 « Yasmina », un court-métrage de Claire Cahen et d'Ali Esmili

le **recruteur** / la **recruteuse** [ləʀəkʀytœʀ/laʀəkʀytøz]	der Talentscout	Aujourd'hui, il y aura un **recruteur** qui veut vous voir jouer.
se taire [sətɛʀ]	schweigen *wird wie* plaire *konjugiert* ▶ Verbes, p. 149	**Tais-toi !** Tu racontes n'importe quoi.
lâcher qn/qc [laʃe]	jdn/etw. loslassen	**Lâche** ta sœur, Sophie ! Tu vas lui faire mal.
se calmer [səkalme]	sich beruhigen	Eh, les filles, **calmez-vous** ! → calme *m./f. adj.* ruhig
emmener qn [ɑ̃mne]	jdn mitnehmen	Vous **emmenez** votre chien en vacances ?
la **mairie** [lameʀi]	das Rathaus, das Bürgeramt	Tous les matins, je passe devant **la mairie**.
se cacher [səkaʃe]	sich verstecken	Vite, **cache-toi** ! La principale te cherche.
avoir failli + *inf.* [avwaʀfaji]	etw. beinahe getan haben; kurz davor gewesen sein, etw. zu tun	L'an dernier, mes parents **ont failli** aller en Chine.

le vestiaire [ləvɛstjɛʀ]	die Umkleide	Monsieur, **les vestiaires** sont fermés !
renvoyer qn [ʀɑ̃vwaje]	jdn zurückschicken *wird wie* envoyer *konjugiert* ▶ Verbes, p. 148	Le chien ne peut pas venir avec nous. Il faut le **renvoyer** à la maison.
le mariage [ləmaʀjaʒ]	die Hochzeit, die Ehe	marriage
accuser qn (de + *inf.*) [akyze(də)]	jdn beschuldigen etw. zu tun, jdn (einer Sache) anklagen	to accuse
s'inquiéter [sɛ̃kjete]	sich Sorgen machen	On a assez de temps. Ne **t'inquiète** pas.
être désolé/e (de qc) [ɛtʀdezɔle(də)]	(etw.) leid tun, (etw.) bedauern	Je **suis désolé** de ce qui t'est arrivé.
échapper (à qn/qc) [eʃape(a)]	(jdm/etw.) entkommen	to escape
être risqué/e [ɛtʀəʀiske]	riskant sein	→ le risque das Risiko
expulser qn [ɛkspylse]	jdn ausweisen, jdn abschieben	Il a **été expulsé** en novembre. to expel
se battre [səbatʀ]	kämpfen ▶ Verbes, p. 146	**Battons**-nous pour la justice !

je me bats • tu te bats • il/elle/on se bat • nous nous battons • vous vous battez • ils/elles se battent

Dossier 3 | Auftaktseite

se divertir [sədivɛʀtiʀ]	sich unterhalten, sich amüsieren *wird wie* finir *konjugiert* ▶ Verbes, p. 145	Le soir, beaucoup de gens regardent la télé pour **se divertir**.
se détendre [sədetɑ̃dʀ]	sich entspannen *wird wie* attendre *konjugiert* ▶ Verbes, p. 145	Pour **me détendre**, je ferme les yeux et j'écoute de la musique.
s'informer (sur qn/qc) [sɛ̃fɔʀme(syʀ)]	sich (über jdn/etw.) informieren	Je surfe sur Internet pour **m'informer**. → l'information
l'actualité [laktɥalite] *f.*	das Zeitgeschehen	Comment tu t'informes sur **l'actualité** ?
communiquer (avec qn) [kɔmynike(avɛk)]	sich (mit jdm) verständigen, (mit jdm) kommunizieren	Apprenons à mieux **communiquer**. to communicate
le sujet [ləsyʒɛ]	das Thema	subject

Dossier 3 | Mots en contexte

s'intéresser à qn/qc [sɛ̃teʀesea]	sich für jdn/etw. interessieren	Suzanne **s'intéresse** au théâtre. → intéressant/e, intéresser qn
le dossier [lədɔsje]	das Dossier, die Unterlagen	
quotidien/ne [kɔtidjɛ̃/kɔtidjɛn] *adj.*	täglich, alltäglich	→ le quotidien der Alltag, die Tageszeitung
hebdomadaire [ɛbdɔmadɛʀ] *m./f. adj.*	wöchentlich	Comme son nom le dit, Charlie Hebdo est un journal **hebdomadaire**.
mensuel/le [mɑ̃sɥɛl] *adj.*	monatlich, Monats-	Vous venez à notre concert **mensuel** ?
paraître [paʀɛtʀ]	erscheinen *wird wie* connaître *konjugiert* ▶ Verbes, p. 146	Le journal du lycée **paraît** tous les deux mois.

supprimer qc [syprime]	etw. löschen, etw. abschaffen	Chez nous, on veut **supprimer** les emballages en plastique.
le **compte** [ləkɔ̃t]	das (Benutzer-)Konto	→ compter
le **point de vue** [ləpwɛ̃dəvy]	der Standpunkt, die Ansicht	point of view
le **smartphone** [ləsmaʀtfɔn]	das Smartphone	Tu dis « **smartphone** » ou « portable » ?
un **article** [ɛ̃naʀtikl]	ein Artikel	J'ai lu un **article** génial sur les mangas.
la **source** [lasuʀs]	die Quelle	– Tu es sûr ? – Oui, j'ai mes **sources**.
une **intox** [ynɛ̃tɔks(ikasjɔ̃)]	eine gezielt verbreitete Falsch-information, eine Fake News	Tu as lu cet article ? Je suis sûr que c'est de **l'intox**.
le **journal** / ! les **journaux** [ləʒuʀnal/leʒuʀno]	die Zeitung	On est abonnés à un **journal**.
le **journal télévisé** / le **JT** [ləʒuʀnaltelevize/ləʒite]	die Fernsehnachrichten	J'adore la personne qui présente **le JT** !
le/la **journaliste** [lə/laʒuʀnalist]	der/die Journalist/in	→ le journal journalist
la **chaîne d'info(rmation)** [laʃɛndɛ̃fo/laʃɛndɛ̃fɔʀmasjɔ̃]	der Nachrichtensender	**La chaîne d'info** BFMTV permet de suivre l'actualité.
la **radio** [laʀadjo]	das Radio	À **la radio**, j'aime surtout la musique.
le **podcast** [ləpɔdkast]	der Podcast	Tu connais **un podcast** sur le théâtre ?
informer qn [ɛ̃fɔʀme]	jdn informieren	Je vous **informerai** sur tous les détails. → s'informer, l'information to inform
la **stratégie** [lastʀateʒi]	die Strategie	Quelle est votre **stratégie** pour réussir ?
le **créateur** / la **créatrice** [ləkʀeatøʀ/lakʀeatʀis]	der/die Schöpfer/in	→ créer, créatif/-ive
satirique [satiʀik] *m./f. adj.*	satirisch, Satire-	satirical
manipuler qc/qn [manipyle]	etw./jdn manipulieren	Quelqu'un **a manipulé** le concours !
une **opinion** [ynɔpinjɔ̃]	eine Meinung	= un avis opinion
le **public** [ləpyblik]	die Öffentlichkeit, das Publikum	public
un/une **internaute** [ɛ̃/ynɛ̃tɛʀnot]	ein/e Internetnutzer/in	→ Internet
vérifier qc [veʀifje]	etw. (über-)prüfen	Tu **as vérifié** si la porte est fermée ?
citer qn/qc [site]	jdn/etw. zitieren	Il aime **citer** son auteur préféré.
s'abonner (à qc) [sabɔne(a)]	(etw.) abonnieren	≠ se désabonner de qc
se désabonner de qc [sədezabonedə]	sein Abonnement bei etw. kündigen, etw. abbestellen	→ un/e abonné/e
un **abonnement** [ɛ̃nbɔnmɑ̃] *m.*	ein Abo(nnement)	→ s'abonner, se désabonner, un/e abonné/e
la **bande-annonce** [labɑ̃danɔ̃s]	der Trailer	→ l'annonce
attirer qn [atiʀe]	jdn anziehen, jdn anlocken	Paris **attire** beaucoup de touristes. → attirer l'attention de qn
le **maximum** [ləmaksimɔm]	das Maximum	J'ai eu **le maximum** de points, 30 sur 30 !
le/la **(télé)spectateur/-trice** [lə(tele)spɛktatœʀ/la(tele)spɛktatʀis]	der/die (Fernseh-)Zuschauer/in	→ le spectacle

commenter qc [kɔmɑ̃te]	etw. kommentieren	→ le commentaire
à succès [asyksɛ]	erfolgreich	→ le succès successful
[e] passer (sur) [pɑse(syʀ)]	*hier:* laufen (auf) *Sendung, Film, Lied*	L'émission **passe** à 20 h sur Arte.
le best-of [ləbɛstɔf]	das Best-of	Mon groupe préféré a sorti **un best-of**!
la légende [leʒɑ̃d]	die Legende	legend
le quiz [ləkwiz]	das Quiz	Répondez aux questions du **quiz**.
suivre qn/qc [sɥivʀ]	jdm/etw. folgen, jdn/etw. verfolgen ► Verbes, p. 150	Un chien **a suivi** Johan jusqu'au lycée.
je suis • tu suis • il/elle/on suit • nous suivons • vous suivez • ils/elles suivent		
la plateforme [laplatfɔʀm]	die Plattform	platform
le fil d'actualité [ləfildaktɥalite]	der Newsfeed	→ l'actualité
recevoir qc [ʀəsəvwaʀ]	etw. bekommen ► Verbes, p. 150	Est-ce que tu **as reçu** mon message? to receive
je reçois • tu reçois • il/elle/on reçoit • nous recevons • vous recevez • ils/elles reçoivent		
la notification [lanotifikasjɔ̃]	die Benachrichtigung	notification
payant/e [pɛjɑ̃/pɛjɑ̃t] *adj.*	kostenpflichtig	→ payer ≠ gratuit/e

Dossier 3 | Partie A

A.1 Soprano : « Mon précieux »

connecté/e *adj.* [kɔnɛkte]	online, eingeloggt	= en ligne connected
H24 [aʃvɛ̃tkatʀ]	rund um die Uhr, 24/7	À New York, il y a beaucoup de magasins ouverts **H24**.
doux/douce [du/dus] *adj.*	sanft, weich	C'est super **doux**!
embrasser qn [ɑ̃bʀɑse]	jdn umarmen, jdn küssen	→ le bras
caresser qn/qc [kaʀese]	jdn/etw. streicheln	Doucement, il a **caressé** mon visage.
tellement... (que) [tɛlmɑ̃(kə)] *adv.*	so (dass), dermaßen (dass)	C'était **tellement** cool qu'on est restés!
quelques [kɛlk] *adj. pl.*	einige, ein paar ► Grammaire, p. 120/1	Lisa a passé **quelques** jours à Lyon.
le dîner [lədine]	das Abendessen	≠ le petit-déjeuner
le silence [ləsilɑ̃s]	das Schweigen, die Stille	silence
au lieu de [oljødə] + *inf.*	statt etw. zu tun	**Au lieu de** me regarder, aide-moi!
vibrer [vibʀe]	vibrieren	to vibrate
consommer qc [kɔ̃sɔme]	etw. konsumieren	→ le/la consommateur/-trice
car [kaʀ]	denn	= parce que
le doigt [lədwa]	der Finger	On a cinq **doigts** à chaque main.
digital/-ale/-aux/-ales [diʒital/diʒito/diʒital] *adj.*	digital	digital

A.2 Comment les réseaux nous rendent-ils accro ?

un/une **ado** [ɛ̃/ynado] *fam.* / un/une **adolescent/e** [ɛ̃nadolesɑ̃/ynadolesɑ̃t]	ein/e Jugendliche/r	Léo est abonné à un magazine pour **ados**.
un **écran** [ɛ̃nekʀɑ̃]	ein Bildschirm	**L'écran** de son ordi est gigantesque.
chacun/chacune [ʃakɛ̃/ʃakyn]	jeder/jede ▶ Grammaire, p. 120/1	**Chacun** a des qualités différentes.
profiter de qc [pʀɔfitedə]	etw. nutzen, etw. ausnutzen	Ils **ont profité de** la soirée parents-profs pour poser toutes leurs questions.
une **enquête** [ynɑ̃kɛt]	eine Umfrage, Nachforschungen	Les élèves font **une enquête** à l'école.
le **réflexe** [ləʀeflɛks]	der Reflex	Théo a des super bons **réflexes** !
humain/e [ymɛ̃/ymɛn] *adj.*	menschlich	Les actions **humaines** influencent le climat. 🇬🇧 human
le **danger** [lədɑ̃ʒe]	die Gefahr	→ dangereux/-euse 🇬🇧 danger
celui/celle/ceux/celles [səlɥi/sɛl/sø/sɛl]	dieser/diese/dieses *Demonstrativpronomen* ▶ Grammaire, p. 124/7	
apparaître [apaʀɛtʀ]	auftauchen, erscheinen *wird wie* connaître *konjugiert* ▶ Verbes, p. 146	Ça m'énerve, ces pubs qui **apparaissent** tout le temps sur l'écran ! → paraître 🇬🇧 to appear
disparaître [dispaʀɛtʀ]	verschwinden *wird wie* connaître *konjugiert* ▶ Verbes, p. 146	≠ apparaître 🇬🇧 to disappear
lâcher qn/qc [lɑʃe]	jdn/etw. loslassen	**Lâche** ta sœur, Sophie ! Tu vas lui faire mal.
rassurer qn [ʀasyʀe]	jdn beruhigen	Je peux vous **rassurer** : votre fils va bien. 🇬🇧 to reassure
se retrouver [səʀətʀuve] + *adj.*	sich wiederfinden *drückt ein Ergebnis aus*	Ils sont montés dans le mauvais train et **se sont retrouvés** à Lyon. Du coup, je **me suis retrouvée** seule à Marseille.
être au courant (de qc) [ɛtʀokuʀɑ̃(də)]	(über etw.) Bescheid wissen, (über etw.) auf dem Laufenden sein	Tu **es au courant** de ce qui se passe en Belgique ?
éteindre qc [etɛ̃dʀ]	etw. ausschalten *wird wie* se plaindre *konjugiert* ▶ Verbes, p. 149	≠ allumer qc etw. einschalten
la **nouvelle** [lanuvɛl]	die Neuigkeit	Bilal a une bonne **nouvelle**. → nouveau/nouvelle
craindre qc / que + *subj.* [kʀɛ̃dʀ(əkə)]	sich vor etw. fürchten, (be-)fürchten, dass ... *wird wie* se plaindre *konjugiert* ▶ Verbes, p. 149	Je **crains** que ce ne soit pas une bonne idée.
une **étude** [ynetyd]	eine Studie	→ faire des études
le **cerveau** [ləsɛʀvo]	das Gehirn	
avoir tendance à [avwaʀtɑ̃dɑ̃sa] + *inf.*	dazu neigen, etw. zu tun	J'ai **tendance à** croire tout ce qu'on me dit.
fatigant/e [fatigɑ̃/fatigɑ̃t] *adj.*	anstrengend, ermüdend	→ fatigué/e

automatiquement [otomatikmɑ̃] *adv.*	automatisch	→ automatique *m./f. adj.* automatisch
risquer de [ʀiskedə] + *inf.*	Gefahr laufen etw. zu tun, drohen etw. zu tun	to risk
la **fonction** [lafɔ̃ksjɔ̃]	die Funktion	→ fonctionner funktionieren
bien des [bjɛ̃de]	(sehr) viele	= beaucoup de
limiter qc [limite]	etw. beschränken, etw. begrenzen	**Limite** le temps que tu passes en ligne.

A.3 Les réseaux sociaux nous isolent-ils ?

isoler qn [izɔle]	jdn isolieren	→ s'isoler sich abkapseln
être le seul / la seule à [ɛtʀləsœla/lasœla] + *inf.*	der/die Einzige sein, der/die …	Dans ma classe, Perrine et Léon sont **les seuls à** ne pas être sur Insta.
le **résumé** [ləʀezyme]	die Zusammenfassung, die Inhaltsangabe, das Resümee	Faites **un résumé** de l'histoire.
comparer qn/qc (à qn/qc) [kɔ̃paʀe(a)]	jdn/etw. (mit jdm/etw.) vergleichen	to compare
d'après qn/qc [dapʀɛ]	laut jdm/etw., jds Meinung nach	**D'après** le chanteur Stromae, il faut danser.
à côté [akote]	nebenan, *auch*: nebenbei	J'habite **à côté**.
le **côté** [ləkote]	die Seite	→ à côté de qc, à côté
anonyme [anonim] *m./f. adj.*	anonym	anonymous
déménager (à) [demenaʒe(a)] + *Ort*	umziehen (nach + *Ort*)	Noé **a déménagé** à Paris.
le **témoignage** [lətemwaɲaʒ]	der Erfahrungsbericht, die Stellungnahme	Nous avons posé la question à des jeunes. Écoutons leurs **témoignages**.
positif/-ive [pozitif/pozitiv] *adj.*	positiv	positive
négatif/-ive [negatif/negativ] *adj.*	negativ	≠ positif/-ive negative
séparer qc [sepaʀe]	etw. trennen	→ séparé/e to separate
la **vie privée** [lavipʀive]	das Privatleben	**La vie privée**, c'est important !
le **moyen** [ləmwajɛ̃]	das Mittel	→ le Moyen-Âge

! Unterscheiden Sie:

le moyen (de/pour + *inf.*)	Il a trouvé **un moyen** pour gagner de l'argent. (= der Weg, das Mittel) On n'a pas **les moyens** de partir en vacances. (= die (finanziellen) Mittel)
la moyenne	J'ai une bonne **moyenne** en SVT. (= Durchschnitt) Tu as **la moyenne** ? (= bestehen)
moyen/ne *adj.*	Elle est de taille **moyenne**. (= mittelgroß) Au **Moyen**-Âge, le Louvre était un palais royal. (= im Mittelalter)

le Printemps arabe [ləpʀɛ̃tɑ̃aʀab] der Arabische Frühling *Protestbewegung gegen autoritäre Regime in mehreren Ländern der arabischen Welt*
#BalanceTonPorc [balɑ̃stɔ̃pɔʀ] *französischer Hashtag der #MeToo-Bewegung (die betroffene Frauen ermutigt, Fälle von sexueller Belästigung öffentlich zu machen und seit 2017 weltweit für große Aufmerksamkeit gesorgt hat)*

A.4 « Haut les cœurs », un court métrage d'Adrian Moyse Dullin

n'avoir rien à voir (avec qn/qc) [navwaʀjɛ̃avwaʀ(avɛk)]	nichts (mit jdm/etw.) zu tun haben	Mais ça n'a rien a voir ! Aber das hat doch damit nichts zu tun!
le **poème** [ləpwɛm]	das Gedicht	poem
marrant/e [maʀɑ̃/maʀɑ̃t] *adj. fam.*	lustig	= drôle
se calmer [səkalme]	sich beruhigen	Hé, les filles, **calmez-vous** ! → calme *m./f. adj.* ruhig
romantique [ʀɔmɑ̃tik] *m./f. adj.*	romantisch	romantic
le **geste** [ləʒɛst]	die Geste, die Handbewegung	Elle m'a fait des **gestes**. Je n'ai pas compris.
faire un malaise [fɛʀɛ̃malɛz]	sich unwohl fühlen, einen Schwächeanfall haben	Il **a fait un malaise** à cause de la chaleur.
avouer (qc à qn) [avwe(a)]	etw. zugeben, (jdm) etw. gestehen	C'est toi qui as pris mon sac ? **Avoue** !
franchement [fʀɑ̃ʃmɑ̃] *adv.*	ehrlich (gesagt)	frankly
être désolé/e (de qc) [ɛtʀdezɔle(də)]	(etw.) leid tun, (etw.) bedauern	Je **suis désolé** de ce qui t'est arrivé.
s'excuser [sɛkskyze]	sich entschuldigen	Je suis venu **m'excuser**.
se marier (avec qn) [səmaʀje(avɛk)]	(jdn) heiraten	to marry

le SAMU / le Service d'aide médicale urgente [ləsamy]
französischer Rettungsdienst, der unter den Notrufnummern 15 und 112 erreichbar ist ▶ Photo

Dossier 3 | Partie B

B.1 Comment vous informez-vous ?

le **reportage** [ləʀəpɔʀtaʒ]	die Reportage, der Bericht	J'ai vu un super **reportage** sur les baleines.
de temps en temps [dətɑ̃zɑ̃tɑ̃]	ab und zu, von Zeit zu Zeit	Je mange de la viande **de temps en temps**. ≠ souvent
déprimer qn [depʀime]	jdn deprimieren	Arrête de pleurer, ça me **déprime**.
carrément [kaʀemɑ̃] *adv. fam.*	total, *auch*: glatt	Il m'a **carrément** demandé de sortir !
un **accident** [ɛ̃naksidɑ̃]	ein Unfall	accident

servir (à qn) (à qc / à + *inf.***)** [sɛʀviʀ(a)]	(jdm) nützen, (jdm) zu etw. dienen, (jdm) dazu dienen etw. zu tun *wird wie* sortir *konjugiert* ► Verbes, p. 145	Une clé **sert à** ouvrir et fermer une porte.

! **Die Verben *servir* und *se servir* können verschiedene Ergänzungen haben. Damit ändert sich auch ihre Bedeutung:**

servir		se servir	
servir qc (à qn)	Qu'est-ce que je **te sers** ? (= (jdm) etw. servieren, (jdm) etw. einschenken	se servir	Servez-vous ! (= sich bedienen)
servir (à qn) de qc	Cette photo **sert d'**exemple. (= (jdm) als etw. dienen)	se servir de qc	Je peux **me servir de** votre stylo ? (= etw. verwenden)
servir (à qn) à qc	À quoi ça **sert** ? (= (jdm) zu etw. dienen)		
servir (à qn) à + *inf.*	Une intox **sert à** manipuler les gens. (= (jdm) dazu dienen etw. zu tun)		

choquer qn [ʃɔke]	jdn schockieren	→ le choc to shock
évidemment [evidamɑ̃] *adv.*	natürlich, selbstverständlich	– Tu m'invites à ta fête ? – **Évidemment** ! → évident/e *adj.* selbstverständlich, offensichtlich
ⓔ**arriver (à qn)** [aʀive(a)]	*hier:* (jdm) passieren	Ça t'**arrive** de chanter sous la douche ?
le doute [lədut]	der Zweifel	→ douter zweifeln to doubt

B.2 Quand « info » devient « intox »

clairement [klɛʀmɑ̃] *adv.*	klar, deutlich	→ clair/e *adj.* klar, deutlich
ajouter qc [aʒute]	etw. hinzufügen	Qu'est-ce qu'il faut **ajouter** après le lait ?
convaincre qn (de + *inf.***)** [kɔ̃vɛ̃kʀ(də)]	jdn (davon) überzeugen (etw. zu tun) ► Verbes, p. 147	to convince

je convaincs • tu convaincs • il/elle/on convainc • nous convainquons • vous convainquez • ils/elles convainquent

un **indice** [ɛ̃dis]	ein Anzeichen, ein Indiz	C'était lui ! J'ai **un indice** qui le prouve !
indiquer qc (à qn) [ɛ̃dike(a)]	etw. angeben, (jdm) etw. zeigen	Les panneaux m'**ont indiqué** la route.
c'est-à-dire / c.-à.-d. [sɛtadiʀ]	das heißt / d. h., das bedeutet	Il est né à Noël, **c'est-à-dire** le 25 décembre.
circuler [siʀkyle]	in Umlauf sein, zirkulieren	Les informations **circulent** vite !
authentique [otɑ̃tik] *m./f. adj.*	authentisch	= vrai/e
reconnaître qn/qc [ʀəkɔnɛtʀ]	jdn/etw. wiedererkennen *wird wie* connaître *konjugiert* ► Verbes, p. 146	Il a beaucoup changé. Je ne l'ai pas **reconnu** tout de suite. → connaître qn/qc
le **gouvernement** [ləguvɛʀnəmɑ̃]	die Regierung	government
le **président** / la **présidente** [ləpʀezidɑ̃/lapʀezidɑ̃t]	der/die Präsident/in	Que ferais-tu si tu étais **présidente** ? president

Emmanuel Macron [emanyɛlmakʀɔ̃] *(* 1977) französischer Politiker und Gründer der liberalen und pro-europäischen Partei* En marche *(2022 umbenannt in* Renaissance*). 2017 wurde Macron jüngstes französisches Staatsoberhaupt seit Napoleon Bonaparte. Bei den Präsidentschaftswahlen 2022 wurde er im zweiten Wahlgang, in einer Stichwahl gegen die rechtsextreme Kandidatin Marine Le Pen, wiedergewählt.*

Le système politique français (schéma simplifié)

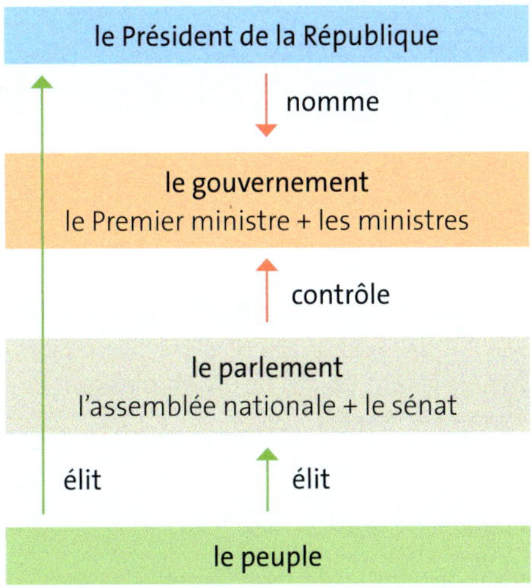

Der französische Präsident ist das Staatsoberhaupt Frankreichs. Er wird direkt durch das Volk gewählt (anders als in Deutschland, wo sowohl der Bundespräsident als auch der Bundeskanzler indirekt gewählt werden – über die Bundesversammlung bzw. den Bundesrat und Bundestag).
Wahlberechtigt sind in Frankreich alle Staatsbürger/innen über 18 Jahre. Die Amtszeit eines französischen Präsidenten beträgt 5 Jahre und kann durch Wiederwahl einmalig auf 10 Jahre verlängert werden. (In Deutschland wird der Bundeskanzler alle vier Jahre gewählt. Die Anzahl möglicher Amtszeiten ist unbegrenzt.)
Die Macht des französischen Staatspräsidenten übersteigt die von Staatsoberhäuptern anderer Demokratien:

- Er ernennt den Premierminister und mit diesem zusammen alle weiteren Minister der Regierung.
- Er hat ein Vetorecht gegenüber Gesetzesbeschlüssen des Parlaments.
- Er ist Oberbefehlshaber der Streitkräfte, kann den Notstand ausrufen und die Nationalversammlung auflösen.

Dossier 3 | Partie C

C.1 Cinéma et séries

la réalité [laʀealite]	die Realität, die Wirklichkeit	≠ le rêve → réaliste 🇬🇧 reality
se vendre [səvɑ̃dʀ]	sich verkaufen	→ vendre

! Anstelle einer Passivform oder eines Satzes mit *on* verwendet man häufig reflexive Verben (*verbes pronominaux*):

Ça se coupe...	Das schneidet man / wird geschnitten ...	Ça se boit...	Das trinkt man / wird getrunken ...
Ça s'utilise...	Das verwendet man / wird verwendet ...	Ça se fête...	Das feiert man / wird gefeiert ...
Ça se mange...	Das isst man / wird gegessen ...	Ça se prépare...	Das bereitet man ... zu.
Ça se ferme...	Das schließt man / wird verschlossen ...	Ça se comprend.	Das kann man verstehen.
Ça s'ouvre...	Das öffnet man / wird geöffnet ...	Ça s'explique...	Das erklärt sich ...
Ça se discute.	Darüber kann man sich streiten.	Ça se partage...	Das teilt man / wird geteilt ...
Ça se fait...	Das macht man ...	Ça se décide...	Das entscheidet man / wird entschieden ...
Ça s'apprend...	Das lernt man ...	Ça se voit...	Das sieht man ...
Ça s'entend...	Das hört man ...	Ça se remarque...	Das merkt man ...
Ça se met...	Das setzt/stellt/legt man ...	Ça se prend...	Das nimmt man / wird genommen ...

le Parisien / la Parisienne [ləpaʀizjɛ̃/lapaʀizjɛn]	der/die Pariser/in	Les habitants de Paris s'appellent les **Parisiens**.
non seulement..., mais [nɔ̃sœlmɑ̃...mɛ]	nicht nur ..., sondern	**Non seulement** il est beau, **mais** en plus, il est gentil.
à moitié [amwatje]	halb, zur Hälfte	→ la moitié
ne... ni... ni / ni... ni... ne [nə...ni...ni/ni...ni...nə]	weder ... noch	Aurélie **n'**aime **ni** les chats **ni** les chiens.
vide [vid] *m./f. adj.*	leer	Il a bu tout le jus. La bouteille est **vide**.
impossible [ɛ̃pɔsibl] *m./f. adj.*	unmöglich	≠ possible

croiser qn [kʀwaze]	jdm begegnen, jdn (zufällig) treffen	La semaine dernière, j'**ai croisé** ma prof de maths au supermarché.
la mode [lamɔd]	die Mode	→ à la mode modern, im Trend
un influenceur / une influenceuse [ɛ̃nɛ̃flyɑ̃sœʀ/ynɛ̃flyɑ̃søz]	ein/e Influencer/in	→ influencer qn/qc
dont [dɔ̃]	von dem, von der, dessen, deren; *auch*: darunter ▶ Grammaire, p. 140/30	C'est un auteur **dont** je n'ai rien lu.
réserver qc [ʀezɛʀve]	etw. reservieren	J'**ai réservé** une table pour deux personnes.
un/une étudiant/e [ɛ̃netydjɑ̃/ynetydjɑ̃t]	ein/e Student/in	Depuis la rentrée, Cécile est **étudiante**. → faire des études
debout [dəbu] *adv.*	stehend, aufrecht	≠ assis/e
plein/e [plɛ̃/plɛn] *adj.*	voll	≠ vide
fumer [fyme]	rauchen	Ma mère veut arrêter de **fumer**.
l'amour [lamuʀ] *m.*	die Liebe	L'**amour**, c'est compliqué, mais c'est beau. → aimer qn/qc, amoureux/-euse
il paraît que [ilpaʀɛkə]	anscheinend; es heißt, dass	**Il paraît que** M. Bacri est malade. → paraître
le réalisateur / la réalisatrice [ləʀealizatœʀ/laʀealizatʀis]	der/die Regisseur/in	→ réaliser qc

le (Boulevard) périphérique [lə(bulvaʀ)peʀifeʀik] *35 km lange Stadtautobahn rings um die 20 Pariser Arrondissements, die größtenteils in beiden Fahrtrichtungen vierspurig ist.*
Der „périph", wie er auch genannt wird, wurde nach fast 20 Jahren Bauzeit 1973 fertiggestellt. Da fast alle wichtigen französischen Autobahnen nach Paris führen und aus allen Richtungen in den Boulevard périphérique münden, ist er eine der am stärksten befahrenen Straßen Europas und zum Symbol für Stau geworden.

C.2 La Tour Eiffel et ses légendes

sauter [sote]	springen	Les enfants adorent **sauter** partout.
l'électricité [lelɛktʀisite] *f.*	der Strom, die Elektrizität	🇬🇧 electricity
pousser [puse]	*hier:* wachsen	Mes cheveux ont **poussé** vite. = grandir

Gustave Eiffel [gystavefɛl] *(1832–1923) französischer Ingenieur und Erbauer von Brücken, Leuchttürmen und anderen Stahlbauwerken. Das berühmteste ist die „Dame de fer", wie der Pariser Eiffelturm auch genannt wird.*

Dossier 4 | Auftaktseite

subsaharien/ne [sybsaaʀjɛ̃/sybsaaʀjɛn] *adj.*	subsaharisch, südlich der Sahara	J'ai visité le nord du continent, mais je ne connais pas l'Afrique **subsaharienne**.
le taxi(-brousse) [lətaksibʀus]	das (Busch-)Taxi	On est rentrés en **taxi**.
le puits [ləpɥi]	der Brunnen	Elles vont chercher de l'eau au **puits**.

Dossier 4 | Mots en contexte

peuplé/e [pœple] *adj.*	bevölkert	Les régions froides sont les moins **peuplées.** → le peuple
le milliard [ləmiljaʀ]	die Milliarde	Mille millions sont un **milliard**.
dont [dɔ̃]	von dem/der, dessen, deren, *auch*: darunter ▶ Grammaire, p. 140/30	C'est un auteur **dont** je n'ai rien lu.
ⓔs'étendre (sur qc) [setɑ̃dʀ(syʀ)]	sich (über etw.) ausdehnen *wird wie* attendre *konjugiert* ▶ Verbes, p. 145	Le Lac rose **s'étend sur** 3 km².
au sud de [osyddə]	südlich von	Übersicht ▶ Liste des mots, p. 184
ⓔse caractériser par qc [səkaʀakteʀizepaʀ]	sich durch etw. auszeichnen	→ le caractère
la diversité [ladivɛʀsite]	die Vielfalt	Il faut s'engager pour la **diversité**. 🇬🇧 diversity
géographique [ʒeogʀafik] *m./f. adj.*	geografisch	→ la géographie
culturel/le [kyltyʀɛl] *adj.*	kulturell	J'aimerais travailler dans le domaine **culturel**. → la culture 🇬🇧 cultural
augmenter [ogmɑ̃te]	wachsen, steigen	Les températures **augmentent**.
une ethnie [ynɛtni]	eine Kultur, eine Ethnie	Plus de 250 **ethnies** vivent au Cameroun.
ethnique [ɛtnik] *m./f. adj.*	ethnisch	→ l'ethnie
une identité [ynidɑ̃tite]	eine Identität	🇬🇧 identity
tout comme [tukɔm]	wie, wie auch	**Tout comme** moi, il est fier de sa culture.
la croyance [lakʀwajɑ̃s]	der Glaube	→ croire qn/qc
animiste [animist] *m./f. adj.*	animistisch *im animistischen Glauben besitzt alles eine Seele, auch Dinge*	
propre [pʀɔpʀ] *m./f. adj.*	eigene/r/s	Sarah voudrait avoir sa **propre** chambre.

! Unterscheiden Sie:

Sarah voudrait avoir **sa propre chambre.** (= ihr eigenes Zimmer) Tu as **les mains propres** ? (= saubere Hände)

l'esclavage [lɛsklavaʒ] *m.*	die Sklaverei	Il faut interdire toutes les formes d'**esclavage**.
la colonisation [lakolonizasjɔ̃]	die Kolonisation	→ coloniser qn/qc
exploiter qn/qc [ɛksplwate]	jdn/etw. ausbeuten, *auch*: etw. abbauen	Presque tous les pays européens **ont exploité** l'Afrique.
à partir de [apaʀtiʀdə]	ab, von ... an	**À partir de** 1920, l'Allemagne n'a plus eu de colonies en Afrique.
ⓔse répartir qc [səʀepaʀtiʀ]	etw. untereinander aufteilen *wird wie* finir *konjugiert* ▶ Verbes, p. 145	→ la partie
la frontière [lafʀɔ̃tjɛʀ]	die (Staats-)Grenze	On va bientôt traverser **la frontière**.

correspondre à qn/qc [kɔʀɛspɔ̃dʀa]	jdm/etw. entsprechen *wird wie* attendre *konjugiert* ▶ Verbes, p. 145	Le territoire de l'ancien Royaume de Kanem **correspond** environ au territoire du Tchad.
brutalement [bʀytalmɑ̃] *adv.*	brutal, knallhart, *auch:* plötzlich	→ brutal/e *adj.* brutal
la **ressource** [laʀəsuʀs]	die Ressource, *auch*: der Einfallsreichtum	L'Afrique est très riche en **ressources** naturelles.
naturel/le [natyʀɛl] *adj.*	natürlich, Natur-	J'aime bien son look **naturel**. → la nature natural
renforcer qc [ʀɑ̃fɔʀse]	etw. verstärken	→ fort/e
politique [pɔlitik] *m./f. adj.*	politisch	La situation **politique** est difficile. political
l'indépendance [lɛ̃depɑ̃dɑ̃s] *f.*	die Unabhängigkeit	Elle veut garder son **indépendance**. → indépendant/e independance
un **État** [ɛ̃neta]	ein Staat	En 2002, **les États** africains ont créé l'Union africaine.
ancien/ne [ɑ̃sjɛ̃/ɑ̃sjɛn] *adj.*	alt, ehemalig	J'aimais bien mon **ancien** prof de maths.

! Das Adjektiv *ancien/ne* kann je nach Stellung verschiedene Bedeutungen haben:

vor dem Nomen: J'aimais bien mon **ancien** prof de maths. (= ehemalig)
nach dem Nomen: Nous habitons dans un bâtiment **ancien**. (= alt; *aber nicht für Personen* → vieux/vieille)

la **colonie** [lakɔlɔni]	die Kolonie	→ coloniser, la colonisation
profiter de qc [pʀɔfitedə]	etw. nutzen, etw. ausnutzen	Il fait beau aujourd'hui! Il faut en **profiter**.
belge [bɛlʒ] *m./f. adj.*	belgisch	→ la Belgique, le/la Belge
africain/e [afʀikɛ̃/afʀikɛn] *adj.*	afrikanisch	Youssou N'Dour est une star **africaine**.
l'administration [ladministʀasjɔ̃] *f.*	die Verwaltung, die Behörde	C'est l'**administration** de l'entreprise qui s'occupera de vos documents.
l'enseignement [lɑ̃sɛɲmɑ̃] *m.*	das Schulwesen, das Bildungswesen	Plus tard, je voudrais travailler dans l'**enseignement**.
commercial/-ale/-aux/-ales [kɔmɛʀsjal/kɔmɛʀsjo/kɔmɛʀsjal] *adj.*	Verkaufs-, Handels-, kommerziell	Ce film a été un succès **commercial**. commercial
communiquer [kɔmynike]	kommunizieren	Apprenons à mieux **communiquer**. to communicate
nombreux/-euses [nɔ̃bʀø/nɔ̃bʀøz] *adj.*	zahlreiche	De **nombreuses** familles vivent ici. → le nombre
servir (à qn) de qc [sɛʀviʀ(a)də]	(jdm) als etw. dienen *wird wie* sortir *konjugiert* ▶ Verbes, p. 145	Pendant le festival, la grande place **sert de** scène principale.
commun/e [kɔmɛ̃/kɔmyn] *adj.*	gemeinsam	Les toilettes **communes** sont à l'étage. common
panafricain/e [panafʀikɛ̃/panafʀikɛn] *adj.*	panafrikanisch, gesamtafrikanisch	Est-ce qu'il existe une devise **panafricaine** ?
malgré [malgʀe]	trotz	**Malgré** la pluie, j'ai fait une balade.

le point commun [ləpwɛ̃kɔmɛ̃]	die Gemeinsamkeit	Nous avons beaucoup de **points communs**.
âgé/e [aʒe] *adj.*	alt	Les personnes **âgées** ont de l'expérience.
les ancêtres [lezɑ̃sɛtʀ] *m. pl.*	die Vorfahren, die Ahnen	Je ne connais pas mes **ancêtres**. ancestors
le culte des ancêtres [ləkyltdezɑ̃sɛtʀ]	der Ahnenkult	→ les ancêtres
oral/-ale/-aux/-ales [ɔʀal/ɔʀo/ɔʀal] *adj.*	mündlich	Les examens **oraux** ont lieu en juin.
le conte [ləkɔ̃t]	das Märchen	J'adore **les contes** des mille et une nuits. → raconter
la légende [laleʒɑ̃d]	die Legende	legend
le passé [ləpase]	die Vergangenheit	On ne peut pas changer **le passé**.
colonial/-ale/-aux/-ales [kɔlɔnjal/kɔlɔnjo/kɔlɔnjal] *adj.*	Kolonial-	L'époque **coloniale** a coûté des millions de vies africaines. → la colonie, coloniser, la colonisation
souhaiter qc [swete]	(sich) etw. wünschen	À tes souhaits ! Gesundheit!

Im frankofonen subsaharischen Afrika leben zahlreiche Ethnien. Hier einige Beispiele:

les Wolofs [lewɔlɔf] *Mit ca. 7 Mio. Menschen die bevölkerungsreichste Ethnie im Senegal. In den Nachbarländern Gambia, Mauretanien und Mali leben weitere 500 000 Wolof. Ihre Sprache heißt ebenfalls Wolof.*
les Peuls [lepøl] *Die Ethnie der Peul (auch Fulfulde genannt) ist in West- und Zentralafrika vertreten. Über 50 Mio. Menschen sprechen die Sprache Peul.*
les Baoulés [lebaule] *Die Baule (deren Sprache ebenfalls Baule heißt) leben in der Elfenbeinküste und stellen mit ca. 2 Mio. Menschen die größte Ethnie des Landes.*
les Fangs [lefaŋ] *Die ethnische Gruppe der Fang lebt überwiegend auf den Staatsgebieten von Äquatorialguinea, Gabun und Kamerun (insgesamt ca. 5–6 Mio. Menschen). Sie sprechen Fang, das zu den Bantu Sprachen gehört.*
les Bangalas [lebaŋgala] *Das Volk der Bangala umfasst über 30 ethnische Gruppen im Kongobecken, in Zentralafrika. Neben ihren eigenen Sprachen benutzen sie als Verkehrssprache die Bantu-Sprachen Lingala und Bangala.*
les Mérinas [lemeʀina] *Auf der Insel Madagaskar, die zu Ostafrika gezählt wird, leben etwa 3 Mio. Merina, die größte Gruppe der madegassischen Bevölkerung. Ihre Sprache, Malagasy, sprechen alle ca. 27 Mio. Bewohner des Inselstaats.*

Dossier 4 | Partie A

A.1 « Wallay », un film de Berni Goldblat

le quotidien [ləkɔtidjɛ̃]	der Alltag	Le sport fait partie de mon **quotidien**.
la banque [labɑ̃k]	die Bank *Geldinstitut*	bank
au lieu de [oljødə] + *inf.*	statt etw. zu tun	**Au lieu de** te moquer, tu pourrais m'aider !
juste [ʒyst] *adv.*	(einfach) nur, bloß	Attends ! Je veux **juste** te dire un truc. = seulement just
rembourser qc (à qn) [ʀɑ̃buʀse(a)]	(jdm) etw. zurückzahlen	Il ne m'a pas encore **remboursé** mon argent.
le plan [ləplɑ̃]	der Plan, das Vorhaben	Tu as **des plans** pour aujourd'hui ?
emmener qn/qc [ɑ̃mne]	jdn/etw. mitnehmen	Vous **emmenez** votre chien en vacances ?
le confort [ləkɔ̃fɔʀ]	der Komfort, die Bequemlichkeit	J'aime **le confort**, mais pas à tout prix.
l'arrivée [laʀive] *f.*	die Ankunft	→ arriver arrival

le seau / ! les seaux [ləso]	der Eimer	Prends **le seau** et va chercher de l'eau.
le bâton [ləbatɔ̃]	der Stock	Les enfants aiment jouer aves des **bâtons**.
le courant [ləkuʀɑ̃]	der Strom	Il me faut du **courant** pour mon portable.

A.2 C'est typique de chez nous !

certains/certaines [sɛʀtɛ̃/sɛʀtɛn]	manche, bestimmte, gewisse ▶ Grammaire, p. 120/1	**Certains** jours, j'ai du mal à me lever.
▶ la sauce [lasos]	die Soße	Cette **sauce** est délicieuse!
un ingrédient [ɛ̃ɡʀedjɑ̃]	eine Zutat	J'ai acheté les **ingrédients** pour le mafé. ingredient
l'arachide [laʀaʃid] *f.*	die Erdnuss	Dans la cuisine africaine, il y a beaucoup de recettes au beurre d'**arachide**.
puis [pɥi]	dann	On a mangé, puis on est sortis.
e se réunir [səʀeyniʀ]	sich treffen, sich versammeln, zusammenkommen *wird wie* finir *konjugiert* ▶ Verbes, p. 145	Il faudrait qu'on **se réunisse** pour parler de notre voyage en Guinée.
transmettre qc (à qn) [tʀɑ̃smɛtʀ(ə)]	etw. (an jdn) weitergeben, etw. überliefern *wird wie* mettre *konjugiert* ▶ Verbes, p. 149	Est-ce que tu peux **transmettre** cette information à tes parents, s'il te plaît ?
le savoir [ləsavwaʀ]	das Wissen	→ savoir qc
de... en... [də…ɑ̃]	von ... zu ...	**De** temps **en** temps, on se téléphone.

De... en... **kommt in einigen häufig verwendeten Redewendungen vor:**

On transmet le savoir **de génération en génération**. (= von einer Generation zur nächsten)
Ma grand-mère vient nous voir **de temps en temps**. (= von Zeit zu Zeit)
C'est une tradition transmise **de père en fils / de mère en fille**. (= vom Vater zum Sohn / von Mutter zu Tochter)

le proverbe [ləpʀɔvɛʀb]	das Sprichwort	Il y a un **proverbe** pour chaque situation.
impossible [ɛ̃pɔsibl] *m./f. adj.*	unmöglich	Tu crois que c'est **impossible** ? ≠ possible impossible
le rythme [ləʀitm]	der Rhythmus	rhythm
la joie de vivre [laʒwadəvivʀ]	die Lebensfreude	Même à 80 ans, il a gardé sa **joie de vivre**.
la corruption [lakɔʀypsjɔ̃]	die Korruption, die Bestechung	Il faut lutter contre la **corruption**.
les paroles [lepaʀɔl] *f. pl.*	der Liedtext	→ parler
la particularité [lapaʀtikylaʀite]	die Besonderheit	→ particulièrement besonders
la noix [lanwa]	die Nuss, die Walnuss	

la noix de cola
die Kolanuss

la noix de pécan
die Pekannuss

la noix de coco
die Kokosnuss

la noisette
die Haselnuss

la bouche [labuʃ]	der Mund	Pour manger, il faut ouvrir la **bouche**.
la force [lafɔʀs]	die Kraft, die Stärke	J'admire son courage et sa **force**. → fort/e, renforcer qc force

le **marabout** [ləmaʀabu]	der Marabout *Weiser und Heiler, in Westafrika*	Malik est allé chez un **marabout** pour trouver une solution à ses problèmes.
l'**hospitalité** [lɔspitalite] *f.*	die Gastfreundlichkeit, die Gastfreundschaft	Ici, l'**hospitalité** joue un rôle très important. hospitality
la **solidarité** [lasɔlidaʀite]	die Solidarität	solidarity
le **tissu** [lətisy]	der Stoff	On prend quel **tissu** pour le boubou ?
coloré/e [kɔlɔʀe] *adj.*	farbig, farbenfroh	→ la couleur coloured
joyeux/-euse [ʒwajø/ʒwajøz] *adj.*	fröhlich, vergnügt	À la fête, tout le monde était **joyeux**. → la joie, Joyeux anniversaire!, la joie de vivre

le boubou [ləbubu] der Boubou *Der Boubou ist eine weite und locker fallende Oberbekleidung, die in West- und Nordafrika sowohl von Frauen als auch von Männern getragen wird.* ► Photo

A.3 Thierno Diallo : « Moi, migrant clandestin de 15 ans »

le/la **migrant/e** [ləmigʀɑ̃/lamigʀɑ̃t]	der/die Migrant/in, der/die Flüchtende	On a accueilli une famille de **migrants** chez nous.
la **fourchette** [lafuʀʃɛt]	die Gabel	J'ai un couteau, mais pas de **fourchette**.
le **doigt** [lədwa]	der Finger	Mon petit **doigt** me fait mal.
une **assiette** [ynasjɛt]	ein Teller	Papa, j'ai cassé la grande **assiette** !
vexé/e [vɛkse] *adj.*	beleidigt, gekränkt	Qu'est-ce qu'il a ? Il est **vexé** ?
signifier qc [siɲifje]	etw. bedeuten	→ la signification die Bedeutung
comparer qn/qc (à qn/qc) [kɔ̃paʀe(a)]	jdn/etw. (mit jdm/etw.) vergleichen	to compare
se moucher [səmuʃe]	sich schneuzen	→ le mouchoir das Taschentuch
impoli/e [ɛ̃pɔli] *adj.*	unhöflich	≠ poli/e höflich impolite
la **politesse** [lapolitɛs]	die Höflichkeit	C'est une question de **politesse**. → impoli/e politeness

Bonnes manières ou pas ? Ça dépend !

se laver les mains
manger avec un couteau et une fourchette
manger avec les doigts
manger dans une assiette
manger dans un plat commun
boire pendant le repas
roter (= rülpsen)
faire du bruit en mâchant (= schmatzen)
renifler
se moucher
tousser (= husten)
bâiller (= gähnen)
mettre la main devant la bouche
finir son assiette

s'améliorer [sameljɔʀe]	sich verbessern	Mes notes se **sont améliorées** depuis un an.
donner de ses nouvelles [dɔnedəsenuvɛl]	sich melden, etw. von sich hören lassen	Merci d'avoir donné de **vos nouvelles** ! → nouveau/nouvelle
le **bijou** / ! les **bijoux** [ləbiʒu/lebiʒu]	das Schmuckstück, der Schmuck	J'adore tes **bijoux**, ils sont trop beaux !

frapper qn [fʀape]	jdn schlagen	Il ne faut pas **frapper** les enfants.
quelques [kɛlk] *pl.*	einige, ein paar ► Grammaire, p. 120/1	Lisa a passé **quelques** jours à Lyon.
le porc [ləpɔʀ]	das Schwein, das Schweinefleisch	Salim ne mange pas de **porc**. pork
regretter (de + *inf.* / que + *subj.*) [ʀəgʀete(də/kə)]	bedauern (etw. zu tun), bereuen (etw. zu tun); bedauern, dass ...	Je **regrette** que Moussa parte à Lomé. to regret
faire connaissance [fɛʀkɔnɛsɑ̃s]	sich kennenlernen	Ils **ont fait connaissance** à ma soirée. → connaître
être capable de [ɛtʀkapabldə] + *inf.*	fähig sein, etw. zu tun; etw. tun können	Je ne sais pas s'il **est capable de** vivre seul.
étonnant/e [etɔnɑ̃/etɔnɑ̃t] *adj.*	erstaunlich	→ être étonné/e erstaunt sein

Dossier 4 | Partie B

B.1 L'Afrique qui gagne

bouger [buʒe]	sich bewegen	Ne **bouge** pas ! Il y a un serpent devant toi !
inspirer qn/qc [ɛ̃spiʀe]	jdn/etw. inspirieren	to inspire
absolument [apsɔlymɑ̃] *adv.*	unbedingt, absolut	absolutely
l'espoir [lɛspwaʀ] *m.*	die Hoffnung	→ espérer
► ajouter qc [aʒute]	etw. hinzufügen	Il faudrait **ajouter** que l'entrée est gratuite.
déçu/e [desy] *adj.*	enttäuscht	Marie, ça se voit que tu es **déçue**. ◄

B.2 À la découverte du Parc national du Niokolo Koba

le séjour [ləseʒuʀ]	der Aufenthalt	Dina fait un **séjour** d'un mois en France.
le quatre-quatre / 4 x 4 [ləkatkatʀ]	der Geländewagen, der Wagen mit Allradantrieb	Dans cette région, il vaut mieux prendre **un 4 x 4**.
le guide [ləgid]	der/die Reiseführer/in *das Wort „guide" ist immer männlich*	**Le guide** montre la ville aux touristes. guide
remplir qc [ʀɑ̃pliʀ]	etw. (aus-)füllen *wird wie* finir *konjugiert* ► Verbes, p. 145	**Remplissez** vos bouteilles d'eau et n'oubliez pas de prendre quelques biscuits.
un insecte [ɛ̃nɛ̃sɛkt]	ein Insekt	Tu as peur des **insectes** ?

le lion [ləljɔ̃]

le singe [ləsɛ̃ʒ]

le babouin [ləbabwɛ̃]

le serpent [ləsɛʀpɑ̃]

le phacochère [ləfakɔʃɛʀ]

un hippopotame [ɛ̃nipɔpɔtam]

le moustique [ləmustik]

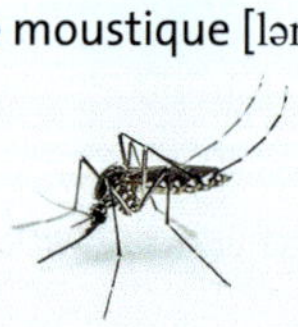

le papillon [ləpapijɔ̃]

le sable [ləsabl]	der Sand	Marcher dans le **sable** est parfois difficile.
en effet [ɑ̃nefɛ] *adv.*	in der Tat, tatsächlich	– C'est joli, non ? – **En effet**, c'est très beau.
le point d'eau [ləpwɛ̃do]	die Wasserstelle	Au **point d'eau**, on a vu des hippopotames.
appartenir à qn/qc [apaʀtəniʀa]	jdm gehören, etw. angehören *wird wie* venir *konjugiert* ► Verbes, p. 150	Je fais très attention à ce vélo. C'était le vélo de mon grand-père et maintenant, il m'**appartient**.
la case [lakaz]	die Hütte *traditionelles Wohnhaus im subsaharischen Afrika*	Hamza n'est pas dans la **case** ? Alors, il est dehors.
énorme [enɔʀm] *m./f. adj.*	riesig	= gigantesque enormous
la fièvre [lafjɛvʀ]	das Fieber	J'étais malade et j'avais de **la fièvre**. fever
peser [pəze]	wiegen	Tu **pèses** combien ?
s'installer [sɛ̃stale]	sich niederlassen, es sich gemütlich machen	Venez, **installez-vous** !
voler qc (à qn) [vɔle(a)]	(jdm) etw. stehlen	On m'**a volé** mon sac ! → le/la voleur/-euse

B.3 Tous fous de foot !

le défi [lədefi]	die Herausforderung	Il voit tous les problèmes comme des **défis**.
bien que [bjɛ̃kə] + *subj.*	obwohl	**Bien qu'**il n'ait que quinze ans, Kodjo s'entraîne déjà avec les adultes.
le dieu / la déesse [lədjø/ladeɛs]	der Gott / die Göttin	Mon **Dieu** ! Qu'est-ce que tu as encore fait ?
signer qc [siɲe]	etw. unterschreiben	Tu **as signé** ta lettre de motivation ? to sign
le contrat [ləkɔ̃tʀa]	der Vertrag	On m'a proposé **un contrat**. contract
le moyen (de + *inf.*) [ləmwajɛ̃(də)]	das Mittel (um etw. zu tun), der Weg (um etw. zu tun)	J'ai trouvé un **moyen de** gagner de l'argent.
échapper (à qn/qc) [eʃape(a)]	(jdm/etw.) entkommen	La voleuse **a échappé** aux policiers. to escape
la condition [lakɔ̃disjɔ̃]	die Bedingung	L'examen a lieu sous de bonnes **conditions**. condition
le recruteur / la recruteuse [ləʀəkʀytœʀ/laʀəkʀytøz]	der Talentscout	Hier, **une recruteuse** est venue à l'entraînement.
promettre (qc à qn / de + *inf.*) [pʀɔmɛtʀ(a/də)]	(jdm) versprechen (etw. zu tun) *wird wie* mettre *konjugiert* ► Verbes, p. 149	Tu m'**as promis de** venir. to promise
disparaître [dispaʀɛtʀ]	verschwinden *wird wie* connaître *konjugiert* ► Verbes, p. 146	Ce vieux bâtiment **disparaîtra** bientôt. ≠ apparaître to disappear
oser [oze] + *inf.*	sich trauen, etw. zu tun	Je n'**ose** pas sortir seul le soir.
avoir honte (de qc / de + *inf.*) [avwaʀɔ̃t(də)]	sich (für etw.) schämen, sich dafür schämen etw. zu tun	Parfois, j'**ai honte de** demander de l'aide.

s'en sortir [sɑ̃sɔʀtiʀ] *fam.*	es schaffen, etw. aus sich machen, zurechtkommen	Alors, tu **t'en es sorti** avec l'exercice de maths ?
une **association** [ynasɔsjasjɔ̃]	ein Verein	Cette **association** aide les pauvres. → associer qc à qn association
jusqu'à ce que [ʒyskaskə] + *subj.*	bis (dass)	Je reste là **jusqu'à ce que** tu dormes.
le **salaire** [ləsalɛʀ]	das Gehalt, der Lohn	Je suis contente de **mon salaire.** salary
pour que [puʀkə] + *subj.*	damit	Faites moins de bruit, s'il vous plaît, **pour que** je puisse travailler.

la CAN (la Coupe d'Afrique des Nations) [lakan/lakupdafʀikdenasjɔ̃] der Afrika-Cup *Fußballturnier der afrikanischen Herren-Nationalmannschaften, das in allen ungeraden Jahren stattfindet. Das Turnier für die Damen-Mannschaften (la Coupe d'Afrique des Nations féminine) wird, im Wechsel mit der CAN, in den geraden Jahren ausgetragen.*

Samuel Eto'o [samyɛleto] *(*1981) ehemaliger kamerunischer Fußballspieler, Rekordtorschütze des Afrika-Cups und mehrfacher Gewinner der UEFA Champions League. Seit Jahrzehnten engagiert sich Eto'o in Westafrika für die Ausbildung und Förderung der Fußballjugend.*

Douala [dwala] Douala *Mit rund 3,8 Mio Einwohnern ist Douala nicht nur Kameruns größte Stadt, sondern auch dessen Wirtschaftsmetropole und Verkehrsknotenpunkt. Bis 1920 war Douala kamerunische Hauptstadt, bevor sie von Yaoundé abgelöst wurde.* ► Photo

Dossier 4 | Partie C

C.1 « Qui ne connaît aucun proverbe, ne connaît rien du tout »

la **sagesse** [lasaʒɛs]	die Weisheit	On dit que la **sagesse** vient avec l'âge.

C.2 Une performance de conteur

mourir [muʀiʀ]	sterben ► Verbes, p. 149	Napoléon **est mort** à l'âge de 53 ans. → la mort
je meurs • tu meurs • il/elle/on meurt • nous mourons • vous mourez • ils/elles meurent		
brûler (qc) [bʀyle]	(etw. ver-)brennen	Le feu **a brûlé** pendant toute la nuit.
une **oreille** [ynɔʀɛj]	ein Ohr	Les serpents ont-ils **des oreilles** ?
de bouche à oreille [dəbuʃaɔʀɛj]	mündlich	Cette recette spéciale se transmet **de bouche à oreille** dans notre famille.
passionner qn [pasjɔne]	jdn begeistern	→ la passion
le **public** [ləpyblik]	das Publikum, die Zuschauer	public
guérir (qn) [geʀiʀ]	gesund werden, jdn heilen *wird wie* finir *konjugiert* ► Verbes, p. 145	Je veux que mon père **guérisse** enfin !
se marier (avec qn) [səmaʀje(avɛk)]	(jdn) heiraten	Tu voudrais **te marier,** un jour ? to marry
le **mari** [ləmaʀi]	der Ehemann	Je vous présente Fatou et **son mari.**
une **odeur** [ynɔdœʀ]	ein Geruch, ein Duft	Quelle **odeur** ! Mais qu'est-ce que c'est ?

la goutte [lagut]	der Tropfen	Tu sens les **gouttes** ? Il va pleuvoir.
le sang [ləsɑ̃]	das Blut	Hamza a perdu beaucoup de **sang**.
la poussière [lapusjɛʀ]	der Staub	Je ne vois rien avec tout cette **poussière**.

Amadou Hampâté Bâ [amaduampateba] *(ca. 1901–1991) malischer Schriftsteller und Ethnologe, der sich für die Bewahrung des kulturellen afrikanischen Erbes und insbesondere der traditionellen mündlichen Erzählkunst eingesetzt hat*
Léonora Miano [leonoʀamiano] *(*1973) Die kamerunische Schriftstellerin lebt seit 1991 in Frankreich. Ihr zweiter Roman, „Contours du jour qui vient", erhielt 2006 den renommierten Prix Goncourt des lycéens.*
le griot / la griotte [ləgʀio/lagʀiɔt] der Griot / die Griotte *professioneller Sänger, Dichter und Musiker, der durch seine Darbietungen zur mündlichen Überlieferung traditionellen Wissens beiträgt* ▶ Photo
les Jeux de la Francophonie [leʒødəlafʀɑ̃kofɔni] ▶ p. 102

C.3 La culture du conte et ses formes modernes

▶ c'est-à-dire / c.-à.-d. [sɛtadiʀ]	das heißt / d. h., das bedeutet	Notre magazine paraît tous les mois, **c'est-à-dire** douze fois par an.
le feu / ! les feux [ləfø/lefø]	das Feuer, *auch:* die Ampel	La force du **feu** est impressionnante.
la magie [lamaʒi]	die Zauberei, die Magie	On a trouvé le chemin comme par **magie**. → magique
se blesser [səblɛse]	sich verletzen	Zora **s'est blessée**, il faut l'aider.
le dessin animé [lədesɛ̃anime]	der (Zeichen-)Trickfilm	Quels sont tes **dessins animés** préférés ?
avoir accès à qc [avwaʀaksɛa]	zu etw. Zugang haben	Les élèves n'ont pas **accès** à la salle des profs. 🇬🇧 to have access to

Francis Kéré [fʀɑ̃siskeʀe] *(*1965) burkinisch-deutscher Architekt, der 2022 mit dem renommierten Pritzker-Architekturpreis ausgezeichnet wurde. Typisch für Kérés Bauprojekte ist eine nachhaltige Bauweise mit lokal verfügbaren Materialien und dem Einsatz tradtionellen Handwerks.* ▶ Photo
Yaa Asantewaa [jaasanteiwə] *(ca. 1840–1921) Mutter des letzten Königs der Aschanti, einem auf dem Gebiet des heutigen Ghana lebenden Volkes. Nachdem britische Kolonialisten den König der Ashanti verschleppt hatten, forderten sie im Jahr 1900 die Ashanti auf, ihren Goldenen Stuhl herauszugeben (der als ihr Heiligstes galt). Daraufin rüttelte Yaa Asantewaa die Männer der Ashanti zum Widerstand und letztlich zum Austand auf, indem sie ankündigte, dass die Frauen gegen die Weißen in den Krieg ziehen würden, falls die Männer es nicht täten. Erst nach zwei Jahren konnten die Briten den Aufstand niederschlagen. Yaa Asantewaa wurde ins Exil auf die Seychellen verbannt, wo sie starb. Bis heute gilt sie als Symbol für den afrikanischen Widerstand gegen die Kolonialherrschaft.*
Béhanzin [beɑ̃zɛ̃] *(1845–1906) Er wurde 1889 zum letzten unabhängigen König von Dahomey gekrönt, einem ehemaligen Königreich auf dem Gebiet des heutigen Benin. Als Thronfolger hatte er schon einige Jahre vor dem Tod seines Vaters die Staatsgeschäfte gelenkt und galt als mutiger und kluger Herrscher, der sich gegen die europäischen Versuche, Dahomey zu ihrer Kolonie zu machen, zur Wehr setzte. Kurz nach Béhanzins Krönung griffen französische Truppen das Land an und siegten, nach erbitterten Kämpfen, erst 1894, als Béhanzin gefangen genommen und ins Exil verbannt wurde, zunächst auf die Insel Martinique, später nach Algerien.*

L'AFRIQUE POLITIQUE ET FRANCOPHONE

Le Sahara est le plus grand désert du monde. Avec plus de 9 millions de km², il est 14 fois plus grand que la France. C'est un paysage de sable et de rochers. Au sud du Sahara, avec le Sahel, commence la partie de l'Afrique qu'on appelle subsaharienne (= sous le Sahara). Le Sahel est une zone sèche, mais où il y a de la végétation. C'est une zone de transition entre le climat désertique et le climat de savane plus humides des régions qui se trouvent plus au sud.

Pour faire la différence entre les deux états congolais, on les appelle en indiquant leur capitale :
la RDC = le Congo-Kinshasa
le Congo = le Congo-Brazzaville

Je viens de... / Je suis (d'origine) ...

l'Algérie *f.*	→ algérien/ne	la R.D.C.	→ congolais/e	l'île Maurice *f.*	→ mauricien/ne
le Bénin	→ béninois/e	le Congo	→ congolais/e	la Mauritanie	→ mauritanien/ne
le Burkina Faso	→ burkinabé/e	la Côte d'Ivoire	→ ivoirien/ne	le Niger	→ nigérien/ne
le Burundi	→ burundais/e	Djibouti	→ djiboutien/ne	la Réunion	→ réunionnais/e
le Cameroun	→ camerounais/e	le Gabon	→ gabonais/e	le Sénégal	→ sénégalais/e
la République centrafricaine	→ centrafricain/e	la Guinée	→ guinéen/ne	les Seychelles *f. pl.*	→ seychellois/e
		Madagascar	→ malgache	le Tchad	→ tchadien/ne
les Comores *f. pl.*	→ comorien/ne	le Mali	→ malien/ne	le Togo	→ togolais/e
		le Maroc	→ marocain/e	la Tunisie	→ tunisien/ne

LES RESSOURCES NATURELLES DE L'AFRIQUE

L'AFRIQUE EN 1914

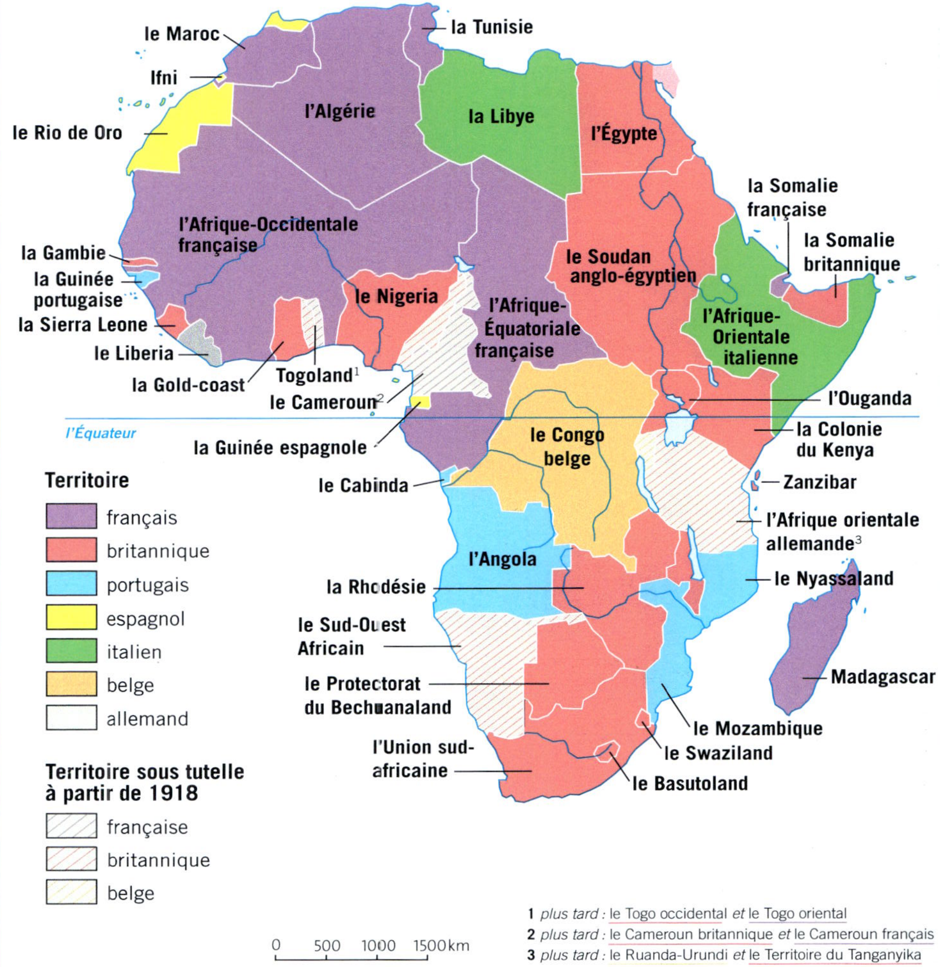

1 *plus tard :* le Togo occidental *et* le Togo oriental
2 *plus tard :* le Cameroun britannique *et* le Cameroun français
3 *plus tard :* le Ruanda-Urundi *et* le Territoire du Tanganyika

AUFTRAGS-ILLUSTRATIONEN: Cornelsen/**Céline Bailleux** S. 19 A+B, 21 *un.li.*, 22-23, 35, 39, 41 *ob.*, 59 *Icons un.*, 101 *Mi.*, 173; **Laurent Lalo** S. 168; **Michel Cambon** S. 17 *ob.re.*, 157 *ob.*, 166 *un.*
FOTOS/FILMSTILLS: Cornelsen/**Maximus Film** S. 49 *ob.*
KARTE: Cornelsen/**Lennart Fischer** UII, S. 85 *un.re.*, 210, 211
ABBILDUNGEN: Cover *li.*: Shutterstock.com/Watch The World, *re.*: stock.adobe.com/cribea, **Vorsatz** *2 Flagge* stock.adobe.com/gt29; **S. 2–5** TV5Monde; **S. 8** *1* Shutterstock.com/gpointstudio, *2* stock.adobe.com/Artur Nyk, *3* Shutterstock.com/Cryptographer, *Hintergrund Himmel* Shutterstock.com/Praew stock, *Wegweiser* stock.adobe.com/Danielle Bonardelle; **S. 8–9** *6* Shutterstock.com/Ivanko80; **S. 9** *4* Shutterstock.com/Melinda Nagy, *5* mauritius images/alamy stock photo/Delphotos, *7* Shutterstock.com/Drazen Zigic, *8* mauritius images/Digitalman/Alamy Stock Photos; **S. 10** *Position jeweils von ob. nach un. durchgezählt: ob.li.: 1–3, 6+4* Shutterstock.com/Net Vector, *4+5* Shutterstock.com/cash1994, *8–10* Shutterstock.com/Pranch, *11–15 noirs* Shutterstock.com/Goodreason, *ob.Mi.*: *1* Shutterstock.com/eveleen, *2+3* Shutterstock.com/Goodreason, *ob.re.*: *1–4* Shutterstock.com/GOLDMAN99, *5+6* Shutterstock.com/Design tech art, *7* stock.adobe.com/ii-graphics, *8–10* Shutterstock.com/VectorShow, *11 alternatif* stock.adobe.com/Julia G art, *12* Shutterstock.com/Cheli Project, *13–15* Shutterstock.com/Hein Nouwens, *16* Shutterstock.com/bessyana, *un.li.*: Shutterstock.com/Roman Malyshev, Shutterstock.com/4LUCK, Shutterstock.com/HN Works, Shutterstock.com/Arcady, Shutterstock.com/Design tech art, *un.re.*: *(5x)* Shutterstock.com/pingebat; **S. 11** *ob.*: *A* Shutterstock.com/Inside Creative House, *B* Shutterstock.com/Xavier Lorenzo, *C* Shutterstock.com/xm4thx, *D* Shutterstock.com/Anatoliy Karlyuk, *E* Shutterstock.com/AYO Production, *F* Shutterstock.com/Prostock-studio, *G* Shutterstock.com/AJR_photo, *H* Shutterstock.com/Dean Drobot, *I* Shutterstock.com/Luna Vandoorne, *J* Shutterstock.com/Krakenimages.com; **S. 11** *Mi von li. nach re.*: *Ohrringe* Shutterstock.com/Lenin Graphics, *Kopf* Shutterstock.com/Bride Squad, *Prothese* Shutterstock.com/NastyaSigne, *Mensch* Shutterstock.com/Elena Barenbaum, *Mund* Shutterstock.com/Ken Cook; **S. 11** *un.*: *1* Shutterstock.com/Look Studio, *2* Shutterstock.com/Max4e Photo, *3* Shutterstock.com/mentatdgt, *4* Shutterstock.com/Krakenimages.com, *5* Shutterstock.com/Stock-Studio; **S. 12** Shutterstock.com/melitas; **S. 13** *Hintergrund ob.* Shutterstock.com/Lightspring, *2. von ob.re.* Shutterstock.com/Nikolay132, *Mi.* Shutterstock.com/Leremy, *un.re.* Shutterstock.com/Alex SG; **S. 14** *ob.* Shutterstock.com/DisobeyArt, *Mi.li.* Shutterstock.com/Motortion Films, *Mi.re.vo.* Shutterstock.com/gvictoria, *Mi.re.hi.* stock.adobe.com/joserpizarro, *un.li.* Shutterstock.com/KAMONRAT, *un.re.* Shutterstock.com/9nong; **S. 15** *ob.* Shutterstock.com/Jovica Varga, *Mi.* Shutterstock.com/Abhishek Tomer, *un.* Shutterstock.com/UfaBizPhoto; **S. 17** *Hintergrund Mi.re.* Shutterstock.com/DisobeyArt, *Mi.li.* mauritius images/Westend61, *Wasserschlauch* Shutterstock.com/bsd studio, *Feuer* Depositphotos/Oleh Kuzminskyi; **S. 18** *ob.li.* Shutterstock.com/Ground Picture, *ob.re.* stock.adobe.com/MicroOne, *Mi.li.* Shutterstock.com/NLD Illustration, *Mi.re.* Shutterstock.com/Folenial; **S. 19** *ob. von li.nach re.*: Les Restaurants du Cœur, Osez le féminisme!, Alternatiba, Action contre la Faim, TV5Monde; **S. 20** Shutterstock.com/Dmitriip; **S. 24** *li.* D'après la série originale SKAM créée et écrite par Julie Andem, produite par la NRK, réalisée par David Hourrègue, adaptée par Cyril Tysz, Clémence Lebatteux, Karen Guillorel, Julien Capron, scénaristes Cyril Tysz, Clémence Lebatteux, Karen Guillorel, Julien Capron, Frédéric Garcia, Mélusine Laura Raynaud, Bruno Lugan, lissage des dialogues Frédéric Garcia © GÉTÉVÉ PRODUCTIONS/AT-PRODUCTION/RTBF (Télévision Belge) – 2017 UNE SOCIETE DU GROUPE BANIJAY | Foto © Xavier Dolléans/GÉTÉVÉ PRODUCTIONS/AT-PRODUCTION/RTBF (Télévision Belge); **S. 24** *re.* **+ S. 25** *li.* D'après la série originale SKAM créée et écrite par Julie Andem, produite par la NRK, réalisée par David Hourrègue, adaptée par Cyril Tysz, Clémence Lebatteux, Karen Guillorel, Julien Capron, scénaristes Niels Rahou, Clémence Lebatteux, Marine Josset, Fany Talmone, Baptiste Vandroy, Delphine Agut, © GÉTÉVÉ PRODUCTIONS – 2018 une société du GROUPE BANIJAY | Foto: © Thibaut Grabherr/GÉTÉVÉ PRODUCTIONS; **S. 25** *Mi.re.* D'après la série originale SKAM, created and written by Julie Andem, produced by NRK, directed by David Hourrègue, adapted by Cyril Tysz, Clemence Lebatteux, Karen Guillorel, Julien Capron, arcs and scripts written by Niels Rahou, Delphine Agut, Marine Josset, Maud Konan, Paul Madillo © GÉTÉVÉ PRODUCTIONS / FRANCE TÉLÉVISIONS – 2019 GÉTÉVÉ PRODUCTIONS, A BANIJAY GROUP COMPANY | Filmstill © Thibaut Grabherr / GÉTÉVÉ PRODUCTIONS / FRANCE TÉLÉVISIONS; **S. 25** *Füllerfeder* Shutterstock.com/Ps_Ai, *un.re.* Shutterstock.com/MisterStock; **S. 27** *Hintergrund* Shutterstock.com/Suslik1983, *Mi.* dpa Picture-Alliance/AP Content; **S. 28** *ob.li.* Shutterstock.com/Serg64, *Hintergrund un.* Shutterstock.com/urfin **S. 28** *ob.re.* + *un.li.* + *un.Mi.* + **S. 29** *Mi.* «Belle gueule» directed by Emma Benestan, 2015, France/Interfilm Berlin; **S. 29** *un.re.* Shutterstock.com/Daboost; **S. 30** *ob.* stock.adobe.com/Jake Jakab/ADDICTIVE STOCK, *Hintergrund Mi.* Shutterstock.com/ExpressVectors; **S. 32** *Hintergrund* ClipDealer GmbH/richterfoto, *1* Imago Stock & People GmbH/funke foto services, *2* Depositphotos/XAVIER LORENZO, *3* Shutterstock.com/Mark Wilhardt-Kruse, *4* Shutterstock.com/Svet foto, *5* Shutterstock.com/Sergey Shik, *6* stock.adobe.com/NicoElNino/Nicolas Herrbach; **S. 33** *7* stock.adobe.com/Lina, *8* stock.adobe.com/tilialucida, *9* Shutterstock.com/GreenArt, *10* Shutterstock.com/titoOnz, *11* dpa Picture-Alliance/EPA/LEONHARD SIMON, *12-Herz* Shutterstock.com/Mark Rademaker, *12-Hintergrund* stock.adobe.com/bernardbodo, *13* Shutterstock.com/Nataliya Nazarova; **S. 34** Shutterstock.com/olrat; **S. 36** *ob.re.* Ad Libitum/Jean-Pierre Sicard, Ladesymbol Shutterstock.com/Ta Animator; **S. 37** *Euro-Symbol* Shutterstock.com/Gil C, *Hintergrund Mi.re.* Shutterstock.com/DisobeyArt, *un.li.* stock.adobe.com/Frameworld, *un.re.* Shutterstock.com/Lomb; **S. 38** stock.adobe.com/IRINA; **S. 40** *Emoji* stock.adobe.com/DigiClack, *Mi.* Shutterstock.com/Anton Vierietin, *un.re.* Shutterstock.com/nelen; **S. 41** TV5Monde; **S. 42** *Handshake* Shutterstock.com/Fourdoty, *Länder* Shutterstock.com/sasha2538, *Icons jeweils von ob.nach un.*: *li.* Shutterstock.com/BesticonPark, Shutterstock.com/Micromaniac, Shutterstock.com/MaksEvs, *re.*: Shutterstock.com/Blan-k, Shutterstock.com/AVIcon, Shutterstock.com/graficriver_icons_logo; **S. 43** *Herzen* Shutterstock.com/Mark Rademaker, *Stempelabdruck* Shutterstock.com/Mark Carrel; **S. 44** *ob.re.* mauritius images/Kolvenbach/Alamy Stock Photos, *Mi.li.* Shutterstock.com/Radu Razvan, *Trikots* Shutterstock.com/Tom Fricker Design; **S. 44–45** *Hintergrund* Shutterstock.com/k a r e e m o v; **S. 45** *ob.* stock.adobe.com/Jens, *Radfahrer-Icon* Shutterstock.com/iaRada, *Trikots* Shutterstock.com/Tom Fricker Design, Füllerfeder Shutterstock.com/Ps_Ai, Herz-Brille Shutterstock.com/bansenn, Eckige Brille Shutterstock.com/freshcare, *Maschendraht um Brille* Shutterstock.com/Svetolk; **S. 46** *Hintergrund ob.* Shutterstock.com/aditya M S, *Reihe ob.von li.nach re.*: bpk/RMN – Grand Palais/Michel Urtado, Shutterstock.com/Claudio Divizia, Shutterstock.com/tilialucida, Shutterstock.com/essevu, *Mi.re.* bpk/RMN – Grand Palais/Michel Urtado; **S. 47** Shutterstock.com/Alexey Fedorenko; **S. 48** *ob.* Imago Stock & People GmbH/Mandoga Media, *Mi.li.* Shutterstock.com/NAR studio, *Mi.re.* Shutterstock.com/Rasto SK; **S. 49** *un.* dpa Picture-Alliance/REUTERS/X90031/SPAIN; **S. 50–51** «Yasmina» directed by Claire Cahen, Ali Esmili, 2018, France/Interfilm Berlin; **S. 52** *ob.li.* stock.adobe.com/karaboux, *ob.re.* stock.adobe.com/Lars Gieger, *Mi.* stock.adobe.com/Diego Cervo, *un.* stock.adobe.com/EAphotography; **S. 52–53** *Hintergrund* Shutterstock.com/Viacheslav Lopatin; **S. 53** *ob.li.* mauritius images/alamy stock photo/Bernard Bialorucki, *ob.re.* mauritius images/robertharding, *Mi.re.* Shutterstock.com/Soloviova Liudmyla, *un.* Shutterstock.com/Svet foto; **S. 54** *Hintergrund* Shutterstock.com/StonePictures, *1* Shutterstock.com/Prostock-studio + *1* Display Shutterstock.com/Marinka Alisen, *2* Shutterstock.com/Prostock-studio + *2* Display Shutterstock.com/Macrovector, *3* Shutterstock.com/1112000 + *3* Display Shutterstock.com/Creative Instinct; **S. 55** *4* Shutterstock.com/ViDI Studio + *Display* Shutterstock.com/DG-Studio, *5* Shutterstock.com/ViDI Studio + *Display* Shutterstock.com/Vitya_M + *Emoji* Shutterstock.com/AyselDesign, *6* Shutterstock.com/Prostock-studio + *Display* Shutterstock.com/Bogdan Sonjachnyj; **S. 57** *von Mi.li.nach un.re.*: Le Monde, Brut. Media, Charlie Hebdo, Société du Figaro/Le Figaro, Le Nouvel Observateur, Le Canard enchaîné, 20 Minutes France, France24, France Médias Monde SA/RFI, Phosphore©Bayard, Hugo HugoDécrypte, Phosphore Give Me Five© Bayard; **S. 58** *Hintergrund Rand* Shutterstock.com/TechSolution, *Mi.re.* dpa Picture-Alliance/KEYSTONE/VALENTIN FLAURAUD; **S. 59** *Handy* Shutterstock.com/*Vector-Hub* + *Display* Shutterstock.com/TechSolution; **S. 60** *Hintergrund ob.re.* Shutterstock.com/DisobeyArt, *Mi.re.* Shutterstock.com/Andre Ryoji Suguimoto; **S. 60–61** *Handyrahmen* Shutterstock.com/robert_s; **S. 62** *Hintergrund ob.* Shutterstock.com/Rawpixel.com, *Mädchen re.* Shutterstock.com/Dragana Gordic, *Mi. Icon Laptop* Shutterstock.com/Najam Studio, *Mi. Icon Mensch* Shutterstock.com/Valenty, *un. bunte Icons* Shutterstock.com/IJ-studio; **S. 63–64** 'Haut les cœurs', France, 2021, directed by Adrian Moyse Dullin/Interfilm Berlin; **S. 65** *un.re.* Shutterstock.com/z3r0graphic, TV5Monde; **S. 66** *ob.li.* On Est Prêt, *un.re.* stock.adobe.com/Alain MOUNIER; **S. 67** *ob.re.* Shutterstock.com/DisobeyArt, *ob.li.* Secret

News; **S. 68** Der Postillon – Steckenpferd Enterprises UG; **S. 69** *ob.re.* stock.adobe.com/Alexstar, *1* stock.adobe.com/Tomas Marek, *2* Shutterstock.com/Nattee Chalermtiragool, *3* Shutterstock.com/Viacheslav Lopatin, *4* Shutterstock.com/Funny Solution Studio, *5* stock.adobe.com/Ekaterina Belova, *6* Bridgeman Images/Peter Langer/Design Pics/UIG, © Pyramide du Louvre, architecte I. M. Pei, musée du Louvre, *7* stock.adobe.com/Augustin Lazaroiu, *un./Beschilderung* stock.adobe.com/NATHALIE LANDOT; **S. 70** *Hintergrund ob.li.* Shutterstock.com/isaxar, *ob.Mi.* Shutterstock.com/Rainer Lesniewski, *re.* mauritius images/Cinema-Legacy-Collection; **S. 70–71** *li./Beschilderung* stock.adobe.com/NATHALIE LANDOT; **S. 71** *ob.* mauritius images/robertharding, *un.* Shutterstock.com/Kues; **S. 72** *ob.re.* stock.adobe.com/Jose Ignacio Soto, *Hintergrund Mi.ob.* Shutterstock.com/TTstudio; **S. 73** *Hintergrund ob.li.* Shutterstock.com/isaxar, *ob.Mi.* Shutterstock.com/Rainer Lesniewski, *1* Shutterstock.com/megaflopp, *2* Shutterstock.com/kai keisuke, *3* stock.adobe.com/Phannasit, *4* Shutterstock.com/cineuno, *5* Shutterstock.com/Skreidzeleu, *6* Shutterstock.com/daguimagery, *7* Shutterstock.com/Everett Collection, *8* Shutterstock.com/VladisChern, *9* Shutterstock.com/Sajee Rod, *10* Shutterstock.com/Mistervlad; **S. 75** Shutterstock.com/voyata; **S. 76** *1* Shutterstock.com/Masaki ABE, *2* Shutterstock.com/Igor Grochev; *3* «Wallay» by Berni Goldblat – Produced by bathysphere – Release in France: 28/06/2017, *4* akg-images/ANA/Nicolas Guyot; **S. 76–77** *Hintergrund* Shutterstock.com/Ben Houdijk; **S. 77** *5* Shutterstock.com/Riccardo Mayer, *6* Imago Stock & People GmbH/imago images/Ivern Photo, *7* stock.adobe.com/Roman Yanushevsky, *8* Shutterstock.com/Fabian Plock, *9* stock.adobe.com/Дмитрий Леонов, Bunter Ring stock.adobe.com/Atlantis; **S. 78** mauritius images/Ron Giling/Alamy Stock Photos; **S. 79** *ob.re.* akg-images/Paul Almasy, Bunter Ring stock.adobe.com/Atlantis, *Flagge* Shutterstock.com/Julinzy; **S. 80** «Wallay» by Berni Goldblat – Produced by bathysphere – Release in France: 28/06/2017; **S. 81** *ob.*/Hintergrund Shutterstock.com/BTC Studio, Frau *ob.* stock.adobe.com/AS Photo Family, *A* mauritius images/alamy stock photo/Mike Goldwater, *B* Shutterstock.com/i_am_zews, *C* Shutterstock.com/Paul_Brighton, *D* Shutterstock.com/Zurijeta, *E* Shutterstock.com/David Schliepp, *F* Shutterstock.com/Muriel Lasure, *G* Frau Shutterstock.com/Krakenimages.com + *Hintergrund* mauritius images/Rene Mattes, *H* stock.adobe.com/Michele Burgess, *I* stock.adobe.com/Pierre, *J* Shutterstock.com/anastasiya adamovich, *K* Shutterstock.com/Pralsaeng, *L* mauritius images/ZUMA Press, Inc./Alamy Stock Photos; **S. 82** Moi, migrant clandestin de 15 ans, Thierno Diallo, Tchou/La Nuée Bleue; **S. 84** *un.re.* Shutterstock.com/Safyna Wang; **S. 85** *Hintergrund ob.* Shutterstock.com/BTC Studio, *ob.li.* L'Afrique qui gagne/RFI, *Mi.re.* Vincent Gouitaa, *Bunter Ring* stock.adobe.com/Atlantis, *Vögel* Shutterstock.com/Martin Tobias Aakesson; **S. 86** *Baum ob.* Shutterstock.com/adipra52, *ob.* Shutterstock.com/Stella_E, *Mi.* stock.adobe.com/Tyrone, *un.* Shutterstock.com/Kadiri Endurance; **S. 86–87** *Hintergrund* Shutterstock.com/klublu; **S. 87** *ob.* Shutterstock.com/Meuledefoin, *Mi.* Shutterstock.com/evenfh, *un.* Shutterstock.com/Victor Suarez Naranjo; **S. 88** *ob.* Shutterstock.com/Aastels, *un.* Shutterstock.com/Yaroslav Astakhov; **S. 89–90** Flaggen Depositphotos/Maksim Grebeshkov; **S. 89** *ob.* Shutterstock.com/mohsen nabil, Fußball Shutterstock.com/Alluvion Stock, *Mi.re.* Shutterstock.com/Lucian Coman; **S. 90** *ob.* imago sportfotodienst GmbH, *Mi.* dpa Picture-Alliance/ASSOCIATED PRESS; **S. 91** *li.* dpa Picture-Alliance/empics, TV5Monde; **S. 94** *1* Shutterstock.com/Kurit afshen, *3* Shutterstock.com/mycteria, *4* Shutterstock.com/soft_light, *5* Shutterstock.com/Susann Moldenhauer, *9* Shutterstock.com/Michal Ninger; **S. 95** *ob.*/Hintergrund Shutterstock.com/BTC Studio, *Mi.re.* Jeux de la Francophonie 2017 – Médaille d'Or en „Contes" prestation de „Moussoki Mitchum"; **S. 96** *A* Shutterstock.com/Gts, *B* Shutterstock.com/AVA Bitter, *C* Shutterstock.com/Grechko Vlada, *D* Shutterstock.com/Sutprattana Studio, *un.* mauritius images/alamy stock photo/Colin Waters; **S. 97** *ob.*/Hintergrund Shutterstock.com/BTC Studio, *Mi. von li.nach re.*: Kiro'o Games, Dianké/RFI, Kéré Architecture GmbH, ULTIMES GRIOTS GROUP, 2.von *un.* Shutterstock.com/i_am_zews, *un.* stock.adobe.com/WavebreakMediaMicro; **S. 98** Straßenschild Shutterstock.com/MyImages – Micha, Löwe Shutterstock.com/Eric Isselee + Krone Shutterstock.com/Lianna graphics; **S. 99** *von li.nach re.*: Imago Stock & People GmbH/YAY Images, Shutterstock.com/i_am_zews, stock.adobe.com/sandycrea, stock.adobe.com/ArtushFoto, stock.adobe.com/Sergey, mauritius images/Max McClure/Alamy Stock Photos, Marguerite Abouet, Clément Oubrerie, Aya de Yopougon, tome VI, Collection Bayou, Gallimard Jeunesse, 2022, Shutterstock.com/Ayotography, stock.adobe.com/Anna Lurye; **S. 100** *ob.* Shutterstock.com/maroke, *un.* Shutterstock.com/i_am_zews; **S. 101** *ob.* Shutterstock.com/Beliphotos, *un.li.* Shutterstock.com/KreativKolors, *un.re.* Shutterstock.com/oliveromg; **S. 102** CNJF-CIJF; **S. 103** *Mi.* Shutterstock.com/AJR_photo, *un.* Shutterstock.com/Agnes Kantaruk; **S. 104** *ob.* stock.adobe.com/chrisroosfotografie.ch (2014), *Mi.* Shutterstock.com/Sergey Novikov, *un.* stock.adobe.com/masterric3000; **S. 105** Server-Raum Shutterstock.com/Scanrail1 + darüber *Hintergrund* Shutterstock.com/PeachShutterStock; **S. 106** stock.adobe.com/Pedro; **S. 107** *Pferd* stock.adobe.com/Mani, Kaffee Shutterstock.com/Real_life_photo, *Buch* Shutterstock.com/Giulia Carletti; **S. 108** *ob.* Shutterstock.com/Lianna graphics, *Mi.* Shutterstock.com/Kyyybic; **S. 109** *ob.* stock.adobe.com/AVTG, *Mi.* stock.adobe.com/Kaspars Grinvalds, *un.li.+ un.re.* stock.adobe.com/Franciscar; **S. 110** *1* Shutterstock.com/JLCo Ana Suanes, *2* Shutterstock.com/mentatdgt, *3* Shutterstock.com/Prostock-studio, *4* Shutterstock.com/Stock-Studio, *5* Shutterstock.com/Nyszczuk Emanuel, *Mi. von li.nach re.*: Médecins Sans Frontières, Emmaüs France, Bibliothèque Vivante, Kabubu, *un.*/Ladesymbol Shutterstock.com/Ta Animator; **S. 111** *VRAI/FAUX* stock.adobe.com/Alain MOUNIER, *Mi.re.* Secret News, Bunter Ring stock.adobe.com/Atlantis, Fahne stock.adobe.com/romantiche, *un.* Shutterstock.com/Roger de la Harpe; **S. 112** *Geld* stock.adobe.com/Thomas Vogt, *Kleberolle* Shutterstock.com/Kohei275; **S. 115** *Emoji* stock.adobe.com/DigiClack; **S. 117** 'Haut les coeurs', France, 2021, directed by Adrian Moyse Dullin/Interfilm Berlin; **S. 119** *DE Flagge* stock.adobe.com/moonrun, *restl. Flaggen* Shutterstock.com/xiver; **S. 122** Shutterstock.com/4zevar; **S. 123** *Mädchen* Shutterstock.com/Pormezz, Puzzle, Shutterstock.com/bioraven; **S. 124** *ob.* Shutterstock.com/Pressmaster, *un.* Shutterstock.com/Sewupari Studio; **S. 125** Shutterstock.com/On the road again; **S. 127** mauritius images/HJBC/Alamy Stock Photos; **S. 128** mauritius images/Keystone Press/Alamy Stock Photos; **S. 129** *li.* stock.adobe.com/Kitty, *re.* Shutterstock.com/AnnGaysorn; **S. 130** Shutterstock.com/Cagkan Sayin; **S. 131** Shutterstock.com/crwpitman; **S. 133** Bridgeman Images/Photo © Photo Josse; **S. 134–209** *GB Flagge* stock.adobe.com/sirius_star; **S. 134** *Wettericons* Shutterstock.com/Mischoko; **S. 135** *ob.li.* + *2.ob.re.* stock.adobe.com/Gstudio, *ob.re.* + *2.ob.li.* stock.adobe.com/rogistok, *Mi.* stock.adobe.com/Artur Nyk; **S. 136** stock.adobe.com/unique_design_team; **S. 137** Nickel Shutterstock.com/ElenaTlt, *un.* Shutterstock.com/Poltorak; **S. 138** *ob.* Shutterstock.com/Lilu2005, *Mi.* Shutterstock.com/studiostoks; **S. 141** stock.adobe.com/Ruslan Gilmanshin; **S. 143** *Mi.* stock.adobe.com/Andrii Chagovets, *un.li.* Shutterstock.com/F8 studio, *un.re.* stock.adobe.com/Chlorophylle; **S. 145** stock.adobe.com/pixarno; **S. 146** stock.adobe.com/tovovan; **S. 147** Shutterstock.com/davorana; **S. 153** Shutterstock.com/Anna The One 56; **S. 154** *ob.* Shutterstock.com/Jacob Lund, Icon Kreuz+Haken Shutterstock.com/picoStudio, Daumen hoch Shutterstock.com/Pavlo S, restl. Icons Shutterstock.com/Olga Broznyakova; **S. 155** Shutterstock.com/Roman Samborskyi; **S. 156** Shutterstock.com/Andreevph; **S. 157** *Mi.* Shutterstock.com/Roman Samborskyi; **S. 159** Shutterstock.com/sylv1rob1; **S. 162** Shutterstock.com/TonTonic; **S. 164** Shutterstock.com/Pictrider; **S. 165** Shutterstock.com/Chones; **S. 166** stock.adobe.com/jon_chica; **S. 172** *Mi.* Shutterstock.com/Gaspar Gomes Costa, *un.* Shutterstock.com/josefkubes; **S. 177** *Mi.* stock.adobe.com/Georges Blond, *un.* Imago Stock & People GmbH; **S. 180** mauritius images/Collection Christophel; **S. 181** Bridgeman Images/© SZ Photo; **S. 182+184+191** *EU-Zeichen* Shutterstock.com/Gil C; **S. 185** Shutterstock.com/SnowMoonFog; **S. 188** Bridgeman Images/Photo © AGIP; **S. 189** mauritius images/TopFoto; **S. 190** Imago Stock & People GmbH/Sven Simon; **S. 191** mauritius images/Volker Preusser; **S. 197** stock.adobe.com/Scriblr; **S. 200** stock.adobe.com/barmalini; **S. 203–210** *Bunter Ring* stock.adobe.com/Atlantis; **S. 204** *un.*von *re.*nach *li.* Shutterstock.com/HandmadePictures, Shutterstock.com/PardoY, Shutterstock.com/Tim UR, Shutterstock.com/mahirart; **S. 205** stock.adobe.com/Russell; **S. 206** *von Mi.li.nach un.re. 2x* Shutterstock.com/Eric Isselee, Shutterstock.com/Master1305, Shutterstock.com/J-Re, Shutterstock.com/JMx Images, Shutterstock.com/VladyslaV Travel photo, Shutterstock.com/Akil Rolle-Rowan, Shutterstock.com/Protasov AN; **S. 208** mauritius images/Matthias Graben/imageBROKER; **S. 209** *ob.* mauritius images/Pitopia, *un.* mauritius images/Live Media Publishing Group/Alamy Stock Photos; **S. 210** *Mi.li.* stock.adobe.com/Peter Hermes Furian, *Flagge la Réunion* stock.adobe.com/gt29, *restl. Flaggen* stock.adobe.com/romantiche; *UIV* Shutterstock.com/Pauline bk

TEXTQUELLEN: S. 27 Oceane Manon Francoise Colom. Faubourg26 Publishing/Peermusic (Germany) GmbH, Hamburg.; **S. 58** Soprano/Djaresma. Warner Chappell Music France/Big 4 Publishing/Neue Welt Musikverlag GmbH, Hamburg; **S. 83** Moi, migrant clandestin de 15 ans, Thierno Diallo, Tchou / La Nuée Bleue, 2015; **S. 92** Ali Farhat: Alleingelassen in Europa: Das Geschäft mit Afrikas Nachwuchsfußballern, DW.com, 03.04.2018

Glossaire

À plus! Charnières verwendet in seinen Arbeitsanweisungen die gleichen Begriffe („Operatoren"), die auch in standardisierten Leistungsüberprüfungen, wie z. B. im Abitur verwendet werden.
Die folgende Liste soll Ihnen dazu dienen, sich mit diesen Operatoren vertraut zu machen und zu verstehen, was von Ihnen erwartet wird, wenn in einer Aufgabe ein bestimmter Operator vorkommt.

Anforderungsbereich I (*compréhension*) = den Text* verstehen; Textinhalte wiedergeben		
Operator	**Beispiel**	**Was ist zu tun?**
décrire qn/qc	**Décrivez** la photo.	jdn/etw. beschreiben, z. B. eine Person, ein Bild oder eine Stimmung
dégager qc	**Dégagez** quelles stratégies des réseaux sociaux répondent à quels réflexes biologiques humains.	etw. herausarbeiten, z. B. eine Aussage
exposer qc (brièvement)	Lisez l'article de magazine, puis **exposez** brièvement ce qu'est une « intox ». ≈ **présenter qc**	etw. (kurz) darstellen, erläutern
indiquer qc (brièvement)	**Indiquez** les fonctions du smartphone qui sont mentionnées dans le texte.	etw. benennen, (auf)zeigen
préciser qc	**Précisez** ce qu'on apprend sur le podcast « L'Afrique qui gagne ».	etw. präzisieren, genau erläutern
présenter qc (brièvement)	Lisez l'introduction du diaporama puis **présentez** brièvement le voyage de Justin et d'Elio. ≈ **exposer qc**	etw. vorstellen, darstellen, z. B. eine Person, ein Projekt, ein Thema, ein Land oder Ergebnisse
rédiger qc	À partir de ces informations, **rédigez** l'autoportrait de cette star parisienne.	einen Text verfassen
résumer qc	Regardez le début du film et **résumez**-le.	wesentliche Informationen eines Textes (z. B. einer Geschichte oder eines Zeitungsartikels) zusammenfassen

Anforderungsbereich II (*analyse*) = Textinhalte nach bestimmten Aspekten auswählen, anordnen, verarbeiten und darstellen; Vergleiche ziehen		
Operator	**Beispiel**	**Was ist zu tun?**
analyser qc	**Analysez** le comportement de Yasmina.	einzelne Aspekte im Text untersuchen, z. B. ein Verhalten oder eine Wirkungsabsicht
caractériser qn/qc	**Caractérisez** la mère de la deuxième petite amie de Thierno. ≈ **faire le portrait de qn**	jdn/etw. charakterisieren, detailliert beschreiben, z. B. eine Figur, eine Person oder Lebensumstände
comparer qn/qc	**Comparez** l'image des personnes âgées en Afrique à l'image des personnes âgées en Allemagne.	jdn/etw. vergleichen, Gemeinsamkeiten und Unterschiede herausarbeiten, z. B. zwischen Texten, Figuren oder Verhaltensweisen

* Wenn von „Texten" die Rede ist, sind alle Text- und Medientypen gemeint (Sachtexte, literarische Texte, Film, Bild usw.).

étudier qc (de façon détaillée)	Dans le texte, **étudiez** les différences entre les habitudes guinéennes et françaises. ≈ **examiner (de plus près)**	etw. im Detail untersuchen und darlegen
examiner qc (de plus près)	**Examinez** de plus près comment Thierno commente ces habitudes (ses réactions et et les raisons qu'il donne). ≈ **étudier qc (de façon détaillée)**	etw. im Detail untersuchen und erklären
expliquer qc	En vous appuyant sur les informations de l'infographie, **expliquez** pourquoi on dit souvent de la relation franco-allemande qu'elle est « le moteur de l'Europe ».	etw. erklären
faire le portrait de qn	**Faites le portrait** de Sarah. ≈ **caractériser qn**	jdn in Bezug auf Aussehen, Verhalten und Einstellungen charakterisieren
mettre qc en rapport / en relation avec qc	**Mettez** les deux images **en rapport** avec les informations du texte.	zwei Dinge in Zusammenhang bringen, z. B. Statistiken und einen Sachtext oder ein Zitat und ein Bild

Anforderungsbereich III (*commentaire*) = Textaussagen deuten; zu Fragestellungen, die von dem Text ausgehen, Stellung nehmen; den Text kreativ ergänzen		
Operator	**Beispiel**	**Was ist zu tun?**
commenter qc	**Commentez** ces citations du reportage. ≈ **évaluer qc**	etw. kommentieren, seine persönliche Meinung zu etw. äußern, z. B. zu einer Aussage oder einer Verhaltensweise
discuter (de) qc	À votre avis, à quels moments Sarah aurait-elle dû choisir un autre « chemin » ? **Discutez.** ≈ **peser le pour et le contre de qc**	etw. erörtern, über etw. diskutieren
évaluer qc	**Évaluez** vos propres habitudes à partir des commentaires de Thierno. ≈ **commenter qc**	etw. begutachten, zu etw. Stellung nehmen, z. B. zu einer Argumentation, einem Verhalten oder einer Situation
se mettre d'accord sur qc	Si vous faisiez un tour d'Europe ensemble, que feriez-vous comme Justin et Elio ? Que feriez-vous différemment ? Échangez vos idées, discutez et **mettez-vous d'accord**.	sich auf etw. einigen
peser le pour et le contre de qc	Discutez s'il faut interdire les deepfakes, **en pesant le pour et le contre**. ≈ **discuter (de) qc**	Vor- und Nachteile von etw. abwägen
prendre position pour/contre qc	« On ne peut pas mener une bonne vie si on ne s'engage pas. » **Prenez position** par rapport à cette affirmation et justifiez votre point de vue.	zu etw. Stellung nehmen, z. B. zu einer Aussage oder zu einem Verbot, und seinen Standpunkt begründen

À plus! Charnières

Lehrwerk für den Französischunterricht für das Gymnasium

Im Auftrag des Verlages erarbeitet von
Catherine Mann-Grabowski, Corinna Martin-Werner, Lara Nikolić und Lena Schwefer

und der Redaktion Französisch
Julia Goltz (Projektleitung), Zoé Duval, Yvonne Hildebrandt, Barbara Jantzen (Koordination) und Burcu Kiliç
Rechteklärungen: Nicole S. Abt und Tina Becker

Besondere didaktische Beratung: Otto-Michael Blume (Hilden), Anke Rogge (Köln), Hannes Toense (Leipzig)

Beratende Mitwirkung: Dorothea Bachert (Abstatt), Maryna Bidenko (Sulzbach, Taunus), Emmanuelle Bodaire (Leipzig), Björn-Sascha Brockhoff (Halle an der Saale), Prof. Dr. Christoph Bürgel (Universität Paderborn), Anette Fritsch (Mittenaar), Elisa Gigling (Berlin), Aneta Glavier (Leipzig), Katrin Grigat (Bremen), Thilo Karger (Frankfurt am Main), Heike Kolacki (Saarbrücken), Dr. Hans-Ludwig Krechel (Königswinter), Bartos Lehmann (Bielefeld), Britta Linden (Köln), Nicole Luigs (Münchhausen), Martina Mäsch-Donike (Düren), Prof. Dr. Silvia Melo-Pfeifer (Universität Hamburg), Klaus Mengler (Buseck), Marlena Müller-Gabriel (Berlin), Silke Topf (Frankfurt am Main), Verena Unmüßig (Heidelberg), Peter Winz (Düsseldorf), Stefanie Wölz (Sinsheim), Sarah Zwiener (Mainz)

Illustrationen: Céline Bailleux, Michel Cambon (S. 17 + 166), Laurent Lalo (S. 168)
Umschlaggestaltung und Layoutkonzept: Rosendahl Berlin – Agentur für Markendesign
Layout und technische Umsetzung: graphitecture book & edition

Begleitmaterialien zu À plus ! Charnières

Schulbuch als E-Book	978-3-06-122372-4	Carnet d'activités mit Audios und interaktiven Übungen online	978-3-06-122010-5
Carnet d'activités mit Audios online	978-3-06-122008-2		

www.cornelsen.de

Für die Nutzung des kostenlosen Internetangebots zum Buch gelten die allgemeinen Geschäftsbedingungen (AGB) des Internetportals *www.cornelsen.de*, die jederzeit unter dem entsprechenden Eintrag abgerufen werden können.

Die Mediencodes enthalten zusätzliche Unterrichtsmaterialien, die der Verlag in eigener Verantwortung zur Verfügung stellt. Als solche unterliegen sie nicht der Genehmigungspflicht.

Soweit in diesem Lehrwerk Personen fotografisch abgebildet sind und ihnen von der Redaktion fiktive Namen, Berufe, Dialoge und Ähnliches zugeordnet oder diese Personen in bestimmte Kontexte gesetzt werden, dienen diese Zuordnungen und Darstellungen ausschließlich der Veranschaulichung und dem besseren Verständnis des Inhalts.

Alle Drucke dieser Auflage sind inhaltlich unverändert und können im Unterricht nebeneinander verwendet werden.

Druck: Mohn Media Mohndruck, Gütersloh

1. Auflage, 1. Druck 2024
Schulbuch, kartoniert
ISBN 978-3-06-120976-6

1. Auflage, 1. Druck 2024
Schulbuch, gebunden
ISBN 978-3-06-122366-3

1. Auflage, 1. Druck 2024
Schulbuch, Lehrkräftefassung
ISBN 978-3-06-122369-4

PEFC-zertifiziert
Dieses Produkt stammt aus nachhaltig bewirtschafteten Wäldern und kontrollierten Quellen
www.pefc.de
PEFC
PEFC/04-31-1033